성서학이 믿음을 무너뜨리는가?
갈등의 해명

지크프리트 치머 지음

최고성 옮김

Copyright ⓒ Vandenhoeck & Ruprecht GmbH & Co. KG,

Original published in German under the title ;
  Siegfried Zimmer, **Schadet die Bibelwissenschaft dem Glauben?**, 3. Auflage, Göttingen, 2010
      published by Vandenhoeck & Ruprecht GmbH & Co. KG,
        Theaterstraße 13, 37073 Göttingen, Germany
All rights reserved.

Used and translated by the permission of Vandenhoeck & Ruprecht GmbH & Co. KG
Korean Edition Copyright ⓒ 2013 Daejanggan Publisher. in Daejeon, South Korea.

성서학이 믿음을 무너뜨리는가?

지은이	지크프리트 치머
옮긴이	최고성
초판발행	2013년 2월 23일
펴낸이	배용하
책임편집	박민서
등록	제364-2008-000013호
펴낸곳	도서출판 대장간
	www.daejanggan.org
등록한곳	대전광역시 동구 삼성동 285-16
편집부	전화 (042) 673-7424
영업부	전화 (042) 673-7424 전송 (042) 623-1424
ISBN	978-89-7071-283-3

이 책은 저작권법에 의해 보호를 받는 출판물입니다.
기록된 형태의 허락 없이는 무단 전재와 복제를 금합니다.

 값 14,000원

차례

머리말 • 5

1부 원리적인 관점들
1. 성경과 관련된 그리스도인들의 일치점 • 13
2. 어디서부터 달라지는가? • 18
   부설(附說): "근본주의"와 "복음주의적"의 개념에 대하여 • 26
3. 하나님과 성경의 구분 • 39
   3.1 "구분하다"는 무슨 의미인가? • 39
   3.2 구분의 동기 • 43
   3.3 성경의 주로서의 하나님 • 46
   3.4 신앙의 지향점으로서의 하나님 • 49
   3.5 하나님의 은폐성 • 57
   3.6 완전성이라는 주제 • 59
   3.7 성경의 통일성 • 64
   3.8 총정리 • 66
4. 예수 그리스도와 성경의 구분 • 69
   4.1 예수 그리스도와 성경의 상관성 • 69
   4.2 성경에 대한 예수 그리스도의 우위 • 70
   4.3 하나님의 결정적 계시로서의 예수 그리스도 • 78
   4.4 계시의 전달 • 91
   4.5 빈번한 항변 • 98
   4.6 성경의 중심과 척도로서의 예수 그리스도 • 101
   4.7 총정리 • 108
   부설: "시카고 선언" • 110
5. 어떤 점에서 성경이 하나님의 말씀인가? • 116

6. "영감"이란 무엇인가? • 129
    6.1 성경적 관점들 • 129
    6.2 초대교회에서의 발전 • 133
    6.3 신교적 정통주의의 시각 • 135
    6.4 기독교적 근본주의의 시각 • 138
    부설: 유대교, 이슬람교, 기독교적 특수 종파에서의
          거룩한 책의 절대적 권위 • 143

7. 성경 속의 문학적 이야기 • 146
8. 현대적 성서학의 생성과 발전 • 152
    8.1 전제들 • 152
    8.2 현대적 성서학의 생성 • 163
    8.3 고대 오리엔트의 발견 • 169
    8.4 현대적 성서학의 계속적 발전 • 173
    8.5 카톨릭 교회에서의 발전 • 180
    8.6 미국의 상황에 대하여 • 183
    8.7 총정리 • 185

2부 선별된 초점들
    9. 구약의 예: 욥기 • 193
        9.1 욥기의 비역사적 성격 • 193
        9.2 연구결과의 귀결 • 209
    10. 신약의 예: 요한복음의 특수성 • 213
        부설: 성경에 써 있는 모든 것이 똑같이 중요한가? • 236
    11. 성서학과의 대결과 성장배경 • 241
        11.1 신학공부와 갈등 • 241
        11.2 갈등극복의 가능성 • 247
    12. 성경과 관련된 그리스도인들의 일치점이 얼마나 중요한가? • 251

참고문헌 • 255

머리말

기독교에 틈이 벌어져 있다. 이 틈은 여러가지 각도에서 기독교에 짐이 되고 방해가 된다. 이 틈의 원인은 약 200년 전부터 대학교에 자리잡은 현대적 성서학이다.1) 성경을 대하는 현대적인 학문적 태도는 그리스도인들 사이에 상반된 반응을 불러 일으킨다. 많은 사람들이 그것을 환영한다. 그 이유는 이 방식을 통해 성경과 그것의 메시지와 생성과정을 배울 수 있기 때문이다. 이는 신교와 구교를 망라한 지도자들의 의견이기도 하다. 그래서 성서학적 방법들이 오래 전부터 목사와 종교교사의 교육프로그램에 속해 있었다.2) 현대적 성서학은 그들 다수에게 더 이상 없어서는 안 될 귀한 도움이 되었다. 그러나 많은 그리스도인들이 그런 식으로 성경을 대하는 것을 거부한다. 그들에게 이 방식은 너무 성서비평적이다. 그들은 이 방식이 믿음을 위해서 위험하다고 여기고 그것이 기독교에 커다란 해가 된다고 확신한다.

이러한 상반된 반응들로 인하여 기독교는 두 개의 "진영", 즉 현대적 성서학의 찬성자와 반대자로 나누어진다. 이 두 진영은 서로 배타적이고 대부분 소통없이 지낸다. 이는 그리스도인들 사이에 소원疏遠함과 의구심과 적대자상像을 만든다. 그런데 우리 그리스도인들은 신약성서에 따르면 한 백성이요, 형제 자매로 이루어진 한 가족이다. 이는 물론, 우리가 모든 질문에 있어서 똑같은 의견을 가져야 한다는 것은 아니다.

---

1) 이 책에서 나는 "성서학"이라는 말을 현대적 성서학, 즉 대학에서 보편적으로 통용되고 인정받는 성서 대하기 방식이라는 의미로 사용한다.
2 나는 대부분의 경우 남성명사를 쓸 것이다. 그러나 이는 당연히 남성 여성 모두를 가리키는 것이다.

의견과 시각과 습관의 차이는 종종 활력과 도전이 된다. 그렇기 때문에 교회들과 고백들의 차이를 제거하는 것이 관건은 아니다. 그 결과는 빈곤일 것이다. 극복되어야 할 것은 상호간의 가치절하와 정죄이다. 교회들은 서로에게 다가가는 것과 모든 차이에도 불구하고 서로 존중하는 것을 배웠다. 다만 현대적 성서학과 관련하여서는 위에 언급한 두 "진영"이 서로를 차갑게 거부하며 맞서 있다. 이 골은 이제까지의 고백 때문에 생긴 여러 골보다 더 건너가기가 어려운 것이 분명하다.

이와 같은 틈이 있으면서, 어떻게 기독교적인 소속감이 풍부해지고 기독교 **공동**의 갱신이 가능하겠는가? 이 기독교의 분열을 극복할 기회가 있는 것일까? 혹 신뢰와 공동작업이 더 이상 방해되고 파괴되지 않을 만큼만이라도 분열을 제한할 기회가 있는 것일까? 인간적인 노력만으로는 가능하지 않을 것이다. 이 분열의 양상은 정보불충분과 오해의 문제에 그치지 않는다. 이것들은 금방 해결할 수 있을 것이다. 여기에는 마음 먹는대로 이리저리 할 수 없는 뿌리 깊은 확신과 각인의 문제가 걸려 있다. 그래서 광범한 치유는 오직 하나님께로부터만 나올 수 있다. 물론 우리는 하나님께 그러한 치유를 구하고 또 소망할 수 있다. 사랑은 "모든 것을 바란다."고전13:7 이는 우리가 그저 기다리고 있으면 된다는 뜻이 아니다. 우리는 우리의 책임을 인식하고 주어진 기회를 이용해야 할 것이다.

나는 이 책을 통해 누구보다 현대적 성서학에 대해 회의적이거나 거부하는 태도를 가진 그리스도인들에게 다가가고자 한다. 나는 그들의 의구심과 걱정을 진지하게 받아들이고, 어떻게든 더 긍정적인 평가를 얻기 위해 그들에게 다리를 건설해 주고자 한다. 나는 우선적으로 어느 특정 기독교 "진영"에 속해 있다기 보다, 전체로서의 기독교에 속해 있다고 생각한다. 그러나 나는 이후의 논고를 통해 성경 및 성서학에 관심을 가진 모든 독자들을 향하기도 할 것이다. 나는 특히 신학, 혹은 종교교육학 교육을 받으려는, 혹은 그것을 시작한 젊은이들을 머리에 떠올린다. 나는 그들이 방향을 잡을 수 있도록 돕고 싶다. 끝으로 나는 "성경"이라는 주제와 관련하여 조언을 해 주어야 할 위치에 있으면서 자극들에 대하여 감사함으로 반응하는 교회 내의 교사들과 상담자들을 생각한다. 나는 폭넓은 독자층을 향해 말을 하고 싶은 까닭에 이해하기 쉬운 말을 사용하고 전문지식을 전제로 하지 않을 것이다. 나는 이 책에서 현대적 성서학의 본질적인 동기들과 전제들을 소개하고 설명하려 한다. 이를 통해 이 **동기들**과 **전제들**이 충분한 근거가 있다는 것이 분명하여질 것이다. 우리가 책임의식을 가지고 현대적인 성서학을 발전시킨다면, 모든 그리스도인이 성서학으로부터 배울 수 있을 것이고, 성서학은 기독교에 매우 유용할 것이다. 나는 여기서 현대적 성서학이 완결된 무엇이 아니라, 계속 개선될 수 있고 또 개선되어야 하는 것임을 전제하고 있다.

현대적 성서학은 또한 통일되어 있는 무엇이 아니다. 거기에는 많은 방향들과 견해들이 있다. 그리스도인이 이 상이한 방향들을 하나하나 개별적으로 알 필요는 없다. 이는 전문가들에게 맡길 일이다. 그래서 나는 본서에서 이 방향들을 주제로 다루지 않을 것이다. 내게는 더 중요한 것이 있다: 현대적 성서학의 **근본적인 존재권**存在權이 그것이다. 그래서 나는 현대적 성서학에서 보편적으로 인정되는 인식들에 집중할 것이다.3) 앞으로 다루어 질 것은 특별한 대범성을 가진, 논란의 여지가

---

3) 물론 나 역시 성서학과 신학 내에서 특정한 견해를 대변한다. 한편으로 나는 "성서 신학(Biblische Theologie)"을 둘러싼 새로운 노력들과 연관이 되어 있다.(1988년 이래 출간되는 "성서 신학 연감(Jahrbuch der Biblischen Theologie)"의 기고들을 참조.) 다른 한편, 나의 밑바탕에는 마틴 루터의 개혁적 기본인식들이 깔려 있다. 그래서 나에게는 20세기의 루터 연구, 그리고 같은 시간에 발전한 "하나님 말씀의 신학"이 중요하다. 나의 관심사는 루터의 기본인식들을 오늘날의 의문제기와 도전의 맥락 속에서 열매 맺게 하는 것이고, 필요하다면 더 발전시키는 것이다.

있는 논제와 이론이 아니라, 현대적 성서학이 기초를 두고 있는 통찰들이다. 그 외에 나는 현대적 성서학의 발생과 지금까지의 발전을 조망할 것이다. 이 책을 통해 나는 독자들이 현대적 성서학의 존재권에 대해, 즉 그 생성의 근거들과 정평있는 결과물들에 대해 존중의 태도를 가지도록 돕고 싶다.

다른 한편, 우리는 현대적 성서학에 대해 비판적이고 조심하는 태도 또한 가져야 한다. "학문에 대한 맹신"은 신학에서든 어디에서든 적절하지 못하다. 현대적 성서학이 나타내 보이는 세계관적 일방성, 유효성에 대한 지나친 요구, 너무 사변적인 주장 등에 대한 비판은 정당하고 또 필수적이다. 이러한 비판은 오늘날 대학교의 신학 내에서도 일고 있다. 문제는 이 비판의 전제와 목표이다. 이 비판이 현대적 성서학의 **존재권**에 대한 인정을 기초로 그것의 개선에 기여하는가? 아니면 이 비판이 현대적 성서학에 대한 원칙적인 거부에 바탕을 두고 보편적인 중상重傷을 도모하는가? 현대적 성서학을 비판하는 모든 사람은 자기가 어디에 서 있는지 분명히 해야 할 것이다. 그렇지 않으면 결정적인 것이 흐려진다.

싸잡아 하는 평가는 질적으로 문제가 있고, 대개는 편견과 당혹이 표출된 것이다. 흑백논리적 사고 및 적대자상像의 생성을 촉진시키는 사람은 기독교의 분열을 고착시킨다. 공평하고 객관성있는 대화없이는 이해가 불가능하다. 상대방의 약점을 "반복사격"하는 것으로는 충분하지 않다. 비판받는 논지가 가지고 있는 나름의 정당한 측면들이 그 가치를 인정받아야 한다. 바울은 "범사에 헤아려 좋은 것을 취하고"살전 5:21 라고 말한다. 그는 우리를 타이르고 있다: 똑바로 보아라! 검토의 대상에 좋은 것도 함께 들어 있음을 고려하라. 그냥 거부하는 것은 너무 단순하다. 바울은 분명 본인의 훈계를 그런 말로 표현하는 이유를 알고 있었다. 예수의 말씀을 생각해보자: "비판을 받지 아니하려거든 비판하지 말라. 너희의 비판하는 그 비판으로 너희가 비판을 받을 것이요."마7:1 이하

현대적 성서학에 대해 회의적 내지 거부적인 태도를 취하는 신학자들의 논지는 그들의 중요한 출판물들을 통해 알려져 있다.참고문헌 목록을 참조 4) 나는 그들 중 누구의 이름을 대면서 상세한 논의를 하지 않겠다. 인물들이 아니라, 사안에 관련된 문제들이 관건이다. 사안으로부터 인물로의 중심이동은 대개 평화를 깬다.5) 나는 그 신학자들을 "적"이 아니라 같은 그리스도인으로 바라본다. 나의 비판은 인물이 아니라, 편견과 적대자상像을 겨냥한다. 하지만 나는 "시카고 선언"에 대하여 태도를 밝힐 것이다.두번째 부설附說을 보라 이는 현대적 성서학을 거부하는 제법 많은 수의 신학자들이 작성한 대표적인 **공동집필문헌**이다.

나는 대학교에 몸 담고 있는 대다수의 동료들과 의견을 같이 하는 바, 학문적인 신학은 자기자신을 위해서가 아니라, 기독교적 신앙을 위해 존재한다. 신학은 중립적인 종교학이 아니다. 학문적인 신학의 과제는 학문적으로 정직하고 자격을 갖추어 기독교에 유용해지는 것이다. 이 책에서는 그런 신학만이 논의된다. 성서학은 신학의 일부이다. 그래서 성서학은 역사적인 책임 뿐 아니라, **신학적인** 책임도 가지고 있다. 그러한 성서학은 성경의 유일무이한 역할을 진정으로 안다. 그러한 성서학은 대개, 머리만으로는 성서학을 할 수 없다는 것도 의식하고 있다. 성서학은 마음의 일이기도 하다.

누리에 돌로, 소냐 바우어, 크리스티나 라우어, 멜라니 슈나이더에게 원고를 완성해 준 것에 대해 진심으로 감사한다. 원고의 비판적인

---

4) 나는 거기에 독일어로 된 문헌만 싣겠다.
5) 본서의 2부에서는 원리적 문제가 아니라, 예들이 다루어진다. 여기서 나는 가끔 이름을 언급하겠다.

검사와 많은 귀한 조언들에 대해 우베 뵘 박사, 요하네스 포엘, 박사과정생 에프라임 해러, 알브레히트 후버, 크리스티나 라우어, 만프레트 피르너 교수, 토비아스 슈미트, 발데마르 볼프에게도 감사한다.

루드비히스부르크, 2007년 1월 / 2010년 2월에
지크프리트 치머

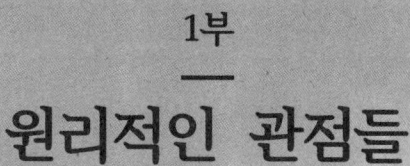

1부
원리적인 관점들

12· 성서학이 믿음을 무너뜨리는가?

1. 성경과 관련된 그리스도인들의 일치점

성경의 이해에 있어서 하나의 질문이 다른 모든 질문들보다 중요하다. 그 질문은 다음과 같다: 하나님은 성경과 어떤 관계에 계신가? 우리가 하나님께 직접 물을 수 없는 연유로, 우리는 이 질문을 보다 겸허하게 표현할 수밖에 없다: 우리는 신앙 안에서 하나님과 성경 사이의 관계를 어떻게 이해하고 출발해야 하는가? 이 중심적인 질문에 답하면서 우리 그리스도인들은 결정적인 지점에서 일치하는데, 이는 이 첫번째 장에서 분명하게 드러날 것이다.

개방적인 논의를 위해 나는 우선 내 자신의 성경에 대한 이해를 간략하게 서술하고 싶다. 그렇게 함으로써 나는 성경을 바라보는 시각에 있어 나를 이끌어가는 전제들을 분명하게 보이려고 한다. 내 생각에 성경은 예전에 일어난 하나님의 계시에 대한 기억들만을 다루고 있는 것이 아니다. 하나님께서는 오늘날에도 성경을 통해 우리 인간에게, 즉 우리의 마음과 양심에 말씀하신다고 나는 확신한다. 그리하여 그는 우리의 신앙을 만드시고 유지하시며, 성령을 통해 공급하시고 이끄시며, 우리의 구원을 위해 중요한 모든 것을 가르치신다.6) 나는 다음과 같은

---

6) 우리의 구원을 위해서는, 우리가 하나님과의 함께 하기를 위해 중요한 것이 중요하다. 왜냐하면 우리가 하나님과 함께 하는 것이 바로 우리의 구원이기 때문이다. 기독교의 신앙고백들은 각기 나름의 방식으로 구원을 위해 중요한 것을 요약하려고 한다. 자기 자신에게 다음과 같이 질문하는 것은 그리스도인 누구에게나 좋은 연습이다: 어느 관점들이 나의 하나님과의 관계를 위해 결정적인 의미를 가지는가? 이 관점들이 신학에서 "구원을 위해 중요한", "구원을 위해 필수적인" 또는 "구원을 위해 결정적인"이라는 표현으로 불린다.

근거에서 이러한 확신에 도달하였다: 이 확신은 예수 뿐 아니라 신약성서의 기자들이 거룩한 책에 대하여 가졌던 이해와 같다. 이 확신은 이천 년 동안 기독교가 경험한 것과 같다. 그리고 이 확신은 내 자신의 경험과 상응한다. 나는 하나님께서 성경을 통해 그가 원하는 시간과 장소에서 우리에게 말씀하신다고 믿는다. 그는 시간과 적절한 때를 아시며 그것을 놓치지 않으신다. 하나님께서 성경을 통해 일하심은 성경이 "하나님의 말씀"임을 입증한다.[7] 나는 기독교의 경험을 다음과 같은 말로 요약한 마틴 루터에게 동의한다: "성령께서 성경보다 더 강력하게 말씀하시는 곳은 없다."[8] 성경은 그래서 대체될 수 없는 의미를 지닌다. 거기에는 다른 선택의 여지가 없다. 우리 그리스도인들은 하나님께서 성경을 통해 우리에게 말씀하심에 의존되어 있다. 만약 하나님께서 성경을 통해 우리에게 말씀하시지 않음과 하나님께서 그런 식으로 말씀하신다는 신뢰가 근거없는 것임을 우리가 경험을 통해 알게 된다면, 기독교 신앙은 무너져 내릴 것이다.[9] 중요한 것은 우리의 신뢰가 어디에 있느냐는 것이다. 그것은 **하나님께**, 그의 준비되어 있음에, 성경을 통해 우리에게 말씀하시는 무한한 그의 능력에 있다.

하나님께 대한 이와 같은 신뢰의 토대 위에 성경에 대한 우리의 신뢰도 세워진다. 우리는 성경을 통하여, 구원을 위해 중요한 모든 질문들에 있어서 신빙성있는 방향설정을 얻는다. 이는 특히 우리가 **예수 그리스도의 복음**을 대할 때에 더욱 그러하다. 교회는 예수 그리스도의 복음과 상치되는 것을 가르쳐서는 안된다. 그런 의미에서 성경은 그리

---

[7] 이에 관해서는 5장을 보라.
[8] WA 7,312,17이하를 보라.
[9] 우리의 경험이 아니라, 하나님의 일하심이 성경의 권위를 기초한다. 그러나 그의 일하심을 우리는 경험한다. 경험되지 않는 **일하심(작용)**이 도대체 무엇이란 말인가? 우리의 경험 속에 시험과 위기와 "궁핍한 시간"이 있기는 하다. 그러나 근본적으로 통하는 것은 하나님께서 성경을 통해 믿음 안에서 우리에게 말씀하신다는 것이다.

스도인의 믿음과 가르침과 삶의 **척도**즉, Kanon이다. 기독교는 구원을 위한 중요한 질문에 있어서 다른 어떤 세계관을 따를 수 **없다**. 철학이나 정치적 이데올로기, 학문, 이성, 경험도 마찬가지이다. 이성과 학문과 경험은 우리에게 아래의 질문에 대한 대답을 해줄 수 없다: 하나님은 누구인가? 하나님과 함께 함은 어떻게 이루어지는가? 인간은 인생의 다른 중대한 질문들도, 학문을 빌어서든 아니든, 자기 스스로의 힘으로 대답할 수 없다: 나는 누구인가? 나는 무엇을 통하여, 그리고 무엇을 위하여 사는가? 사랑과 신뢰와 확신은 어디에서 유래하는가? 고통과 어려움 속에서 무엇이 나를 도울 수 있는가? 죽음을 넘어서는 희망이라는 것이 있는가? 인생의 비밀이 "신"의 비밀과 어느 정도까지 연관되어 있는가? 경험과 학문과 이성의 진가를 인정하지만, 이와 같은 중대한 인생의 질문들에 있어서는 오로지 성경적 메시지만이 우리에게 믿을 만한 방향제시를 할 수 있다. 그 방향제시 능력은 인간이 스스로 연구하고 인식할 수 있는 것의 한계를 훨씬 능가한다. 그래서 성경은 영적인 질문하나님과 인간의 관계에 대한 질문에 있어서 이 땅위의 모든 권위들과 기관들에 비해 더 높은 권위를 가지고 있다.

    여기까지가 나의 개인적인 성경관이다. 이 성경관은 그 기본원리에 있어서 신교 뿐 아니라 구교에서 성경에 대하여 가르치는 것과 같다. 성경에 대한 이해에 있어서 신 · 구교 사이의 차이는 일단 논외로 한다. 1장의 주제는 성경과 관련하여 그리스도인들이 어디에서 **일치**하는가이다. 이 점이 먼저 분명해져야 우리는 차이들에 대해 이야기할 수 있을 것이다. 나의 성경관은 대학 내의 신교 및 구교 신학과에서 가르치는 사람들 대다수와 그 기본원리에 있어서 일치한다. 하나님께서 성경을 통하여 우리들 인간에게 말씀하시며, 성경이 구원을 위해 중요한 질문들에 있어서 믿을 만한 방향제시를 한다는 신뢰는 학문적인 성경연구와 모순관계에 있지 않다. 신앙과 학문은 적이 아니다.10) 양자는 서로 다른 차원에 놓여 있고, 바로 그 때문에 서로 보완하고 풍부하게 만들 수 있다. 교의학 교과서들은 우리가 성경을 통한 하나님의 말씀하심과 성경의 근본적인 방향제시 능력을 신뢰할 수 있다고 강조하고 있다.11) 이런한 신뢰는 우리를 안전과 확실함으로 이끈다: "사망이나 생명이나 천사들이나 권세자들이나 현재 일이나 장래 일이나 능력이나 높음이나 깊음이나 아무 다른 피조물이라도 우리를 우리 주 그리스도 예수 안에 있는 하나님의 사랑에서 끊을 수 없으리라."롬8:38 이하

요점 정리: 기독교적 관점에서 하나님은 성경과 독특한 관계를 가지고 계신다. 그는 무엇보다오로지 이 방법만 있는 것은 아니지만 성경을 통해 우리와 접촉하신다. 그는 무엇보다오로지 이 방법만 있는 것은 아니지만 성경을 통해 우리를 그가 알고 있는 목표로 이끄신다. 즉 기독교적 확신에 따르면, 하나님은 그의 목표를 달성하기 위해 성경을 사용하신다. 이 점에 있어서 우리는, 하나님께로부터 나오고 그 분 안에 기초된, 하나님과 성경 사이의 **작용적 통일**에 대해 말 할 수 있다. 이 작용적 통일이 하나님께서 홀로 주관하시는 비밀이요 기적이라는 바로 그 이유 때문에, 우리는 이 작용적 통일을 믿을 수 있다.12) 기독교적 신앙 속에는 다음과 같은 확신이 속해 있다: 하나님께서 성경을 통해 이루고자 하시

---

10) 다음과 같은 이유만으로도 그럴 수 없다. 즉 학문의 기초인 인간의 이성은 기독교적 확신에 따르면 하나님의 선물이기 때문이다.
11) 예를 들어 Härle, Dogmatik, 111-139; Joest, Dogmatik, 61이하를 참조. 만일 신학대학 강단에 서는 사람이 성경을 통한 하나님의 일하심과 성경의 근본적인 방향제시 능력에 대한 신뢰를 원칙적으로 의심한다면, 그는 학문의 이름으로 말할 수 있는 것의 한계를 넘어서고, 이제 더 이상 기독교적 관점을 대변하지 않는다. 구체적으로 그런 일이 발생하는 것을 막기란 어렵다. 징계조치가 항상 적절한 것도 아니다. 대학에서의 교수자유의 장단점에 대해서는 본서 8장 3절을 참조.
12) 즉 하나님과 성경의 작용적 통일은 이 세상의 사물 또는 상태처럼 "주어져" 있거나 "현존하지" 않는다.

는 모든 것을 그는 이루신다. 성경과 관련하여 이보다 더 깊고 더 광범한 확신은 존재하지 않는다. 하나님께서 성경을 통해 일하심에 대한 이 신뢰는 모든 그리스도인들을 연결시키고 하나로 만든다.

  이 공동의 신뢰란 학설상의 일치가 아니라, **마음의 일치 내지 성령 안에서의 일치**를 의미한다. 우리는 학문적인 문제에 있어서도 이해를 위해 노력해야 한다. 그러나 학설의 일치는 아마도 도달할 수 없을 것이다. 서로 다른 고백들과 신학적 방향들과 "진영들"을 생각해보라 이는 꼭 필요한 것도 아니다. 더욱 중요한 것은, 우리가 성령 안에서 하나님께로부터 선사받은 일치를 무시하지 않는 것이다. 이 일치를 귀히 여기고 다른 그리스도인들에게 표현해야 할 과제가 각각의 그리스도인에게 주어져 있다. 그래서 나는 본서를 이렇게 시작한 것이고 또 그런 식으로 마칠 것이다. 나는 지금부터 성경이해의 학설적 문제들을 다룬다. 여기에서는 양 "진영"이 일치하지 **않는다**. 그렇기 때문에 우리는 성령 안에서 하나님께로부터 선사받은 마음의 일치를 시야에서 놓치지 말아야 할 것이다.

2. 어디서부터 달라지는가?

그리스도인의 신앙에는 하나님과 성경 사이의 작용적 통일이 밑바탕에 깔려 있는 바, 그것에 의거하여 성경은 하나님께서 원하시는 작용을 이루어낸다. 이 근본적인 일치에도 불구하고, 성경에 대한 이해를 둘러싸고 의견차이가 있어서, 그것이 그리스도인들을 두 "진영"으로 갈라 놓는다. 여기서는 다음의 질문이 문제다: **성경이 신적인 속성을 가지는가?** 이 질문에 대한 대답에서 길이 나누어진다. 일부의 그리스도인은 이 질문에 대해 긍정하고 다른 쪽은 부정한다. 각각의 대답에 따라 성경을 대하는 태도에 있어서 상이한 결과가 초래된다. 긍정하는 그리스도인들은 다음과 같은 근거를 가지고 있다: 성경은 하나님의 말씀이다. 하나님은 성경의 기자들이 단어들을 선택하는 데까지 이끄셨다. 그래서 그는 성경의 실제적 저자이다. 그러한 이유로 성경은 두가지 신적인 속성을 가진다. 성경은 하나님의 **완전성**과 **절대적 권위**에 참여하고 있다. 즉 이 그리스도인들은 하나님과 성경의 작용적 통일을 **질적 통일**로 이해한다.13) 이에 상응하여 그들 사이에서는 삼위일체 하나님께 대한 신앙 뿐만 아니라 성경에 대한 신앙도 언급된다. 이 그리스도인들은 자신에 대해 "성경을 믿는" 또는 "성경에 충실한"이라는 표현을 쓴다.

---

13) 물론 하나님과 성경 사이에 단지 부분적인 질적 통일만이 있을 수 있다. 아무도 성경이 하나님의 모든 속성에 (예를 들면 그의 편재성) 참여하고 있다고 주장하지 않는다.

나 자신이 속해 있기도 한, 다른 쪽 그리스도인들은 하나님과 성경의 작용적 통일을 질적 통일로 이해하지 **않는다**.14) 이들의 생각에 따르면, 하나님과 성경 사이의 작용적 통일은 결코 성경이 신적인 속성을 지녔다는 뜻을 담고 있지 않다. 성경은 하나님께서 원하시는 시간과 장소에서 신적인 작용을 한다. 그러나 성경은 신적인 속성을 가지고 있지 않다. 이는 커다란 차이이다.15) 작용적 통일을 아무리 진지하게 받아들이고 그 가치를 높게 산다 하더라도, 그들 생각에는 하나님의 유일성 때문에 하나님과 성경을 **범주적으로** 구분하는 것이 필수적이다.16) 하나님의 유일성에 대한 인식은 성경적 신 이해의 결정적 특징 중의 하나이다. 당대의 다른 종교들에서는 이런 인식이 없었다. 하나님의 유일성이란 오직 하나님만 신적인 속성을 가지심을 의미한다. 하나님만 신적이다.17) 성경은 하나님과는 달리 손을 뻗어 잡을 수 있는 가시적 대상이다. 성경은 하나님과는 달리 특정 시대, 특정 지역, 특정 문화 속에서 생성되었다. 성경은 단어와 문법이 이 세상의 조건들에 종속된 이 세상의 언어들로 씌어졌다. 이로써 성경은 **창조**의 영역에 속한다.18) 창조의 영역에서 창조자와 비견되는 것은 없다. 피조물 중 어느 것도 유일하신 창조자와 같이 그렇게 완전하지 않고, 그와 같은 권위를 갖지 못한다.

성경이 우리에게 "**하나님의 말씀**"이라는 사실이19), 성경이 창조에 속

---

14) 나는 이 관점을 우선은 소개하기만 할 것이다. 이 관점에 대한 상세한 논증과 설명은 다음 장의 과제이다.
15) 비교해보자: 망치의 도움으로 못을 벽에 박는 사람은 자신과 망치 사이에 작용적 통일을 이루어내고 그렇게 해서 자기의 목표에 도달한다. 그러나 이를 통하여 인간과 망치 사이에 질적 통일이 일어나지는 않는다. 망치가 작용적 통일로 인하여 "인간적" 속성을 얻는 것이 아니다.
16) "범주적"의 개념은 3장 1절에서 설명한다. 하나님의 유일성에 대해서는 3장 2절을 보라.
17) 하나님의 유일성에 대해서는 3장 2절을 보라.
18) 3장 2절을 보라.

함을 철폐하지 않는다. 성경을 "하나님의 말씀"이라고 부르는 것은 유대인들 사이에서는 주전 1세기부터, 그리스도인들에게서는 주후 2, 3세기부터 통상화되었다. 이 명칭은 하나님께서 성경을 통해 인간에게 자신을 계시하심을 표현하는 것이다. 성경의 이 명칭을 문자 그대로 이해해서는 안된다. 하나님께서는 성경의 독자에게 직접 말씀하시지 않고, 인간이 기록하고 물려 준 텍스트를 매개로 그 일을 하신다. 하나님의 아들로서 땅 위에서 사셨던 예수께로부터조차 우리는 한 문장도 직접 받은 것이 없다. 그는 스스로 아무것도 쓰거나 남기시지 않으셨다. 우리가 하나님과 예수에 대하여 아는 모든 것은 사람을 통해 전달되었다. 만약 우리가 성경의 명칭 "하나님의 말씀"을 직접적, 단어적인 뜻으로 이해한다면, 우리는 인간을 통한 매개라는 관점을 사라지게 만들고 과소평가하게 된다. 성경의 **영감도**[20] 성경이 창조에 속함에 아무런 변화도 가져다 주지 않는다. 영감을 받은 인간이 여전히 이 땅의 인간이지 하늘의 존재가 되지 않듯이, 영감된 책도 여전히 이 땅의 책으로 머물러 있다. 성경은 땅 위에 있는 "한 조각 하늘"이 아니다.[21]

하나님께서 성경의 "실제적 저자"라는 생각은 성경 텍스트들과 적절히 조화되지 않는다. 몇가지 예를 들어보자. 구약 선지서들 상당수의 앞부분에 선지자의 메시지가 "하나님의 말씀"여호와의 말씀으로 명명되어 있다: "브에리의 아들 호세아에게 임한 여호와의 말씀이라."호1:1; 다음의 구절들도 마찬가지이다. 미1:1; 습1:1; 욘1:1; 욜1:1 그러나 다른 선지서들의 첫

---

19) 5장을 보라.
20) 6장을 보라.
21) 성경의 영감은, 성경이 손을 뻗어 잡을 수 있는 가시적 대상이라는 사실에 아무런 변화도 가져다 주지 않는다. 마찬가지로 영감은, 성경이 특정 시대, 특정 지역, 특정 문화 속에서 생성되었다는 사실에 아무런 변화도 가져다 주지 않는다. 영감은 또한, 성경의 단어와 문법이 이 세상의 조건들에 종속된 이 세상의 언어들로 씌어졌다는 사실에 아무런 변화도 가져다 주지 않는다. 그래서 성경의 영감은, 성경이 창조의 영역에 속함에 아무런 변화도 가져다 주지 않는다.

구절은 **선지자**를 메시지의 저자로 부르고 있다: "드고아 목자 중 아모스가 이스라엘에 대하여 묵시 받은 말씀이라"암1:1; 다음의 구절들도 마찬가지이다. 사1:1; 옵1:1 예레미야서의 서두는 두가지 유형을 결합시키고 있다: "베냐민 땅 아나돗의 제사장 중 힐기야의 아들 예레미야의 말이라… 여호와의 말씀이 예레미야에게 임하였고"렘1:1-2; 겔1:1-3도 비슷하다 즉, 하나님의 말씀이 예레미야에게 임하였다는 것이 "**예레미야의 말**"이 기록됨을 가려버리지 않는다. 신약은 구약을 인용하면서 종종 인간 저자를 거명하는데, "이사야가 말한 것 같이" 혹 이와 유사한 표현들 이는 구약 텍스트로부터 **하나님께서 하신 말씀**을 인용할 때**조차도** 그러하다. 다음의 예도 재미있다: 성경이 남편에게 이혼을 허락하고 있음에도 불구하고, 예수는 이혼의 권리에 반대하는 말씀을 하신다. 그는 강조하여 말한다: "모세가 너희 마음의 완악함을 인하여 아내 내어버림을 허락하였거니와"마19:8; 막10:5도 참조 하나님께서 성경의 "실제적 저자"라면, 예수는 그렇게 논증해서는 안되었을 것이다. 그랬더라면 예수는 다음과 같이 말했어야 했다: "**하나님이** 너희 마음의 완악함을 인하여…" 신약의 다른 곳들도 인간 저자들의 책임있는 행위를 지적한다.예를 들어 눅1:1-4; 요20:30-31; 벧후3:15-16 우리는, 성경 텍스트의 기록자들에 대해 하나님께서 영향을 끼치심이를 우리는 아주 높이 사도 좋다을 이 기록자들이 책임있는 저자들이라는 사실과 서로 대립시켜서는 안된다. 성경 텍스트를 기록한 사람들도 **실제적** 저자들이다. 하나님과 인간이 함께 일하는 것이 구체적으로 어떻게 이루어지는지 상세하게 아는 것은 우리에게 비밀이 되어 있다. 성경의 인간적 측면을 과소평가하는 사람은 기독교에 대해 친절한 사람이 아니다.

성경에 신적인 속성을 부여하면, 성경의 **신격화**의 결과에 이르게 된다. 그와 같은 신격화는 하나님의 유일성과 모순되고 하나님과 성경의 적절한 구분을 불가능하게 한다. 우리는 하나님께서 우리에게 말씀하시는 통로로 쓰시는 **수단**을 신격화해서는 안된다. 우리가 성경에 신적인 속성을 부여하면, 성경은 적어도 어떤 특정한 시각에서는 하나님과 똑같은 범주에 속한다. 그러면 우리는 하나님 뿐 아니라 성경도 "신앙"하게 된다. 이와 반대로 하나님과 성경을 범주적으로 구분하는 그리스도인들은, 자신들이 **오로지** 삼위일체 하나님만 신앙하며, 거기에 덧붙여 성경도 "신앙"하지는 않음을 강조한다.22) 여기에서 하나님과 성경 사이의 범주적 구분이 드러난다. 하나님의 성경과의 작용적 통일은 그것을 질적 통일로 이해함을 통해서 "개선"하거나 "보호"할 수 없다. 하나님의 성경과의 작용적 통일에 대한 신뢰는 우리를 안전과 구원의 확신으로 이끈다. 이에 만족하지 않고 "더 많은 것"을 원할 이유가 무엇인가? "더 많은 것"은 필요하지도 않고 존재하지도 않는다.

요한복음에서 예수께서 말씀하신다: "나와 아버지는 하나이니라." 10:30 그러나 그는 어디에서도 다음과 같이 말씀하시지 않았다: "나와 성경은 하나이니라" 이는 우연이 아니다. 기독교는 아버지와 아들과 성령의 **삼위일체**를 가르친다. 그러나 아버지와 아들과 성령과 성경의 "사위일체"를 가르치지는 않는다. 성경이 아버지와 아들과 성령의 하나되심 안으로 통합될 수 없음은 곧 하나님과 성경 사이의 범주적 구분을 드러내는 것이다. 성경이 마치 신적인 사위일체의 한 부분인 양 말하는 그리스도인들이 있다. 수업시간에 한 여학생이 다음과 같이 말한 적이 있다: "예수께서 말씀하시기를 '나와 성경은 하나이니라' 라고 했어요." 내가 예수께서 그런 말씀을 하신 일이 없다고 대답하자, 그녀는 매우 의아해 했다. 이 여학생의 확신은 우연히 생긴 것이 아니다. 그것

---

22) 이에 대해서는 3장 4절을 참조.

은 어떤 그리스도인들의 모임에 수 년간 몸 담고 있으면서 생긴 것이다. 이 모임은 성경에 신적인 속성들을 부여하면서, 하나님과 성경의 적절한 구분을 시야에서 놓치고 있는 곳이다.

성경 스스로가 하나님과 성경 사이의 범주적 구분을 우리에게 가르친다. 성경은 또한 이 구분이 어떠한 시각에서 중요한지도 우리에게 가르친다. 이 구분은 무엇보다 네 가지 각도에서 드러난다: 1. 그리스도인들은 삼위일체 하나님을 신앙하지, 성경을 신앙하지 않는다.23) 2. 성경은 창조의 영역에 속한다. 즉, 성경은 신적인 속성을 지니지 않는다.24) 3. 하나님(예수 그리스도, 성령)은 성경의 주님이시다.25) 그렇기 때문에 성경은 아버지와 아들과 성령의 본질적인 하나되심에 합류하지 못한다. 4. 하나님의 결정적인 계시는 인격으로서의 **예수 그리스도**이지, 성경이 아니다.26) 이상의 네가지 차이는 성경이 하나님과 격이 다름을 의미한다. 성경은 하나님보다 하위에 있다. 그래서 성경은 하나님과 **견주어** 상대화되어야 한다. 이는 세상의 권위들과 기관들에 대한 성경의 상대화와는 전혀 다른 것이다. 후자는 고려의 대상이 되지 않는다. 생각할 수 있는 이 세상의 모든 권위들과 기관들에 대하여 성경은 하나님과 성경의 작용적 통일에 근거하여 **더 높은** 권위를 가지고 있다.27) 하나님께 대한 성경의 상대화는 결코 성경의 가치절하가 아니다. 이 상대화는 세계관적 근거로부터가 아니라, **성경의 계시** 자체, 즉 하나님의 유일성에 대한 성경적 인식으로부터 생기는 것이다. 하나님께 대한 성경의 상대화만이 하나님의 독특한 품격에 걸맞도록 성경의 위치를 잡게 해준다. 우리가 하나님의 독특한 품격이 환하게 비춰지도

---

23) 이는 3장 4절에서 신약을 예로 들어 증명될 것이다.
24) 3장 3절을 보라.
25) 3장 3절과 4장을 보라.
26) 4장 3절을 보라.
27) 1장을 보라.

록 성경의 위치를 잡는다면, 그것이 어찌 성경의 "가치절하"일 수 있겠는가? 하나님께 대한 성경의 상대화는 어느 시각에서든 하나님과 성경의 작용적 통일에 흠집을 내지 않는다.

성경에 신적인 속성을 부여하는 그리스도인들은 대개 하나님께 대한 성경의 상대화도 거부한다. 그들은 이 상대화의 정당한 근거를 인정하는 것도 매우 어려워 한다. 어찌 "절대적 권위"와 "완전성"을 상대화하겠는가? 종종 이 그리스도인들로부터 다음과 같은 항변을 듣는다: "하나님과 견주어 성경을 상대화할 수 없다. 왜냐하면 우리는 하나님께 대한 모든 중요한 것을 오직 성경을 통해서만 알기 때문이다." 뒷 문장에는 이의의 여지가 없다. 성경 없이는 우리가 하나님께 대한 중요한 것을 아무것도 알 지 못했을 것이다. 그러나 이 항변은 결정적인 지점을 지나치고 있다. 성경이 기독교적 신 이해에 있어서 신학적으로 격을 갖춘 유일한 원천이라는 사실이, 원천과 이 원천이 증언하는 것을 범주적으로 구분해야 한다는 점을 변화시키지 않는다. 결정적인 것은 **성경 자체**가 하나님께 대하여 자기를 상대화시킨다는 것이다! 성경이 없었더라면, 우리는 하나님께 대한 성경의 필수적인 상대화에 대하여 신학적으로 격을 갖춘 아무것도 알 지 못했을 것이다.

성경 이해에 있어서의 차이는 다음의 설명을 통해서도 분명하게 드러난다: 하나님께 대한 성경의 상대화를 필수적이라고 여기는 그리스도인들은 영적인 영역에서하나님과 인간의 관계에 있어서 **세 개의 권위층**을 구분한다. 권위의 가장 상층은 삼위 하나님의 것으로 정해져 있다. 두번째 층은 그 하위의 성경이, 그리고 세번째 층은 다시금 그 하위의 교회가 차지한다. 이는 교회에서 직임을 가진 모든 사람들, 모든 신학자들, 그리고 여타 이 세상 모든 권위들과 기관들이 성경의 권위 **아래**에 있음을 의미한다. 이는 결코 성경이 하나님과 똑같은 권위를 가졌다는 뜻이 아니다. 반면에 성경에 신적인 속성을 부여하는 그리스도인들은 영적인 영역에서 단지 **두 개**의 권위층만을 구분한다. 그들에게는 중간의 층이 없다. 그들의 생각에 따르면 성경은 삼위 하나님과 함께 권위의 최상층에 서 있다. 그들은 염려하기를, 그렇지 않으면 성경이 교회와 신학보다 위에 있는 권위를 상실하게 된다. 이 염려는 오해에 기인한다. 하나님께 대한 성경의 상대화는, 성경이 교회와 똑같은 권위층에, 혹은 심지어 그 밑에 있다는 뜻을 내포하지 않는다. **양쪽** 모델 모두, 교회와 신학이 성경의 권위 **아래**에 있다는 것에 대해 토를 달지 않는다. 즉 "우리는 성경 밑에 서 있지, 위에 서 있지 않다"는 모토는 어떤 경우를 막론하고 옳다.

성경 이해에 있어서 의견이 갈리는 질문과 관련하여 그리스도인들이 일치를 보는 것은 정말로 어렵다. 그런 의견일치는 깊이 자리잡은 오해들 때문에 애초부터 막혀 있다. 이 오해들을 인식하고 제거하지 않은 상태에서는 서로가 자기 말만 되풀이하게 된다. 성경에 신적인 속성을 부여하는 그리스도인들은, 오직 이 방식으로만 하나님과 성경의 상관성에 대해 적합한 판단을 할 수 있다고 확신한다. 그들은 양자택일의 논리를 쓴다: 하나님과 성경 사이에 질적 통일이 있거나, 아니면 그 사이에 아무런 통일도 없다. 그러나 이 양자택일의 논리는 그릇되었다. 성경에 신적인 속성을 부여하지 않는 그리스도인들에게 하나님과 성경의 통일과 상관성은 **마찬가지로 중요**하다. 그리스도인들의 양 "진영" 사이의 갈등의 본질은, 한 쪽은 하나님과 성경의 통일을 가르치고, 다른 한 쪽은 이 통일을 부정하는 데에 있지 **않다**. 이 갈등은 다른 종류의 것이다: 한 쪽은 하나님과 성경의 통일을 위하여 성경의 신적인 속성을 승인하는 것이 필수적이라고 여긴다. 다른 한 쪽은 이 방법이 부적절하다고 여긴다. 이들은 하나님과 성경의 통일과 상관성을 질적 통일이 아니라 **작용적 통일**로 이해한다. 이 작용적 통일은 기독교적 신앙을 위해 우리가 필요로하는 모든 것을 가져다 준다.

하나님과 성경의 통일과 상관성이 기독교 내에서 논란의 여지가 없으며, 양 "진영" 모두에게 대체불가능하게 중요하다는 것이 분명해지면, 두 "진영" 사이에 긴장의 이완과 화해가 조성될 것이고, 이는 갈등의 뿌리에까지 이를 것이다. 하나님과 성경 사이의 **작용적 통일**을 **공동으로** 강변할 수 있다면, 이는 고착된 전선을 극복하고 새로운 대화의 가능성을 열 것이다.

성경이 신적 속성을 가졌다고 생각하는 성경이해는 신학적인 전문용어로 **"근본주의적"**이라고 불린다. 나는 이 개념을 아래의 부설에서 설명하면서, 더 넓은 연관관계 속에 놓고 볼 것이다. 그리고 다음 장에서는, 이번 장에서 그냥 간략히 소개한 것들을 자세히 다룰 것이다.

부설(附說): "근본주의"와 "복음주의적"의 개념에 대하여

대학에서 이루어지고 있는 현대적 성서학을 가장 격렬하게 거부하는 것은 **"근본주의적"** 성경이해를 대변하는 그리스도인들이다. 그래서 나는 이 책에서 무엇보다 이들이 표출하는 항변과 의구심을 다루고자 한다. 나는 "근본주의" 개념을 일반적인 종교학적, 사회학적 혹은 정치적 의미가 아니라, 원래의 의미 즉, **신학적인** 전문용어로써 사용한다. 이 개념은 오로지 **신교적** 근본주의만을 지칭한다. 그것은 19세기 말 내지 20세기 초에 북아메리카의 기독교에서 발생하여, 거기서부터 온 세계에 퍼졌다. 북아메리카에서 "근본주의fundamentalism"와 "근본주의자fundamentalist"의 개념이 생겼다. 이 개념들은 무엇보다 **자기자신을 가리키는 명칭**이었다.[28] 이들 그리스도인들은 이 중심개념들을 축으

---

28) 여러 예들 가운데 두 가지만 들겠다: 1920년 버팔로(뉴욕 주)에서 미국의 침례교인

로 응집하여, 현대적 성서학과 현대적 진화론과 현대적 자유주의에 대한 거부를 표명하였다.

신학적 전문용어 "근본주의"는 무엇보다 성경에 대한 특정한 이해와 관련되어 있다. 이 성경이해가 신교적 근본주의의 토대이다. 윤리적, 사회적, 학문적 주제에 대한 근본주의적 입장표명은 결정적인 부분에서 성경으로부터 논거를 제시한다. 그래서 나는 이 부설에서 신교적 근본주의의 **성경이해**에 집중하고자 한다. 아래에 열거한 이 성경이해의 여섯 가지 특징은 일반적으로 알려져 있고 또 인정되고 있다. 이것들은 신교적 근본주의의 대표적인 글들로부터 끌어낸 것이다:29)

1. 성경은 **축자|逐字|적으로** 영감되었다. 근본주의적 이해에 따르면, 하나님께서는 성경의 기록자들을 단어의 선택에 이르기까지 이끄셨다. **하나님께서** 단어를 선택하시고 확정하셨다. 성경의 실제적 저자는 하나님이시다.30)
2. 성경은 **하나님의 말씀**이다. 근본주의적 이해에 따르면, "성경" 개념과 "하나님의 말씀" 개념은 똑같은 것을 의미한다. 양자는 교환가능하다.31)
3. 성경은 하나님의 **결정적인** 계시이다. 즉 성경은 기독교 신앙의 결정적

들이 다음 제목으로 회의했다: "National Federation of Fundamentalists of the Northern Baptists". "Moral Majority" 운동의 창시자이자 유명한 미국 텔레비전 설교가인 Jerry Falwell은 자신이 발행한 잡지에 "Fundamentalist Journal"이라는 이름을 붙였다(이에 관해서는 Holthaus, *Fundamentalismus*, 42 이하를 보라).

29) 오늘날의 신교적 근본주의를 대표하는 것은 무엇보다도 1978년, 1982년, 1986년의 세 "시카고 선언들"이다. 근본주의적 성경이해에 대해서는 신학 용어 사전들의 "근본주의" 항을 참조: Theologische Realencyclopädie(TRE), Religion in Geschichte und Gegenwart(RGG), Lexikon für Theologie und Kirche(LThK), Evangelisches Kirchenlexikon(EKL), Lexikon für Theologie und Religion(LTR), Handbuch religionswissenschaftlicher Grundbegriffe(HRGB).

30) 이에 대해서는 6장을 보라.
31) 이에 대해서는 5장을 보라.

인 근거이다.32)

4. 성경은 하나님의 절대적 **권위**에 참여하고 있다. 성경의 권위가 하나님의 권위이다. 성경이 말하는 것을 하나님이 말한다. 그래서 성경의 상대화는 모두 거부되어야 한다.

5. 성경에는 **실수가 없고 모순이 없다**. 이는 역사적, 지리적, 생물학적, 의학적, 천문학적 언명에도 모두 적용된다. 성경에는 실수가 있을 수 **없다**. 왜냐하면 하나님께서 실수하지 않으시기 때문이다. 하나님은 완전하시다. 그러므로 그의 말씀도 그렇다. 성경은 하나님의 완전성에 참여하고 있다.33)

6. 성경의 원시역사(창세기 1-11장)는 인류의 **역사적** 시작을 다루고 있다. 아담과 하와(창세기 2-3장)을 보라 최초의 두 인간이었다. 모든 다른 사람들은 그들에게서 나온다. 현대적 진화론은 성경의 원시역사와 모순된다. 그러므로 그리스도인들에게 수용될 수 없다.

근본주의적으로 사고하는 그리스도인들은 오직 **이** 성경이해만이 성경에 대한 적합한 판단이며 "성경에 충실"하다고 말할 수 있다고 확신한다. 그러나 이 이해가 정말 성경에 대한 적합한 판단인가? 비근본주의적인 모든 신학은 본질적인 관점에서 그렇지 **않다**고 생각한다.34) 먼저 주의해야 할 것은 "근본주의" 개념의 언어적 사용이 변화를 겪

---

32) 이에 대해서는 4장을 보라.
33) 이에 대해서는 3장 6절을 보라. 근본주의적인 그리스도인들은 묻는다: "성경의 모든 것이 맞는 것이 아니라면, 어느 것이 맞는지 누가 결정할 수 있는가?"
34) 이에 대해서는 다음 장들을 보라. 나는 "비근본주의적 신학"이라는 표현을 통해서 모종의 통일된 신학이 있다는 것을 말하려는 것이 아니다. 당연한 이야기이지만, 비근본적주의적 신학은 매우 다양하며, 여러 관점에서 서로 상반되기도 한다. 그럼에도 불구하고 "비근본주의적 신학"이라는 표현은 정당성이 있다. "비유럽 국가들", "비민주적인 사고", "비스콜라적 신학" 등의 표현이 그런 것처럼 말이다. "비근본주의적 신학"이라는 명칭은, 대부분의 기독교 신학이 근본주의적 신학의 입장을 공동으로 거부함을 표현한다.

었다는 것이다. 1970년대, 80년대에 이 개념은 **확대**되었다. 이 때부터 이 개념은 세계적으로 큰 다른 종교들과 정치적 확신에 응용되었다. 오늘날 대중매체는 "근본주의" 개념을 폭력적 극단주의자들무엇보다 이슬람의을 가리켜 즐겨 사용한다. 그리하여 이 개념은 전에 그랬던 것보다 본질적으로 더 부정적으로 채색되었다. 그래서 오늘날 근본주의적 성경이해를 대변하는 어느 그리스도인도 자기를 "근본주의자"로 칭하지 않는다. 이 그리스도인들 대부분은무엇보다 젊은 층은 본래의, 기독교 내부에서 쓰던 언어적 사용에 대해 더 이상 알지 못한다. 그들은 "근본주의"라는 단어 앞에서 자기의 성경이해를 떠올리는 것이 아니라, 자기와 관계없는 모종의 극단주의자들을 생각한다. 이 개념이, 자기 스스로가 속해 있다고 느끼는 바로 그 보수적 기독교에서 생겼다는 것을 그들은 종종 모르고 있다. 그들은, **학문적 신학**이 "근본주의" 개념을 예나 지금이나 본래적인 의미로 사용한다는 것도 대부분 모른다. 이리하여 많은 사람들이 혼란스러워 하는, 개념사적인 설명이 필요한 상황이 생겼다.

개념사적인 배경을 알고 있는, 근본주의적으로 사고하는 신학자들도 오늘날에는 "근본주의"라는 개념 쓰기를 피한다. 이 개념이 너무 부정적이다. 그들은 당연히 폭력적 이슬람 극단주의자들과 "한 울타리"에 던져지고 싶어 하지 않는다. 내 생각에, 그리스도인들은 동료 그리스도인들에게 개인적인 개념인 "근본주의자"를 쓰지 않는 것이 좋을 듯 싶다. 이 개념은 곧바로 적대적인 투쟁구호처럼 들리고, 상대방에게 낙인과 모욕으로 느껴진다. 그 대신에 사안에 맞게 **근본주의적 성경이해를 가진 그리스도인들**이라고 말할 수 있을 것이다.35) 다른 한편으

---

35) 이 책에서 나는 "근본주의자"라는 개념을 피하겠다. 나는 근본주의적 특징의 (지향의, 사고하는) 그리스도인이라고 말할 것이다. 나는 이로써 기독교적 연합을 강조하는 한편, 성경이해에 있어서의 차이도 드러내고자 한다.

로, 만약 "근본주의" 개념의 기독교 내부에서의 생성사가 마치 없었던 일인 양, 이 개념을 기독교적 성경이해에 적용하는 것을 분노하며 거부한다면, 그것은 역사적 사실을 무시하는 것이다. 이 개념의 기독교 내부에서의 생성사를 없었던 일로 만들 수는 없다. 오늘날의 "근본주의" 개념의 사용과 관련하여, 내 생각에는 무엇보다 다음 두 가지 관점이 중요하다:

(1) "근본주의"와 "근본"이 구분되어야 한다. 그리스도인의 신앙에는 당연히 근본이 필요하다. 신앙이란 스스로 서는 것이 아니라, 인간이 자기 능력으로 만들어 낼 수 없는 확신에 기대어 생명을 유지하는 것이다. 신앙이란 하나님의 계시와 이 계시를 깨닫게 하시는 성령의 일하심에 기대어 생명을 유지하는 것이다. 문제는 근본주의적 특징의 그리스도인이 그의 신앙 안에 근본을 가지고 있음에 있는 것이 아니다. 그것은 좋은 일이고 마땅히 그래야 한다. 문제는 성경에 대한 **근본주의적 시각**에 있다. 그래서 다음과 같이 말하는 것은 순진한 소리이다: "당신이 '근본주의'라는 개념으로 내 신앙 속에 근본이 있음을 표현하시려거든, 저를 기꺼이 '근본주의자'라고 부르셔도 좋습니다." 이 어투는 그 본질에 있어서 기만적 기교라고 불려져야 한다. 근본주의적 성경이해가 정당한가 그렇지 않은가? 이 질문이 관건이지 다른 무엇이 아니다.

(2) **대중매체**의 언어사용과 **신학**이라는 **전문적 학문**의 언어사용이 구분되어야 한다. 신학의 언어사용이 더 오래되었고 본래적인 것이다. 신학이 대중매체의 언어사용에 주의를 기울여야 하기는 하지만, 그 언어사용에 종속되어서는 안된다. 신학은 단지 대중매체가 변화를 가했다는 이유 때문에, 이미 도입되어 있는 "근본주의"라는 전문용어이는 기독교적 근본주의만큼 오래된 개념이다를 쉽사리 폐기할 수 없다. 학술적인

전문용어 중에서 대중매체나 또는 다른 집단이 변화를 가한 모든 개념들, 혹은 그들이 편협하게 사용하는 모든 개념들을 포기해야 한다면, 우리는 이미 오래 전부터 안정적인 전문용어들을 가지지 못했을 것이다. 그래서 학문적인 신학은 신학적인 개념 "근본주의"를 계속 사용할 것이다. 근본주의적인 측과 비근본주의적 측이 함께 동의하는 다른 개념이 존재하지 않는 한, "근본주의"의 개념에 다른 대안은 없다. 그리스도인은 누구나 위에 열거한 여섯가지 특징에 비추어, 자신이 근본주의적 성경이해를 하고 있는지 아닌지 쉽게 판단할 수 있다. 그 경우 자기 자신이나 타인을 속여서는 안 될 것이다. 말로 하는 숨바꼭질은 아무도 돕지 못한다.

"성경에 충실한"이라는 표현은 여러가지 이유로 비근본주의적인 신학과의 대화에서 고려의 대상이 되지 않는다: a. 근본주의가 특별한 비중을 차지하는 영어권에 그에 상응하는 표현이 없다. b. "성경에 충실한"이라는 개념은 자화자찬으로 느껴질 수 있다. 다른 그리스도인들이 성경에 그다지 충실하지 않은 것으로 평가절하되는 것이다. 이 개념에 본래 그런 뜻이 없더라도 마찬가지이다. 한 개념이 본래 무슨 뜻으로 쓰이느냐 뿐 만 아니라, 다른 이에게 어떻게 들리느냐도 중요하다.36) c. 신·구교의 신학은 무엇보다도, 성경에 대한 근본주의적인 시각이 결코 "성경에 충실"하지 않으며, 본질적인 부분들에서 성경에 대한 적합한 판단을 하지 못 한다고 생각한다. 그러므로 "성경에 충실한"이라는 표현은 같은 마음을 가진 사람들 사이에서 사용되는 "insider"의 표현에 지나지 않는다.37)

---

36) 물론 "근본주의"와 "근본주의자"의 개념에 있어서도 이 관점에 주의해야 한다.
37) 근본주의적인 성경이해를 대변하는 Stephan Holthaus가 자기의 책에 "독일의 근본주의"라고 제목을 붙인 것, 즉 "독일의 성경에 충실한 기독교인들"이라고 하지 않은 것은 존중받아 마땅하다. 그렇게 해야만 비근본주의적 신학과의 대화가 가능하다. 그러나 근본주의적인 저작에 이런 식으로 제목을 붙이는 일은 드물어졌다.

얼마 전부터 근본주의적으로 사고하는 저술가들이 새로운 "언어의 정리"를 도입하려 시도하고 있다. 그들은 자신들의 성경에 대한 시각을 **"고전적"** 성경이해라고 칭한다. 이 시도는 근본주의적 테두리 **밖**에서는 인정을 받지 못 할 것이다. 이 시도는 근본주의적 성경이해의 문제점도, 그 생성의 근거들도 건너 뛰고 있다. 이 저자들은 "고전적"이라는 말을 통해, 그들의 성경이해가 초대 교회나 종교개혁자들과 같다는 확신을 표현하고자 한다. 그러나 그것은 맞지 않는다. 초대 교회의 성경 및 계시이해와 신교적 근본주의의 그것 사이에는 무시해서는 안될 현격한 차이들이 있다.38) 그 외에도 초대 교회의 성경이해에는 많은 편협성과 오류들이 있었다. 예를 들면 반유대적 성경이해; 알레고리적 성경해석; 성경의 이름으로 여성과 성(性)을 평가절하한 것 등등 그래서 이 성경이해는 어차피 "고전적"일 수 없다. 루터도 근본주의적으로 성경을 이해하지 않았다. **구술된** 말에 대한 그의 높은 가치평가 solo verbo; solo evangelio, 그의 "율법과 복음"의 구분, 그가 성경에 대한 예수 그리스도의 주권을 강조한 것 solus Christus, 그리고 예수 그리스도를 지향한 그의 성경해석 "그리스도를 움직이는 것" 등은 모든 근본주의적인 성경이해를 붕괴시킨다. 루터나 초대 교회의 신학자들이 성경의 무오에 대해 말한 대목들을 모을 수는 있다. 그러나 이 인용문들은 신교적 근본주의와는 다른 체계 속에 위치해 있다. 그래서 그것들은 성경과 계시에 대한 **전체적 이해** 속에 있는 커다란 차이에 아무런 변화도 가하지 못한다. 근본주의적인 성경이해는 "고전적" 종교개혁 신학의 영향보다는, 훨씬 더 분명하게 17, 18세기의 신교 신학의 영향 하에 "신교적 정통주의"의 영향 하에 이루어졌다.39)

---

38) 4장 3-4절과 6장 2-4절을 보라.
39) 4장 4절과 6장 3-4절을 보라. 루터의 신학과 루터적 정통주의의 신학 사이에는 현격한 차이가 있다.

"근본주의"개념의 설명이 끝나고 이제 다음의 질문이 설명되어야 하겠다: "**근본주의적**" 신교와 "**복음주의적**" 신교는 어떤 관계에 있는가? "근본주의적"의 개념과 "복음주의적"의 개념은 그 의미가 같지 않다. "근본주의적" 그리스도인들 보다는 "복음주의적" 그리스도인이 훨씬 많다. 다른 한편 두 개념은 많은 부분이 겹친다: 복음주의적 그리스도인의 큰 부분이 근본주의적 신교에 속한다. 나는 우선 "복음주의적"의 개념을 설명하고, 그 다음에 복음주의적 신교와 근본주의적 신교의 관계를 설명하겠다.40) "복음주의적"의 개념은 "근본주의적" 보다 역사가 짧다. 이 개념은 1960년대에 이르러서야 독일어권에 자리를 잡았다.41) 이 개념은 그 후로 독일의 그리스도인들을 연결시켰다. 복음주의적 그리스도인들은 다음 측면들을 강조한다: 예수 그리스도를 위한 개인적인 결단회심, 책임있는 예수 따르기성화, 성경을 향한 신앙 및 삶의 방향설정, 개인적인 성경읽기와 기도또는 기도모임의 형식으로, 기독교 신앙을 위해 다른 사람을 얻는 일에 참여복음화, 선교, 그리고 실천하는 이웃사랑.

상기한 측면들은 의심의 여지 없이 그리스도인됨의 기본적 주요 특징들이다. 그래서 나는 이 측면들의 강조를 전적으로 옳다고 여긴다. 복음주의적 그리스도들은 무수히 많은 실예를 통해 기독교적 신앙의 활기와 갱신에 이바지하였다. 그들은 교회에서 오랜 시간 동안 소홀했던, 그리고 부분적으로 아직도 소홀한 주제들을 당연한 자기자리에 돌려 놓았다. 이 주제들에는 다음의 것들이 있다: 회개로의 부르심, 복음화와 선교에 대한 열심,42) 신앙에 따르는 책임에 대한 강조, 하나님께

---

40) 복음주의적 신교에 대해서는 RGG, 2권(1999), Sp 1694-1701의 "Evangelikale Bewegung" 항목; Lüdke, Evangelikales Christentum을 참조.
41) 미국의 복음주의자 빌리 그래험의 대규모 집회와의 연관 속에서.

대한 헌신, 개인적 희생의 각오 등. 신교는 어린이 및 청소년 교육, 무보수 명예직을 맡아 하는 활동, 사회 봉사 활동, 가정 소그룹의 생성, 신앙연수 프로그램 등의 영역에서 복음주의적 그리스도인들로부터 많은 고무와 기여를 받고 있다. 다수의 신교 신학부 학생들이, 만약 그들이 복음주의적 가정과 교회에서 기독교 신앙을 갖게 되지 않았더라면, -이는 내가 교편을 잡고 있는 대학교에서도 마찬가지인데- 그 자리에 있지 않았을 것이다. 이 책은 복음주의적 그리스도인됨의 진가를 인정하는 기초 위에서 씌어졌다.

하지만 복음주의적인 경건과 신학에 대해 자세히 들여다 보면, 질문들이 생긴다: 예수 그리스도를 위한 결정이 내 의지로 이루어진 나 자신의 행위인가? 아니면 은혜로 이루어진 하나님의 선물인가? 이 대목에서 인간의 "자유의지"를 주목하는 것으로 충분한가? "내가 회심하였다"라고 말하는 것이 적절한가? "하나님께서 나를 취하셨다" 혹은 "하나님께서 내 삶에 들어 오셨다"라고 말하는 것이 더 맞지는 않는가? 비그리스도인을 일차적으로 "불신자" 내지 "비회심자"로 보는 것이 적절한가? 그들을 일차적으로 하나님의 사랑하시는 창조물과 하나님의 형상으로 볼 수도 있는 것이다. 이러한 태도는 인식과 사람을 대하는 분위기에 영향을 미친다. "하나님은 은혜롭지만은 않다. 그는 공의롭고 거룩하다"라고 말하는 것이 적절한가? 하나님의 사랑과 하나님의 심판이 어떻게 서로 모순되지 않게 연관되어 있는가? 모든 고통은 죄에서

---

42) 예수 그리스도를 위하여 선교의 일을 하려는 준비성은, 내 생각으로는, 복음주의적 그리스도인됨의 강점에 속한다. 예수 그리스도의 교회가 선교적 교회라는 인식이 교회 안으로는 매우 천천히, 그리고 어렵사리 확산되었다. 선교는 교회의 본질적 특성이다. 복음화는 특히 미래라는 시각에서 바라볼 때, 교회의 가장 중요한 과제에 속한다. 이 인식이 기쁘게도 지난 20년간 독일 신교 연합(Evangelische Kirche in Deutschland, EKD) 의 총회에서 관철되었다. "선교"라는 개념이 -성경에 나오는 개념이 아니다- 기독교 선교의 모든 경험에 비추어 오늘날에도 여전히 가장 좋은 개념인지는 별개의 문제이다. 또 다른 문제는 복음화와 선교의 방식 및 방법과 연관된다. 무엇보다 각 선교의 밑바탕에 깔려 있는 신학이 중요하다.

연유하는가? 이것들은 "그다지 중요하지 않은" 부차적 질문들이 아니라, 기독교 신앙의 **중심적** 질문들이다. 아주 많은 수의 그리스도인들이 나도 그 중의 하나이다 복음주의적 그리스도인 모델을 최선 내지 가장 설득력있는 모델로 여기지 않는데, 이것은 이 질문들을 비롯한 여타의 질문들과 관련되어 있다. 열거한 그리스도인됨의 측면들을 **강조**하는 것뿐 아니라, **그것을 어떻게 이해하느냐** 하는 것 역시 중요하다.

여기에 다음 사항이 부가된다: 복음주의적 기독교에서는 위에 열거한 그리스도인됨의 측면들이 대개의 경우 다소 심한 **보수적 심성 및 세계관**과 결합되어 있다. 이는 남성과 여성의 역할에 대한 이해, 가족에 대한 생각, 교육에 대한 이해, 정치적인 확신, 현대에 대한 이해 등에 있어서도 마찬가지이다. 여기에서도 질문들이 제기된다: 보수적인 단초가 다른 단초들보다 원칙적으로 더 나은가? 그것이 세계관적 시야에서 덜 일방적인가? 보수적인 견해가 다른 견해들과 마찬가지로 **이데올로기**가 되어버릴 수도 있지 않은가? "보수적인 시야"를 가진 그리스도인이 다른 "시야"를 가진 그리스도인들보다 보지 못 하는 것이 더 적은가? 그리스도인으로서 꼭 보수적이어야 하는가? 성경의 메시지가 "보수적"인가? 예수는 "보수적"이었나? 복음주의적 그리스도인들이 보수성으로의 경향을 지닌 더 깊은 근거는 무엇인가? 나는 보수적인 사람이 아니고 보수적인 그리스도인이 아니다. 나는 많은 다른 그리스도인들처럼 보수적인 심성과 맞지 않는다. 그러나 나는 보수적인 단초를 애초부터 싸잡아 평가절하하지 않고, 공평하고 섬세하게 대하고 싶다. 그것은 –다른 단초들과 마찬가지로– 장단점을 가지고 있다. 그래서 우리 그리스도인들은 서로를 형제자매로 대하고 서로에게서 배워야 할 충분한 이유가 있다. 그러나 보수적인 그리스도인들이 다음과 같은 태도를 가지고 다른 그리스도인들에게 나올 경우에는 비판적인 유보가

필요하다: 우리의 보수적인 입장이 원칙적으로 더 낫고 더 성경적이다. 보수적인 심성이 영적인 우월의식 및 명백한 독선과 결합되면, 그것은 고통거리가 된다. 물론 그것은 다른 모든 우월의식 및 다른 모든 명백한 독선에 있어서도 마찬가지이다.

복음주의적 그리스도인들 사이에서는 심심치 않게 다음과 같은 기본원칙이 발견된다: "복음주의적이 아닌 사람은 자유주의적이다." 이 구분의 도식은 현실과 맞지 않는다. 이것은 흑백논리의 표현이다. 독일어권 대학에 자기를 "복음주의적" 신학자라고 생각하는 교수는 몇 명 되지 않는다. 다른 한편, 단지 소수의 교수만이 "자유주의적" 신학자라고 불리는 것에 동의할 것이다. 교수들 중 다수가 자기를 "복음주의적" 신학자도, "자유주의적" 신학자도 아니라고 생각한다. 현실에서 자주 마주치는 이 부류의 사람들이 위의 구분 도식에는 빠져 있다. 나 역시 "복음주의적" 신학자도, "자유주의적" 신학자도 아니다. 위의 도식은 이것을 고려하지 않는다. 이 구분 도식을 아무 질문 없이 당연한 듯 사용하는 사람은, 그가 얼마나 싸잡아 하는 판단과 선입견에 사로잡혀 있는지, 그리고 그가 자신과 다르게 생각하는 그리스도인들을 애초부터 평가절하하는 경향으로 얼마나 많이 기울어 있는지 드러낸다.

이상과 같은 필수적인 비판적 지적에도 불구하고 나는 귀중한 복음주의적 관심들에 여전히 결속되어 있음을 느낀다.

복음주의적 신교와 근본주의적 신교는 그들의 보수적 심성과 세계관을 통하여 단단히 결합되어 있다. 이는 특히 다음과 같은 모토가 통하는 곳에서 더욱 그러하다: "우선 보수적이어야 한다! 다른 모든 것은 부차적이다." 그러나 이 보수적 연맹에도 불구하고 모든 복음주의적 그리스도인이 근본주의적 성경이해를 하고 있는 것은 아니다. 근본주의적 성경이해를 대변하지 않는 복음주의적 그리스도인들은 성경에 오류 및 모순이 없음, 즉 축자 영감을 주장하지 않는다. 그들은 아담과 하와의 이야기 내지 성경의 원시역사창세기 1-11장를 인류 시발점의 역사적 정보로 이해하지 않는다. 그들은, 자기들이 오직 삼위일체 하나님만 신앙하지, 성경을 신앙하지 않음을 의식하고 있다. 그들은 하나님과 성경의 범주적 구분을 긍정하고, 성경에 신적 속성을 부여하지 않는다. 그리고 매우 조심스럽기는 하나 현대적 성서학에 대해 근본주의적 특성을 지닌 그리스도인들보다 더 열려 있다.

근본주의적 성경이해가 복음주의적 기독교에 얼마나 퍼져 있는가? 이 질문에 관한 정확한 조사는 없다. 내 인상에는, 모든 징후들이 뒷받침하는 바, 그것이 **매우 널리** 퍼져있는 듯 하다.43) 지난 수 십년 간 은사"오순절" 교회 및 공동체가 복음주의적 기독교에 통합되는 일이 있었기에, 그 확산은 더욱 증가하였다.44) 그 외에도 모든 점에서 근본주의적 성경이해를 대변하지는 않지만, 그러한 성경이해에 매우 근접해 있는 복음주의적 그리스도인들이 많이 있다. 그 이행지점은 대개 유동적이다. 복음주의적 교회에 주어지는 성경 관련 도서의 커다란 부분이 근본주의적 성경이해의 경향을 띠고 있다. 그런 성경이해의 문제들을 열어 놓고 언급하는 도서는 거의 없다시피 하다. 대부분의 근본주의적 방향의 저자들이 "근본주의적"이라는 말을 피하고 "복음주의적" 성경해석에 대해 말하기 때문에, 많은 그리스도인들이 이 상황을 파악하기 어렵다. 나는 루드비히스부르크 교육대학에서 15년이 넘게 교편을 잡고 있으면서, 세미나와 실습과 개별대화를 통해 복음주의적 배경을 가지

---

43) 본서의 독자는 위에 열거한 근본주의적 성경이해의 여섯가지 특징들을 토대로 스스로 조사해 볼 수 있을 것이다.
44) 오순절교회와 카리스마적 신앙공통체는 대개 근본주의적인 성경이해를 대변한다.

고 대학에 진학한 수백의 학생들을 만났다. 이 경험에 의거해 나는 다음과 같이 말할 수 있다: 다소 차이는 있지만, 그들 중 **절반이상이** 근본주의적으로 성경을 이해하고 대학에 진학했다. 종교교육학을 공부하려는 수험생이 그러하다면, 복음주의의 다른 영역도 그 상황은 다르지 않을 것이다. 누군가 "복음주의적 그리스도인 중에 근본주의적으로 성경을 이해하는 사람이 여기 저기 있을 수도 있지요. 하지만, 그것은 예외입니다"라고 말한다면, 그것은 어느 경우든 현실과는 거리가 멀다.

90년 대에 미국의 복음주의적 그리스도인들 사이에서 – 특히 젊은 세대 안에서 – "이머징 교회emerging church"라고 불리는 주목할 만한 각성이 있었다. "이머징 교회"는 네트워크로 발전되었고, 특히 서방 산업국가로 퍼져 갔다. 독일에서도 이 네트워크는 몇 년 전부터 "이머징 독일"이라는 이름으로 발을 붙이고, 활발한 토론을 전개시켰다.45) "이머징 교회"를 통해 다음 항목들에 대한 커다란 불만들이 표출되었다: 전통적 복음주의적 복음화 방법, 복음주의적 교회생활의 시민화, (특히 미국에서의, 그러나 거기만은 아닌) 복음주의 운동의 정치적 우파와의 긴밀한 결합, 그리고 복음주의 신학의 한계와 약점 등. 많은 "이머징 교회"의 대표자들이 더 이상 "보수적인"이라는 딱지를 원하지 않는다. "이머징 교회"는 엄격하게 보수적인 복음주의적 사람들로부터 격렬하게 비판받는다. 앞으로 일이 어떻게 진전될 지 지켜볼 일이다. 보아하니, 새로운 지평을 향해 출발하는 **자기비판적** 복음주의적 그리스도인들과 기독교적 신앙의 갱신을 가슴에 품은, 현대적 성서학의 **자기비판적** 찬성자들이 깊은 신뢰로 서로에게 다가가 열띤 의견교환을 시작할 전망이다.

---

45) 이에 대해서는 Faix, Zeitgeist를 보라.

3. 하나님과 성경의 구분

비근본주의적인 신학 모두의 확신에 따르면, 하나님과 성경의 **범주적 구분**은 포기할 수 없다. 이 구분을 통하여서만 적절한 성경의 이해를 발전시키는 것이 가능하다. 이 구분이 없이는 – 원하든, 원하지 않든 – 성경의 신격화가 이루어진다. 물론 근본주의적 그리스도인들도 하나님과 성경을 구분한다. 하나님은 인격이시지 책이 아니시다. 그러나 **범주적 구분**은 이런 종류의 당연성을 **본질적으로 넘어서는** 것이다. 만약 근본주의적 신학이 하나님과 성경을 일관성있게 **범주적으로** 구분한다면, 더 이상 근본주의적 신학이 존재하지 않을 것이다.

3.1 "구분하다"는 무슨 의미인가?

구분에는 **경계적** 구분과 **세분화적** 구분 등 두가지 종류가 있다. 두 종류 다 중요하며, 각각 다른 목적을 이룬다. 경계적 의미에서 우리는 예를 들어 삶과 죽음, 참과 거짓, 동무와 적, 밝음과 어둠 등을 나눈다. 성경에서도 경계적 구분이 중요한 위치를 차지한다. 하나님과 우상들, 신앙과 불신앙, 영과 육, 참 선지자와 거짓 선지자, 성결과 불결 등을 생각할 수 있을 것이다. 경계적 구분에 있어서 "구분하다"는 "자르다"나 "갈라 놓다"의 의미를 지닌다. 이 종류의 구분은 입장이나 "색깔"을 분명히 해야 하는 경우에, 특히 실존적, 종교적, 정치적, 혹은 도덕적인 기본원리의 결정에 있어서 중요하다.

세분화적 구분은 이와 다르다. 예를 들어보자: 사설을 쓰는 사람이 전일 수업제 학교의 도입을 주창하였다. 이때 그는 사회정치적, 학교교육적, 수업심리적 관점들을 구분한다. 이 구분은 그의 논구의 선명성과 설득력을 증가시킨다. 세분화적 구분에 있어서는 긍정적인 것과 부정적인 것이 경쟁하는 양자택일적 구도로 맞서 있지 않다. 구분되는 것들은 오히려 **보완적**이다. 그것들은 서로 대립하지 않고, 서로 배타적이지 않기 때문에, **함께** 효력을 지닌다. 이 경우에 "구분하다"는 "자르다"나 "갈라 놓다"의 의미가 **아니다**. 구분된 것 중의 하나가 거부되거나 평가절하되지 않는다. 세분화적 구분은 오히려 연관관계들의 더 나은 이해를 목표로 한다. 그것은 주의깊고 정확한 관찰과 사고를 촉진시킨다. 학문을 위하여 세분화적 구분은 기본적인, 포기불가능한 의미를 지닌다.46)

성경에서, 그리고 기독교적 신앙을 위해서도 세분화적 구분은 매우 중요하다. 예를 들어 기독교적 이해에 있어서 하나님의 본질은, 아버지와 아들과 성령의 구분을 통해서만 올바르게 그 진가가 인정된다. 이 구분은 하나님의 하나이심을 의심하지 않는다. 그러나 이 구분은, 하나님의 하나이심을 내적 상호연관이 많은, 세분화된 하나이심으로 이해하는 것을 가능하게 한다. 성경의 통일성도 구약과 신약의 구분없이는 이해할 수 없다. 네 복음서의 구분에 있어서도 마찬가지이다. 우리가 성령의 각 은사 내지 열매고전12:1-11; 갈5:22, 23 를, 과거와 현재와 미래를, 남자와 여자를, 오케스트라의 악기들을, 무지개의 색깔들을 구분한다 할찌라도, 그것이 평가절하나, 갈라 놓기나, 경쟁과는 하등의 관계가 없다. 이들 중 어느 구분도 하찮게 여김에 기인하지 않는다. 이 구분은 차이에 주의함으로써 전체를 더 잘 이해하고 싶어하는 마음에서 나온다. 그래서 이런 식의 구분은 파괴적인 것이 아니다. 그것은 아무것

---

46) 8장 1절(다섯번째 점)을 보라.

도 찢어내지 않는다. 그것은 손해가 아니라 소득을 의미한다. 우리는 사물들을 잘 구분해야만, 그것들의 연관관계를 살려 제대로 배치할 수 있다. 그러므로 "통일"이란, 구분이 원칙적으로 금지되어 있는 무엇이 아니다. **세분화적** 구분은 가능하며, 또 종종 필요하기도 하다.47) 우리는 "통일"을 "균일"과, "하나됨"을 "단일화"와 혼동해서는 안된다. 위의 예들이 보여주듯이, 통일에 대한 세분화된 이해를 세분화되지 않은 이해보다 앞세워야 할 일들이 많다.

지금까지의 설명을 통해 다음 사항이 분명해졌을 것이다: 비근본주의적 신학 전체가 하나님과 성경의 구분을 적절하다고 여길 때, 이 구분은 경계적 구분이 아니라, 당연히 **세분화적** 구분을 의미하고 있는 것이다. 이 구분은 성경에 대한 존중의 부족에서 생기는 것이 아니다. 이 구분은 어떠한 방식으로든 하나님과 성경 사이의 작용적 통일에 대해 반대하지 않는다. 오히려 그 반대이다. 이 구분은 작용적 통일의 더 나은 이해를 돕는다. 그래서 이 구분이 손해가 아니라, 소득인 것이다.

근본주의적 신학은 하나님과 성경의 범주적 구분을 거부하는 바, 그 이유는 이 구분을 **경계적** 구분으로 이해하기 때문이다. 그렇기 때문에, 이 구분을 통해 하나님과 성경 사이의 일치가 사라지고 성경이 무책임하게 평가절하되지 않겠느냐는 우려가 크다. 그러나 이것은 오해이다. 하나님과 성경의 **경계적** 구분은 어느 기독교 신학에서도 논의되지 않는다. 그 구분은 실제로 하나님과 성경의 작용적 통일과 모순되고, 따라서 기독교 신앙과도 모순되는 것이다. 그에 반해 **세분화적** 구분에 있어서 "구분하다"는 "자르다"의 의미가 아니다.

이 해명을 통해서 양 기독교 "진영"을 가로막는 오해는 제거되었다.

---

47) 바울은 예수의 교회 안에서 "눈"의 과제와 "귀"의 과제 등을 구분한다.(고전12: 12-27) 그는 이 구분을 통해 교회를 분열시키려는 것이 아니라, 분열을 막고자 한다.

이 오해 때문에 현대적 성서학이라는 적대자상像이 생긴다. 현대적 성서학의 기초가 되는 첫 걸음 – 하나님과 성경의 구분 – 이 이미 성경에 대한 존중이 없음으로 비친다. 그래서 애초부터 이 첫 걸음을, 그리고 그 위에 쌓아 올린 현대적 성서학 전체를 거부해야 한다는 의무감이 생기는 것이다. 이 오해의 제거와 함께 새로운 대화의 가능성이 열린다. 그 다음에야 비로소 **실제로** 논쟁의 여지가 있는 점들에 집중할 수가 있다. 그 다음에야 비로소 현대적 성서학의 희화戱畫가 아닌, 그것 자체와 상대하게 된다.

이제 세분화적 구분의 특별히 중요한 형식에 대해 상세히 살펴 보겠다. 그것은 "**범주적 구분**"이다. "**범주적**"이란 무슨 의미인가?

망치와 집게의 차이는 **질적** 차이이다. 망치와 기술자의 차이는 **범주적** 차이이다. "**범주적**"이라는 말은 근본적으로 서로 다른 차원에 있는 두 대상의 차이를 지칭한다. 범주적 차이는 질적 차이보다 훨씬 더 깊이 자리잡고 있다. **바로 그 때문에** 당혹스러운 것이 있다: 범주적으로 구분되는 것들은 질적으로 구분되는 것들보다 서로서로 더 **밀접한** 관계에 있을 수 있다. 기술자는 그의 도구를 자기의 목표를 위해 사용할 수 있다. 즉 자신과 망치 사이의 **작용적 통일**을 만들어 낸다. 그러나 망치는 집게를 사용할 수 없다. 다른 예를 들어보자: 사과는 기껏해야 배 **옆**에 놓여 있을 수 있다. 그러나 배 안에 있을 수는 없다. 그러나 사랑은 사람 **안**에 있을 수 있다. 세분화적 구분에 있어서와 같이, 범주적 구분도 경계 긋기나 평가절하와 관계가 없다. 같은 차원에 놓여 있는 것들만이 서로 경계를 이룰 수 있다. 독일과 프랑스는 경계를 이룬다. 예의 바른 행동은 무례한 행동과 경계를 이룬다. 그러나 사람과 사랑은 **경계로 나눌** 수 없다. 사람이나 사랑이 범주적 구분으로 인하여 "평가절하"

되지도 않는다. 똑같은 것이 "영"과 "육"의 범주적 구분에도 적용된다.48) 영과 육의 밀접한 관련성이 이 구분을 통해 의심받지 않는다. 오히려 그 반대이다: 영과 육을 범주적으로 구분**함으로써**만 그들의 관련성의 특수함을 정당하게 평가할 수 있다. 육은 가시적이고, 영은 그렇지 않다. 육은 생물학적, 생리적, 화학적 용어로 기술할 수 있지만, 영은 안된다. 오직 영과 육이 범주적으로 구분되기 **때문에**, 그들은 서로서로 강하게 스며들 수 있는 것이다.49)

범주적 구분은 갈라 놓음이나 고립시킴을 뜻하지 **않는다**. 범주적 구분이 그릇된 무차별화상이한 차원을 뒤섞는 것을 방지하기는 하지만, 밀접하고 긴밀한 관계를 막지 않는다. 범주적으로 구분되는 것들은 똑같은 차원에 놓여 있지 않기 때문에, 서로 경쟁하거나 배제하지 않는다. 하나님과 성경의 범주적 구분이 양자의 긴밀한 (작용적 통일의) 관계와 모순되지 않는다. 오히려 그 반대이다: 이 구분을 통하여 우리는 그 특별한 관계를 더 적합하게 판단할 수 있다. 하나님과 성경의 범주적 구분이 성경의 학문적 연구에 공간과 자유를 부여한다. 이 구분 없이는 대학에서 이루어지고 있는 바, 학문적 성경 대하기는 불가능하다.

3.2 구분의 동기

공평한 대화를 하려면, 혐의와 무고를 포기해야 한다. 대화하는 쌍방이 서로 진지하게 받아들여지고 있음을 느껴야 한다. 성공적인 소통

---

48) 즉 영과 육의 범주적 구분은 "영·육 이원론"과 관계가 없다. 이원론에서는 영이 인간의 "더 가치있고, 더 높은" 부분이고, 육은 "가치가 적고, 더 낮은" 부분이다.
49) 신앙과 이성이 범주적으로 다른 차원에 놓여 있기 때문에, 서로 경쟁관계에 있지 않고, 서로 배제하지 않는다. 우리는 다음과 같이 말할 수 없다: 인간은 신앙적이거나 이성적이다. 신앙과 이성이 범주적으로 구분되는 바로 그 이유 때문에, 양자는 서로서로 스며들고, 보완하고, 풍부화할 수 있는 것이다.

의 이와 같은 기본조건은 현대적인 성서학의 찬성자와 반대자 사이의 대화에서도 마찬가지로 유효하다. 상대방을 희화화하는 사람은 이해를 불가능하게 만든다. 그래서 근본주의적으로 사고하는 그리스도인들의 좋은 의도와 정직한 동기, 특히 하나님의 뜻을 진지하게 대하려는 그들의 소망을 분명하게 인정하는 것이 중요하다. 비근본주의적인 신학 역시 그 동기가 존중을 받아야 한다. 이 관점은, 동기를 **알고 존중할** 때에야 비로소 대화의 상대자에 대한 내면 깊숙한 이해를 발전시킬 수 있기 때문에 그렇게 중요한 것이다.

이제 우리는 현대적 성서학의 찬성자와 반대자 사이의 대화를 위해 커다란 의미가 있는 질문 앞에 서 있다: 왜 하나님과 성경의 범주적 구분이 비근본주의적 신학에서 그렇게 중요한가? 이 질문은 **분명하게** 대답될 수 있다. 이 구분은 **하나님의 유일성 때문에**, 즉 **하나님의 명예 때문에** 비근본주의적 신학에서 그렇게 중요하다. 이것이 결정적인 동기이다. 하나님은 당신에게 합당한 명예를 얻으셔야 한다. 그 분 홀로 창조자요 구원자시다. 그래서 그가 홀로 영광을 받으셔야 한다. 우리는 우리의 생명에 대해 성경이 아니라 하나님께 감사한다. 성경이 아니라, 그가 우리 죄를 용서하고 영원한 생명을 주신다. 성경에 대해서도 우리는 하나님께 감사한다. 하나님께서 성경을 통해 일하심은, 그가 **홀로** 모든 생명과 모든 좋은 것의 근원자라는 사실에 아무런 변화도 주지 않는다. 이 명예로움에 성경은 연관되지 않는다. 이것을 강조하는 것은 성경에 대한 평가절하가 아니라, 하나님의 하나님이심에 대한 인정이다. 우리가 하나님 한 분께만 명예를 돌린다면, 우리는 하나님의 권위와 성경의 권위를 **구분해야 한다.** 명예와 권위는 밀접하게 관련되어 있다. 어떤 의미에서 그것들은 심지어 동일하다. 더 많은 명예를 가진 사람이 더 많은 권위를 가진다. 성경이 하나님과 같은 명예를 가지지 않기 때문에,

하나님과 똑같은 정도의 권위 역시 가지지 않는다. 우리는 하나님 한 분께만 명예를 돌림으로써, 그의 유일한 권위를 고백한다.

비근본주의적 그리스도인들은 하나님의 명예를 위하여 그와 성경을 범주적으로 구분할 의무를 느낀다. 이 구분은 그들에게 그리스도인으로서의 의무이다. 그들이 만약 이 구분을 하지 않는다면, 그들은 하나님께 대하여 양심의 가책을 받을 것이다. **근본주의적 그리스도인들**에게는 상황이 정반대이다. 그들은 하나님과 성경의 범주적 구분을 경계적 구분의 반성경적인 뜻으로 이해하기 때문에, 그들의 양심이 그런 구분을 허락하지 않는다. 그들에게는 이 구분을 거부하는 것이 그리스도인으로서의 의무이다. 그래서 그들에게는, 다른 그리스도인들이 "그런 것"을 옳다고 여기는 것이 이상하게 느껴진다. 그들은 아무리 노력해도 그런 구분 뒤에 좋은 동기가 있으리라는 것을 상상할 수가 없다. 그래서 그들은 다른 이유들을 추측한다: 그런 일을 하는 사람은 "제대로 믿지를 않는 것이다" 그 사람은 하나님께 불순종하고 있고, 그래서 오판하고 있는 것이다. 이러한 평가는 당연히 비근본주의적 그리스도인들을 분노하게 한다. 그래서 양쪽은 서로 거리를 두게 되고, 커다란 소원疏遠함과 불신으로 마주서게 된다.

대학교의 세미나에서의 경험에 의하면, 비근본주의적 신학의 **긍정적 동기**에 대한 언급은 현대적 성서학에 대해 거부하는 태도를 가진 학생들을 깜짝 놀라게 한다. 그들은 현대적 성서학 뒤에 부정적인 (파괴적) 동기가 있다고 생각한다. 처음에는 그들의 눈에 다른 모습이 거의 가능해 보이지 않는다. 바로 이 알아가는 과정이 중요하다. 오랜 시간 동안 젖어 있었던 적대자상을 의심해 보고 버리는 것이 관건이다. 비근본주의적 신학이 실제로 하나님으로부터 성경을 "잡아 뜯어" 끌어 내린다면, 그 하는 일은 정말 파괴적인 것이고, 기독교 신앙을 위하여 거부되어야 할 것이다. 그러나 학문적 신학에 대해 그런 식으로 생각하는 사람은 적대자상에 이끌리고 있는 것이다. 유감스럽게도 이런 식의 무고와 혐의는 특정 기독교 그룹들에게 곧잘 호응을 얻고 빨리 귀 기울여진다. 그러나 우리가 무슨 권리로 적대자상과 혐의에 축복이 있다고 생각하겠는가? 적대자상과 혐의는 평화를 촉진시키지 못한다. 그래서 이제부터의 내 관건은, 이 책의 독자들이 현대적 성서학의 관심사를 우선 **이해하는** 것을 **배우는** 것이다. 그리고 나서야 비로소 이 관심사에 대해 객관적으로 입장 표명을 할 수도 있을 것이다.

3.3 성경의 주로서의 하나님

성경은 하늘이 아니라 **땅** 위에서 생성되었다. 그것은 **생성**되었고, 하나님은 그렇지 않다. 모든 생성은 시간과 공간 속에서 일어난다. 시간과 공간은 **창조**의 범주이다. 창조와 함께 하나님은 시간과 공간도 만드셨다. 창조의 "전"이나 "바깥에서"는 "시간"과 "공간"이라는 범주가 적용될 수 없다.50) 그에 반해 창조의 **안**에서는 모든 것이 시간과 공간을 통해 각인되어 있다. 창조의 영역에서는 다음의 말이 유효하다: 존재하는 모든 것은 생성되었다. 성경 역시 생성되었다는 것은 그것이 창조에 속함을 보여준다.

성경은 비교적 늦게 생성되었다. 인류 역사에서 성경이 없었던 긴 시간이 있었다. 그 외에도 성경은 처음부터 완성된 형태로 있었던 것이 아니다. 오랜 시간 동안 각각의 책들만이 있었다. 몇 세기에 걸쳐 우리가 "성경"이라고 부르는 책모음이 이루어졌다. 기독교가 세계적으로 확산

---

50) 많은 사람들이 이 점을 분명하게 알지 못한다. 그들은 시간과 공간의 경험을 "저 세상에 대한 상상"으로도 전이시킨다. 따라서 이 상상도 현세적이다. 시간과 공간의 범주가 초월에는 적용되지 않으므로, 시간과 공간에 묶여 있는 인간은 저 세상을 상상할 수 없고, 초월로 (하늘의 현실로) 접근할 수 없다. 판타지 속에서 조차 불가능하다.

되기까지 성경도 아주 제한된 지리적 공간 안에서만 알려져 있었다. 즉 성경은 역사에 마주 서 있기만 한 것이 아니다.51) 그것은 역사로부터 발생되었다. 성경과는 달리 하나님은 시간과 공간을 통해 각인되지 않는다. 그는 시간과 공간의 주님이시다. 그는 창조의 일부가 아니라, 그 주님이시다. 신이 "생성되었다"는 관념은 성경적인 잣대를 대면, 무언가 신성모독적 요소를 지닌다. 신이 "생성되었다면", 그는 신이 아닐 것이다. 성경 또는 그 개별 책들과 관련하여서는, 생긴 지 얼마나 오래되었는지 말할 수 있다. 하나님과 관련하여서는 그렇지 않다. 하나님과는 달리 성경은 **펼칠** 수 있다. 성경에 대하여는 우리가 조망을 가질 수 있다. 하나님에 대하여는 그렇지 않다. 나는 대학교에서 "성경입문"이라는 강의를 할 수 있다. 그러나 나는 "하나님 입문"이라는 강의는 할 수 없다. 이 차이들을 과소평가해서는 안된다. 그것들은 사소한 것들이 아니다. 그것들은 하나님과 성경의 **범주적 차이**의 표현이다.

하나님과 성경의 범주적 구분은 학문적인 신학에서 다음과 같은 이유 때문에 강조되기도 한다. 즉, 인간은 **보이는 것과 잡을 수 있는 것**에 매달리는 경향이 있는 것이다. 이는 인간의 안전성에 대한 욕구에 부응하는 것이다. 그래서 신앙의 일상 속에서 강조점이 일방적으로 눈에 보이는 것에 놓일 수가 있다. 그 결과로 하나님께서 우리와 다른 분임과 우리에게 낯선 분임을 제대로 의식하지 못하게 되기도 한다. 그 다음에는 이렇게 생각하고 산다: 내가 성경을 잘 아는 만큼, 하나님께 대해서도 잘 알고 있다. 이런 식의 잘못된 추론에 대하여 학문적 신학은 강조하여 말한다: 하나님께서 창조의 주님이신 것처럼, 그는 성경의 주님이시다. 성경은 영적인 역할과 작용에 있어서 전적으로 하나님께 종속되어 있다. 성경은 우리가 읽자마자 자동으로 작용하지 않는다. 만

---

51 특정한 성경 텍스트에서는 역사가 해석되므로, 성경은 역사와 마주 서 있다.

약 그런 식이라면, 하나님께서 언제 말씀하실지를 **우리가** 결정할 수 있을 것이다. 그렇다면 우리가 성경의 도움으로 하나님의 일하심을 조정할 수도 있을 것이다.

성경과 **성령**이 어떤 관계에 있는지에 대해 적절한 생각을 가지는 것도 중요하다. 첫째로 생각할 것은 다음과 같다: "성령께서 성경보다 더 강력하게 말씀하시는 곳은 없다."마틴 루터 52) 그런 의미에서 하나님의 성경에 대한 "자기 구속"에 대해 말하는 것은 단연 정당하다. 그러나 이 문구는 해석을 필요로 한다. 이 문구가 성령의 **주권**을 흐려놓아서는 안된다. 성경은 성령에 **의해** 영감되었다. 그러나 성경은 성령이 **아니다**. 성령은 성경의 구성요소가 아니고 속성도 아니다. 성령은 **성경의 주님**이시다. 성령 홀로, 성경이 우리 마음과 양심에 어떤 영향을 미칠지 결정하신다. 성경이 성령의 작용을 조정하는 것이 아니고, 성령이 성경의 작용을 조정하신다. 성령이 성경의 조력자가 아니고, 성경이 성령의 조력자이다. 성경이 우리 속에 일으키는 모든 확신은 **성령**으로부터 유래한다. 우리가 성경을 펴면, 성령은 언제든 작용하시는 것이 아니다. 그는 그가 원하실 때, 침묵하시거나 말씀하신다.

성경에 대한 어느 학설도 성령의 주권과 그가 임의로 조정할 수 있는 분이 아님을 가볍게 여겨서는 안된다. 우리는 성경 안에서의 하나님 내지 성령의 임재를 임의로 조정할 수 없다. 우리는 성경 안에서의 하나님의 현존을 문자의 형식으로 "물질화시키고" "붙잡아 둘" 수 없다. 성령은, 발이 신발 속에, 혹은 포도주가 통 속에 있듯이, 그렇게 성경 속에 계시지 않는다. 우리는 하나님과 성경을 함께 동여 매거나 접합시킬 수 없다. 우리는 하나님이 독특한 방식으로 성경을 통하여 우리에게 말씀하시는 것을 예수에게서, 사도들에게서, 그리고 기독교 전체에서

---

52) 각주 8번을 보라.

목격한다. 그리고 우리는, 특히 성경을 읽을 때 성령께서 우리를 도우시리라는 약속을 가지고 있다. 그러나 약속은, 우리가 성경을 폄으로써 작동시키는 자동장치와는 뭔가 다른 것이다. 우리는 성령께 "의무를 부과할" 수 없는데, 이는 성경 읽기를 통해서도 그렇게 할 수 없다. 그렇기 때문에 "하나님과 성경은 아무리 밀접하게 결합시켜도 충분하지 않다"는 말은 지나친 말이다. 이는 일방적 견해의 표출이다. 한 눈으로는 (하나님의 성경에 대한 자기 구속을) 너무 또렷이 보고, 다른 한 눈으로는 (하나님께서 성경에 대하여 주권을 가진 주님이심을) 그저 흐릿하게 보는 것이다.

3.4 신앙의 지향점으로서의 하나님

우리 그리스도인들이 그냥 지나칠 수 없는 질문이 하나 있다. 그것은 '나는 누구를 혹은 무엇을 믿는가?' 라는 질문이다. 이 질문은 성경과 관련되면서 다음과 같이 심각해진다: 그리스도인으로서 나는 삼위일체 하나님만 믿는가, 아니면 성경도 믿는가? 우리는 이 질문에 대답해야 한다. 이 질문은 우리의 신앙을 해명하는데 있어서 도움이 된다.

그리스도인에게 "믿음"이라는 단어는 하나님께 대한 인간의 적절한 관계를 지칭한다. 그래서 우리는 "기독교적 믿음"에 대해서 말하고, 누군가를 가리켜 '그는 믿는 사람이다' 라고 말한다. "믿음"이라는 단어는 그 정확한 뜻을 아는 것이 중요하다. 이 단어가 불분명한 개념이 되면, 온갖 불분명함들이 그 뒤를 따라 나타나게 된다. 그래서 나는 지금부터 "믿다혹은 신앙하다-역주" 내지 "믿음혹은 신앙-역주"의 **성경적** 의미에 대해 질문하겠다. 이미 구약에서 "믿다"라는 단어는 몇몇 중요한 곳에서 사용되었다.53) 명사 "믿음"은 구약에서 아직 나오지 않는다. 구약성서 이후시대의 유대 문헌에서는 "믿다"라는 단어의 사용이 증가한다. 그러나 신약에 이르러서야 비로소 "믿다"와 "믿음"이 인간의 신에 대한 관계를 표현하는 주요개념이 된다. 두 단어는 합산하여 신약에 486번 나온다. 이는 두 단어가 중심적 위치를 차지함을 반증한다.54) 그렇기 때문에 나는 신약에 집중하겠다.

"믿다"와 "믿음"의 개념은 신약의 경우 바울서신196회과 요한복음98회과 누가의 두 저작70회, 그 중 사도행전에 52회에 가장 많이 등장한다. 우리의 논의에 있어서는 무엇보다 "…을 믿다glauben an …" 내지 "…에 대한 믿음Glaube an …"이라는 특수한 표현이 관건이다. 이 표현은 구약에는 아직 나타나지 않는다.55) 그러나 이 표현은 신약에서 매우 중요하다. 이 표현은 "믿다" 내지 "믿음"이라는 단어를 보다 정확하게 규정하는 것을 가능하게 해준다. 이 표현에 힘입어 우리는 "내가 누구를 믿는가?"Wem glaube ich? 이 경우의 '누구'는 여격으로, 이 문장은 '내가 누구를 신용하는가?'라는 뜻이다.-역주와 "내가 누구를 믿는가?"An wen glaube ich? 이 경우의 '누구'는 전치사의 목적격으로, 이 문장은 '내가 누구를 신앙하는가?'라는 뜻이다.-역주로 구분할 수 있다. 두 질문은 비슷하게 들리지만, 똑같은 의미가 아니다. 나는 "내가 당신을 믿습니다"여격라는 문장을, 내가 정직하고 신용할 만 하다고 여기는 사람이면, 누구에게든 쓸 수 있다. 이 문장은 대개 제한된 사안과 관련된다: 예를 들면, 보도, 결백의 주장, 선한 의도 등. "내가 당신을 믿습니다"목적격라는 문장은, 엄격한 의미에서, 나는 어떤 사람에게도 쓸 수 없다. 내가 그를 "신격화"하지 않는 한에서는. 왜냐하면 나는 이 문장을 통해 다음과 같은 말을 하고 있기

---

53) 하나님과 관련된 "믿다"(히: 해애민)라는 동사는 구약에 약 30회가 나온다. 특별히 중요한 의미를 지니는 것은 창세기 15장 6절, 이사야 7장 9절, 28장 16절, 그리고 하박국 2장 4절이다. 구약에는 "믿다"와 비슷한 의미를 가진 다른 동사들이 있다.
54) 그 다음으로 자주 나오는 단어들과 비교해보자: "하나님의 나라"는 신약에 162번, "은혜"는 156번, "교회"는 114번, "구원하다"는 107번, "의"는 92번 나온다.
55) 번역본에 따라서는 "…을 신앙하다"의 표현이 구약에도 나온다. 그러나 이 번역이 구약의 히브리어 텍스트에 견고한 기반을 둔 것은 아니다.

때문이다: "당신은 내 삶의 결정적인 지표입니다. 나는 삶과 죽음 속에서 나의 모든 소망을 당신께 둡니다."

"…을 신앙하다" 내지 "…에 대한 신앙"이라는 특수한 표현이 신약의 어디에 나오는가? 동사적인 표현 "…을 신앙하다"헬, pisteuein eis는 **요한복음**에서 가장 많이 나온다. 35회 56) 그리고 **이 곳들 전부** 예수 그리스도께서 **신앙**의 대상이다. 57) 이들 중 단지 두 군데에서만 하나님도 함께 언급된다: "하나님을 믿으니 또 나를 믿으라."14:1 그리고: "나를 믿는 자는 나를 믿는 것이 아니요 나를 보내신 이를 믿는 것이며.12:44 요한복음의 그 밖의 30군데에 "(문장)…을 믿다"헬, pisteuein hoti라는 표현이 있다. 이 표현은 믿음의 **내용**내가 무엇을 믿는가?과 관련되어 있다. 이 30군데에서도 요한은 모든 것을 예수 그리스도에게 집중시킨다. 그의 제자들은, 하나님이 그를 보냈다는 것, 그가 메시야라는 것, 그가 아버지 안에 있고 아버지는 그의 안에 있다는 것을 믿는다.58)

이상의 내용은 요한복음에서 예수 그리스도께서 하나님과 같은 쪽에 계심 보여준다. 그는 하나님의 아들, 곧 땅 위에 있는 하나님의 대표자이다. 전체 65 군데의 언급 중 어느 곳에서도 **성경**이 믿음의 지향점 또는 내용으로 일컬어진 곳이 **없다**! 요한복음 14장 1절도 "하나님과 나와 성경을 믿으라"라고 되어 있지 않다. 요한에 따르면 성경은 예수 그리스도의 **증인**이다.5:37, 46이하 증인을 믿을 일이다.역 그래서 요한복음 2장 22절에는 "그들이 성경을 믿었다"라고 써 있고, '역격' 이 사용되었다-역주 5장 47절에는 "그러나 그 모세의 글도 믿지 아니하거든 어찌 내 말을 믿겠느냐?"라고 되어 있다. '역격' 이 사용되었다-역주 그러나 어느 곳

---

56) 명사 "믿음"(헬, pistis)은 요한복음에 나오지 않는다.
57) 1:12, 2:11, 23, 3:18, 36, 4:39, 6:29, 35, 40, 7:5, 31, 38, 39, 48, 8:30, 9:35, 36, 10:42, 11:25, 26, 45, 48, 12:11, 36, 37, 42, 44이하, 14:1, 12, 16:9, 17:20을 참조.
58) 예를 들어 6:69, 8:24, 11:27, 42, 13:19, 14:10이하, 16:27, 30, 17:8, 21, 20:31을 참조.

에서도 "그들이 성경을 믿었다"전치사의 목적격-역주라고 기록되지 않았다. 요한복음은 초지일관 이것을 구분하고 있다. 요한복음에 따르면 그리스도인들은 예수 그리스도 내지 하나님을 신앙하지, 성경을 신앙하지 않는다.

바울에게서도 같은 결과가 나온다. 바울은 동사적 형태 "…을 신앙하다"와 명사적 표현 "…에 대한 신앙"헬, pistis eis 양자를 모두 사용한다. 그는 요한복음보다 더 자주 하나님을 신앙의 지향점으로 언급한다.59) 그러나 바울 역시 하나님 외에는 **오로지** 예수 그리스도만을 언급한다.60) 바울에게도 예수 그리스도가 신앙의 **지향점**이요 **내용**이다. 그가 사용하는 "(문장)…을 믿다" 형태의 문장도 이같은 사실을 보여준다. 이 형태의 문장에서 그는 무엇보다 예수 그리스도의 십자가와 부활을 다룬다.61) 바울 또한 어느 곳에서도 **성경**을 신앙의 지향점이나 내용으로 언급하지 않는다.

누가는 "믿다"와 "믿음"을 종종 **선교**의 맥락에서 말한다. 하나님 내지 예수 그리스도에 대한 일관된 신앙적 지향은 그에게 있어서도 마찬가지이다. 누가에게서도 "…을 신앙하다"라는 표현은 **오로지** 예수 그리스도 혹은 하나님과 관련된다.62) "…을 신앙하다"라는 표현이 나오는 신약의 다른 책들의 몇 개 안되는 구절들도 똑같은 결과를 보여준다. 마18:6, 27:42; 막9:42; 요일5:10; 히6:1 "복음을 믿으라전치사의 목적격-역주"막1:15라는 말씀은 이런 방식의 표현 중 신약성경에 나오는 유일한 예인데, 여기에서 "복음"은 하나님의 나라에 대한 예수의 설교를 의미한다. 그러므로 여기에서 신앙의 대상은 예수 내지 하나님이다.

---

59) 살전1:8; 롬4:17, 24를 참조.
60) 갈2:16, 20, 3:22; 롬3:26, 10:14; 빌1:29, 3:9; 딤후3:14이하를 참조.
61 롬1:3이하, 3:24이하, 4:24이하, 10:9, 17; 고전15:1-5, 12-17; 고후4:13; 살전4:14을 참조.
62 행3:16, 9:42, 10:43, 11:17, 14:9, 23, 16:31, 19:4, 9, 20:21, 22:19, 26:18을 참조.

신약에 "…을 신앙하다" 내지 "…에 대한 신앙"이라는 표현이 **성경과 연결된 곳은 단 한 군데도 없다!** 이 두가지 표현은 오직 예수 그리스도, 또는 하나님과만 관련된다.63) 이 괄목할 만한 사실은 우연일 수 없다. 우리는 그것을 무시해서도 또는 부차적인 것으로 취급해서도 안 된다. 그리스도인은 신약성경이 알려 주는 것을 따라서, 성경이 아니라 **오직 예수 그리스도 내지 하나님만 신앙한다**.64) 이로써 신약성경은 스스로 하나님 내지 예수 그리스도와 성경을 분명하게 (범주적으로) 구분한다. 신약성경 스스로가 성경을 하나님과 예수 그리스도에 견주어 **상대화한다**.

"내가 누구를 믿는가?여격"라는 질문과 관련해서는 신약성경에 어떤 용례들이 있는가? 신약은 이 질문과 관련하여 하나님과 예수 그리스도 외에 무엇보다 **성경**요2:22, 5:46이하; 눅24:25; 행24:14, 26:27을 언급한다. 그 밖에도 선지자의 설교요12:38; 롬10:16, 천사가 전해 준 소식눅1:20, 세례 요한마21:25, 32; 막11:31; 눅20:5, 빈 무덤에 대해 보고하는 여인들눅24:11; 막16: 13, 14, 그리고 빌립행8:12 등이 언급된다. 이 모든 예들의 중심에는 예수 그리스도 안에 나타난 하나님의 계시의 **증인들**이 있다. 이 증인들을 믿어야 할 것이다. 그러나 그들을 **신앙하지** 말아야 한다. 증인과 그 증인이 증거하는 자 사이에는 차이가 있다. 기독교적 신앙은 단연 성경과 연관되어 있다. 그러나 여격의 질문"내가 누구를 신용하는가?"에서 그렇지, 목적격의 질문"내가 누구를 신앙하는가?"에서가 아니다.65)

요점 정리: 3장 4절의 서두에 했던 질문 "나는 삼위일체 하나님만

---

63 예수 그리스도는 믿음의 지향점과 내용일 뿐 아니라, 믿음을 "시작하는 분이요 완성자"(히12: 2) 이다.
64 이 결과는 신약성경 속에 있는 신앙고백들을 통해 입증된다. 4장 2절을 참조.
65 그래서 본서의 1장에서 논하듯, 그리스도인의 신앙을 위한 성경의 근본적인 방향설정 능력이 단연 중요하고 대체불가능한 역할을 하는 것이다. 그러나 그것은 여격의 질문에 관해서만 그렇다.

믿는가, 아니면 나는 성경도 믿는가?"에 대한 대답은 신약성경에 따르면 단지 "나는 **오로지** 삼위일체 하나님만 믿는다"일 수밖에 없다. 다른 모든 대답은 신약성경과 모순된다. 근본주의적 신학은 이 사실을 충분히 주목하지 못하고 있다. 이 본질적으로 중요한 지점에서 근본주의적 신학은 결코 "성경에 충실하지" 않다.66)

초대교회는 앞에서 설명한 신약적인 견해를 진지하게 받아들였다. 초대교회의 모든 신앙고백들은 기독교적 신앙을 **오직** 삼위일체 하나님께 집중시킨다. 나는 그 예로서 **사도신경**을 인용하겠다. 이것은 기독교의 가장 잘 알려진 가장 중요한 신앙고백이다. 이것은 오늘 날까지 많은 예배에서 사용된다. 사도신경은 매우 오래되었다. 그 문구가 4-6세기에 확정되었다.

> 전능하사 천지를 만드신
> 하나님 아버지를 내가 믿사오며,
> 그 외아들 우리 주 예수 그리스도를 믿사오니,
> 이는 성령으로 잉태하사
> 동정녀 마리아에게 나시고,
> 본디오 빌라도에게 고난을 받으사,
> 십자가에 못박혀 죽으시고,
> 장사한 지 사흘 만에 죽은 자 가운데서
> 다시 살아나시며, 하늘에 오르사,
> 전능하신 하나님 우편에 앉아 계시다가,
> 저리로서 산 자와 죽은 자를 심판하러 오시리라.
> 성령을 믿사오며,

---

66) 근본주의적 저작에서 종종 "성경에 대한 신앙"이 언급된다. 2장을 참조.

거룩한 공회와, 성도가 서로 교통하는 것과,

죄를 사하여 주시는 것과,

몸이 다시 사는 것과,

영원히 사는 것을 믿사옵나이다.

사도신경은 "an"이라는 단어목적격 전치사-역주를 씀으로써라틴어, in 기독교 신앙이 누구를 혹은 무엇을 지향하는지 분명하게 나타내고 있다. "an"이라는 단어는 오직 삼위일체 하나님과 연결될 뿐, 그 외의 어느 것과도 연결될 수 없다.67) 사도신경에는 "나는 성경을 믿는다"는 문장이 없다. 성경은 사도신경에서 언급되지 않는다. 성경은 "신앙하다"라는 의미에서의 믿음의 지향점대상이 아니다. 잘 알려진 초대교회의 다른 두 신앙고백, 즉 니케아 신경과 아타나시우스 신경도, 사도신경보다 분량이 더 큼에도 불구하고, 성경을 언급하지 않는다.68) 초대 교회의 세 신앙고백도 모두, 신약성경이 그랬듯이, 삼위일체 하나님과 성경을 범주적으로 구분하고 있는 것이다. 성경은 하나님의 도구로서, 다시 말해, 그가 **선호하시는** 도구로서 대체불가능하게 중요하다. 그러나 그 도구가 그것을 사용하는 자와 같게 여겨져서는 안된다. 나는 하나님께서 도구들을 잘 선택하시고, 그가 옳게 여기시는대로 사용하신다고 믿는다. 그러나 나는 그의 도구들을 **신앙**하지 않고, 그를 신앙한다. 우리는 기도드릴 수 있는 분만 신앙할 수 있다. 그러므로 성경은, 그것이 마치 하나님의 일부인 양 다루어져서는 안된다. 초대교회의 신앙고백에 성경이 들어와 있지 않은 것은 하나님께 대한 성경의 명백한 상대화다.

---

67) 오늘날의 언어적 감각에 따라 사람들은 "an"이라는 단어를 거의 자동적으로 "거룩한 공회"에도 연결시킨다. 그러나 성령 뒤에 나열되는 것들은 모두 성령이 하시는 일로 이해되어야 한다. 나는 교회를 믿는 것이 아니라, 교회를 세우시고 유지하시며, 죄를 용서하시고, 죽은 자를 일으키시고, 영원한 생명을 주시는 성령을 믿는 것이다.

68) 니케아 신경의 텍스트는 (독일어 찬송가를 말함-역자) 신교 찬송가에 나와 있다.

근본주의적으로 사고하는 신학자들은, 성경이 사도신경에 나오지 않는 것을 거의 주목하지 않는다. 이 사실을 언급하면, 종종 다음과 같은 대답을 듣게 된다: 초대 교회의 신앙고백에 성경이 언급되지 않는다는 것으로부터 확대된 추론을 할 수는 없다. 언급하지 않음은 하나님에 대한 성경의 상대화와 무관하다. 그러나 이 대답은 너무 단순하다. 이 대답은 신앙고백의 특별한 성격을 고려하지 않고 있다. 어느 주제가 그저 언급되지 않았다는 것으로부터 직통으로 중대한 결론을 내리는 것은, 대부분의 텍스트의 경우에 지나친 처사임이 사실이기는 하다. 그러나 **신앙고백**은 특별한 종류의 텍스트이다. 그것은 결정적인 것을 요약하려는 기본텍스트이다. 그것은 처음부터 많은 사람들에게 구속력있는 방향제시를 하려는 의도에서 작성되었다. 그래서 사도신경의 텍스트는 수십년간 다듬어졌다. 아무도, 사도신경에 성경을 언급하는 것을 "그냥 까먹었다"라는 생각으로부터 출발할 수는 없다. 사도신경에서 성경을 잊어버린 것이 아니라면, 그것은 **일부러** 언급하지 않은 것이다. 그리고 이 의도는 진지하게 생각되어야 한다. 우리에게는, 초대교회의 주교들과 교사들이 이 근간적인 텍스트에 무엇을 집어 넣고 무엇을 뺄지 주의깊게 생각하지 않았다고 무고할 권한이 없다. 그 책임자들이 고백문의 내용과 "내용이 아닌 것"을 의식적으로 결정했다고 그들을 신뢰하는 것이, 이런 종류의 기본텍스트를 대하는 존중의 마음일 것이다. 그렇지 않으면 이 텍스트는 그 목표하는 바 방향제시를 할 수 없을 것이다. 그러므로 다음과 같이 말하는 것은 부당하다: "성경이 사도신경에 업급되지 않기는 합니다. 그러나 그것은 중요하지 않습니다." 이 의견이 옳다면, 우리는 신앙고백문이 더 이상 필요하지 않을 것이다.69)

근본주의적 역사상像에 따르면, 성경의 상대화는 18, 19세기에 "현대적 신학"과 함께 시작되었다. 그러나 초대교회의 신앙고백과 신약 자체는 이 역사상이 맞지 않음을 보여준다.

3.5 하나님의 은폐성

성경적 시각에서 하나님은 세상에서 숨겨진 방식으로 일하신다. 그래서 사람들은 그의 일하심을 간과하고, 신은 존재하지 않는다는 의견을 가질 수 있다. 하나님은 보이지 않을 뿐 아니라, 우리에게 낯설다. 그의 일하심은 비밀스럽고 예측할 수 없다. 하나님은 자신의 존재를 인간에게 확 드러내지 않으신다. 그는 직접적인 자기표현은 하지 않으신다. 피조물이 그를 증거롬1:19; 시19:2을 참조하기는 하지만, 더 깊은 의미에서는 오직 **믿음 안에서만** 하나님을 인식할 수 있다. 하나님은 이 세상의 교만한 자와 강한 자가 간과하고 무시하는, **별것 아닌 것과 낮은 것**을 통해 일하시기를 선호하신다. 애굽에서 그는 상류층이나 바로가 아닌, 히브리 노예들을 선택하셨다. 하나님께서 가난한 자와 패배한 자와 권리 없는 자의 편에 서실 줄을, 수고하고 짐진 자를 자기에게 부르실 줄을 누가 생각이나 했겠는가?

계시하심에 있어서도 하나님은 별것 아닌 것과 낮은 것을 통해 일하시기를 선호하시는, 여전히 은폐된 하나님이시다. 누가복음에 의하면, 예수는 궁전이 아니라 구유에서눅2:7 세상에 태어나셨다. 예수의 부모는 특권층 사람이 아니었다. 그는 보통 직업을 가졌었다. 그의 삶의 대부분의 시간 동안 그는 특별히 눈에 띠지 않았다. 그가 공생애를 시작하실 때, 그가 누구인지 결코 분명하게 알려지지 않았다. 심지어 선지자요 회개의 설교자였던 세례 요한에게도 아래와 같은 질문이 있었

---

69) 신앙고백문같은 기본텍스트에 있어서는 "e silentio"(침묵에 근거하여) 논리를 펴도 된다. 생성과정과 기능이 다른, 여타의 텍스트의 경우에는 "e silentio" 논리 전개를 조심해야 한다.

다: "오실 그이가 당신이오니이까, 우리가 다른 이를 기다리오리이까." 마11:2 예수의 체포는 그의 제자들을 혼란과 당혹으로 몰아 넣었다. 그의 지상에서의 삶은 멸시와 잔인함의 십자가에서의 죽음으로 끝났다. 누가 그것을 생각할 수 있었을까? "세상의 약한 것들을 택하사 강한 것들을 부끄럽게 하려 하시며 하나님께서 세상의 천한 것들과 멸시받는 것들과 없는 것들을 택하사 있는 것들을 폐하려 하시나니."고전1:27이하 "내 능력이 약한 데서 온전하여짐이라."고후12:9 이것들이 이 세상에서 하나님께서 일하시는 것에 대한 **기본적인** 표현이다. 하나님의 일의 이와 같은 특성은 성경 전체에서 발견된다. 이 특성이 **성경 자체**에 유효하지 않다면, 그것은 매우 이상할 것이다. 그렇기 때문에 우리는, 성경에도 약점과 별것 아닌 것이 있다는 사실에 놀랄 필요가 없다. 이는 하나님의 일하심에 상응하는 것이다. 성경의 이러한 면은 괴로운 것이 아니라 사랑스러운 것이다. 그러므로 우리는 성경의 약점을 감추고 부성하려고 노력할 필요가 없다.

많은 그리스도인들이 약점과 별것 아닌 것을 지닌 성경을 원하지 않는다. 이는 그들의 생각이나 필요와 맞아 떨어지지 않는다. 그들은 안전이라는 요구를 재빨리 완벽하게 충족시켜주는 "멋진 성경"을 원한다. 그러나 그런 성경이 "십자가의 도"고전1:18와 어울리는가? 많은 그리스도인들이 "성경은 오류가 없고 완벽한 이 세상의 유일한 책이다!"라고 말한다. 그렇게 이목을 집중시키는 웅대한 책은 우리 사회의 척도에 따르자면 금메달을 받거나, 기네스북에 올려져야 할 것이다. 그러나 성경의 하나님이 메달이나 기록 세우기에 촉각을 곤두세우시는가? 그가 이 세상의 척도에 따라 인간에게 강렬한 인상을 주시는가? 오류가 없고 완벽한 성경은 하나님의 일하심을 확 드러내어 선전하듯이 보여줄 것이다. 그러나 이것은 **은폐된** 하나님이나 "십자가의 도"와 어울리지 않는 것이다. 심지어 **인격**이 된 하나님의 말씀이시며 "하나님과 동등"빌2:6하셨던 예수 그리스도께서 자기를 "**비어**" "종의 형체를"빌2:7 가졌다면, 왜 똑같은 것을 성경으로부터 요구할 수 없다는 말인가?

성경은 단연 우수한 질과 인상적인 대목들을 가지고 있다. 그리고 구원을 위해 중요한 것이 그 안에서 충분히 분명하게 드러나고 있다. 그러나 성경은 그 생성과 전승에 관여되었던 시대와 문화와 사람들의 흔적들도 가지고 있다. 이 사람들은 부분적으로 폭력과 증오에 깊숙이 얽혀 있었다.70) 성경의 많은 부분의 질은 **은폐된, 별것 아닌** 질이다. 이 질은 십자가의 낮음 및 하나님의 은폐성과 상응한다. 사람들은 성경에 오류가 없다는 주장을 통해 성경의 은폐된 질의 자취를 놓친다. 성경의 질은 세상적인 방식으로 "펼쳐 보여줄" 수 없다. 사람들은 성경의 질을 오직 **경험**할 수 있을 뿐이다. 은폐된 하나님은 성경을 통해 그가 원하시는 시간과 장소에서 말씀하신다. 그리고 은폐된 하나님께 자기 속을 털어놓는 사람은, 하나님께서 성경을 통해 **어떻게** 일하시는지 경험하게 될 것이다. 하나님의 **은폐성**을 그에 합당한 진지함으로 받아들이느냐 하는 것이 기독교 모임의 영적인 질의 중요한 시금석인데, 이는 성경에 대한 이해에 있어서도 마찬가지이다.

3.6 완전성이라는 주제

성경이 오류가 없고 완전하다고 여기는 사람은 그 근거로써 하나님의 완전성을 끌어 온다: "하나님은 완전하다. 그러므로 그의 말씀도 그러하다." 이 확신은 근본주의적 성경이해의 확고한 구성요소이다.71) 이 문장은 설득력있게 들리고 논박이 불가능해 보인다. 어느 누구도 하

---

70) 예를 들어 열왕기하 8장 이하에서 예후가 벌이는 폭력의 광란을 보라.
71) 2장 뒤의 부설을 보라.

나님의 완전성을 의심하려 하지 않는다. 그러나 이 문장이 정말로 논거가 분명한가?

우선 두가지의 질문이 제기되어야 한다: 1. **보이지 않는 하나님의 완전성**으로부터 **눈에 보이는 이 세상의 책**의 완전성을 그렇게 직접적으로 추론해낼 수 있는가? 2. 땅 위에 하나님처럼 그렇게 완전한 것이 있는가? 이 질문들에 대답하기 위하여 우리는 "완전성"이 무엇인지 알아야 할 것이다. 그러나 불완전한 우리 인간이 어떻게 그것을 알 수 있겠는가? 성경은 이에 대하여 정확한 정의를 내려주지 않는다. 성경은 종종 하나님의 의, 자비, 은혜, 성실, 거룩, 사랑 등에 대하여 말하지만, 그의 "완전성"에 대해서는 아주 드물게 간접적으로 말할 뿐이다. 히브리어에는 독일어의 "완전한" 또는 "완전성"에 해당하는 단어가 없다. 거기에 가장 근접해 있다고 여겨지는 두 단어 "tamim"과 "kalil"는 다른 차원에 놓여 있다.아래를 보라 이 단어들은 구약에서 하나님께 적용되지 않는다. 그것들은 무엇보다 이 세상에서의 하나님의 **일하심**과 관련되어 있을 뿐, 그의 **"속성 자체"**와는 무관하다.

"완전성"의 주제는 성경보다 **그리스 철학**에서 훨씬 중요한 역할을 한다. 이 주제는 그리스 철학을 경유하여 서양의 신학에 도달하였다. 성경은 철학적 서적이 아니다. 성경에는 철학적 의미의 개념설명이 없다. "하나님이 완전하시니 그의 말씀도 그러하다"는 논구는 성경적이기보다 철학적인 특성을 지닌다. 이 논구는 하나님의 "속성"에서 출발하여 현세의 책에 대한 "논리적" 귀결을 도출해낸다. 다음과 같이 질문하는 것이 훨씬 더 성경적이다: **하나님께서 이 세상에서 어떻게 일하시는가?** 이에 대해 성경은 대답한다: 하나님은 이 세상에서 **은폐되고 별것 아닌 방식**으로 일하신다.72) 하나님의 **은폐성**을 말하지 않으면서, 그의 완전성을 말할 수 없다.

하나님의 완전성으로부터 완전한 성경을 도출해내는 사람은, 성경에 그런 식으로 존재하지 않는 논리적인 원리를 사용하고 있다. "완전한 책이 완전한 하나님과 들어 맞는다"는 주장은 그저 인간적인 의견에 지나지 않는다. 여기에서는, 인간이 무슨 출처를 통해 그것을 안다는 것인지, 하나님의 "완전성"의 본질이 어디에 있는 것인지, 또 그것이 성경에 어떻게 영향을 미치는지 설명되어 있지 않다. 하나님의 완전성은 **불가시적**이고 **초월적**이기 때문에, 그 완전성이 직접적으로 성경에 전이될 수 없다. 성경의 완전성이란 **가시적인 현세의 책**의 완전성을 의미하는 것이 될 것이다. 이 차이가 간과되어서는 안된다. 하나님의 완전성으로부터 성경의 완전성을 "도출하는 것"은 이를 간과하는 행위이다. 이 땅과 하늘을 연결하는 논리는 없다. 인간적인 논리는 오직 창조의 영역 **안**에서 유효하다. 하늘의 현실에 대해서, 그리고 하늘의 현실이 어떻게 현세의 현실 내지 성경에 영향을 미치는지에 대해서 우리는 논리의 힘을 빌어 말할 수가 없다. "하나님이 완전하시니 그의 말씀도 그러하다"는 문장에서는 논리의 역할이 부풀려져 있다. 이 논구를 내포하고 있는 근본주의는 **합리주의적인** 영향 밑에 있다.

성경이 완전하다는 주장에는 성경적인 근거가 없다. 종종 시편의 말씀이 "증거"로서 언급된다: "여호와의 율법은 완전하여 영혼을 소성케 하고"19:7 그러나 이 구절은 완전하고 오류없는 성경에 대한 증거가 **아니다**. 첫째, 이 문장은 **토라**에 대해서만 말하고 있을 뿐, 성경 전체에 대해 말하고 있지 않다. 둘째, 우리는 여기에서 "완전하여"로 번역된 히브리어 단어가 무엇을 의미하는지 알아야 한다. 이 단어는 "tamim"이다. 이 단어는 구약에 91번 나온다. 이것은 성전에서 드리는 희생제사를 위해 쓰이는 제사장들의 전문용어이다. 이 단어는 복수로 사용되

---

72) 3장 2절을 보라.

어 **짐승들**을 가리킨다.51회 그렇기 때문에 이 표현은 **신적인 완전성**이나 지적인 의미의 무오류성과 관계가 없다. 이 단어는 병들지도 않고 구부러진 데도 없는 짐승을 지칭한다. 희생제사에는 오로지 건강한 짐승들만 사용되어야 했다.레22:19이하를 참조 tamim의 반대는 "불구의, **부족한**"이다.레22:18-21; 민19:2을 참조 이 단어는, 신체적으로 손상이 없다는 의미에서의 건강, 사지를 모두 갖춘 완전함을 가리킨다. "tamim"은 **사람**에게도 사용되었다.34회 이 역시 **신적인** 완전성과 무관함을 보여 준다. tamim은 사람에게 쓰일 때, 이 사람이 하나님 및 사람들과 완전히 손상없는-탁함이 없는 관계 속에서 산다는 뜻이다.창6:9, 17:1; 신18:13; 수24:14; 삿9:16, 19을 참조 그것의 명사형 "tom"은 건물, 말하기, 행동, 계획, 시간적 말미 등의 완성 내지 완성됨완료됨과 관련되어 있다.왕상6:22; 욥31:40; 수3:17, 5:8; 시64:7; 창47:18; 레25:29을 참조 "tamim"은 아주 드물게 하나님의 길, 작품, 통찰을 표현하기 위해 쓰였고, 한 군데에서는 하나님의 토라에 관련하여서도 사용되었다.신32:4; 삼하22:31; 욥37:16; 시18:31, 19:8 이 단어는 **단 한 번도 인격**으로서의 하나님 자신과 직접적으로 연관되지 **않는다**. 위에 인용된 시편 19편 7절 문장은 의미상 다음과 같이 번역될 수 있다: "하나님의 율법은 온전하여모두 갖추고 있어서-역주 영혼을 소성케 하고." 즉, 토라는 본질적인 것이 아무것도 빠진 것이 없다는 뜻이다.

히브리어 "tamim"의 의미는 **신약**에서도 중요하다. 신약의 그리스어 표현의 뒷 배경에 종종 히브리적 이해가 있곤 하다. 예를 들어 예수는 산상수훈에서 다음과 같이 말한다: "그러므로 하늘에 계신 너희 아버지의 온전하심과 같이 너희도 온전하라."마5:48 예수께서 이 문장을 통해, 우리로 하여금 하나님과 같이 그렇게 완전하고 오류가 없게 되도록 요구하시는 것은 분명히 아니다. 즉 무언가 다른 의미로 말씀하신 것이 틀림없다. 여기에서도 "tamim."의 뜻으로 **온전성**이 언급되고 있다. 하나님의 마음이 원수를 사랑하기까지 사랑으로 온전히 채워져 있듯이, 우리도 그렇게 원수를 사랑하기까지 우리 마음을 온전히분열없이, 유보없이 사랑을 향해, 하나님의 뜻을 향해 열어야 한다. 즉 여기서의 "온전"은 "온 마음으로"와 같은 뜻이다. 예수는 같은 의미에서 부자 청년에게도 말한다: "네가 온전하고자 할찐대 가서 네 소유를 팔아 가난한 자들을 주라."마19:21 바울도 성령의 인도하심에 자기를 내어 드리는 그리스도인들을 "온전한 자들"이라고 칭했다.고전2:6; 살전4:1, 10; 딤후 3:17을 참조 이상의 예들은, 완전성에 대한 우리 자신의 생각과 오늘날의 언어 사용 습관을 성경 안으로 밀어 넣으면서 읽는 것을 얼마나 조심해야 하는지 보여준다. 대부분 짐승을, 종종 사람을, 그저 단 한 번 하나님의 토라를시19:7 가리켜 사용된 히브리어 "tamim"은 신적인 요류없음 및 완전성과 관계가 **없다**. 오히려 그 뜻은, 하나님의 토라도 신체적으로 결함이 없는 희생제사용 짐승과 같이 그렇게 온전하고 건강하다는 의미이다.73)

오류들, 긴장들, 모순들은 결코 그저 나쁜 것만은 아니다. 그것들은 삶 속에 들어 있다. 그것들은 성경 속에서, 성경의 기록자들이 서로 다른 관점과 관심을 가진다는 것을, 혹은 서로 다른 환경에서 살고 있다는 것을서로 다른 문화적, 사회적, 또는 신학적 환경 출신이라는 것을 말해 주는 표시이다. 이스라엘 백성과 원시 기독교는, 모든 사람들이 모든 면에서, 하나님과 그의 행하심에 대해서도 똑같이 생각했던 균질적인 집단이 아니었다. 긴장들과 모순들은, 상상 불가능한 하나님을 시간과 공간이라는 조건 하에, 언어적, 관념적으로 완전히 모순없게 계시하는 것이

---

73) "완전성" 개념의 이상과 같은 설명은, 선입견이 성경 텍스트를 흐려 놓는 부분에서도, 학문적인 분석이 얼마나 선명함과 깊은 이해를 가능케 하는지를 보여주는 실예다.

가능하지 않음에 기인할 수도 있다. 바로 이 긴장들과 모순들이 보다 깊은 숙고를 촉발한다. 그렇게 되는 것은 무엇보다도, 성경이 **구원을 위해 결정적인** 관점들에 있어서 믿을 만하게 우리를 인도한다는 데에서 우리가 출발하기 때문이다.74)

끝으로 다음의 경우를 상상해보자: 한 사람이 바다에서 표류하고 있다. 배 한 척이 그를 발견하고, 그에게 밧줄을 던진다. 그러나 그는 다음과 같은 말로 그 밧줄을 거부한다: 기름 자국이 없는 흠없는 밧줄만을 잡아 구조를 받겠소. 이런 반응이 미련하듯, 성경에 몇몇 "기름 자국"이 있다는 이유만으로 그것을 붙잡지 않는 것도 미련하다. 하나님은 성경이라는 강한 밧줄로 우리를 바다에서, 즉 사망에서 구원하실 수 있고, 또 그렇게 하려 하신다. **이것이** 결정적인 것이다. 그에 반해 "기름 자국"은 중요하지 않다.

3.7 성경의 통일성

현대적 성서학은 오랜 시간동안 성경의 각 권, 저자, 편찬자, 텍스트의 쟝르, 모티브, 개념, 전승 계층 등의 연구에 집중하였다. 이는 근본적으로 정당한 것이었는데, 그 이유는, 다른 방식으로는 성경의 생성에 대하여, 그리고 각각의 책, 전승 계층, 또는 저자의 신학적인 특성에 대하여 적절하게 생각하는 것이 가능하지 않았을 것이기 때문이다. 이 연구 덕분에 지금까지 알려지지 않고 주목받지 못하던 많은 것들이 시야에 들어 왔다. 그리하여 성경 텍스트의 연구는, 그 정확성과 섬세함이 새로운 수준에 도달하였다. 그러나 이런 종류의 연구에 머물러서는 안 된다는 것이 지난 수십년 동안 점점 분명해졌다. 이 연구는 반쪽에 지나지 않는다. 마찬가지로 중요한 것은, 기본적인 개별연구를 토대로,

---

74) 1장을 참조.

상이한 성경 각 권을 연결하는 것이 무엇인지 묻는 것이다. 무슨 이유로 그렇게 상이한 책들이, 그리고 바로 그 책들이 똑같은 책모음에 들어 왔는가? 왜 사람들이 이 책모음에 정경의 의미가 있음을 인정하였는가?

성경의 내적 연관성, 즉 그 객관적 공통점들에 대한 질문이 오늘날의 성서학에서 점점 더 주의를 끌고 있다. 신약 성경에 대한 다수의 최신 기본서들이, 어느 정도 선에서 신약적 메시지의 객관적 통일성에 대해 말할 수 있는지 상세하게 해명하고 있다.75) 구약학에서도 비슷한 발전이 이루어진다. 현대적 성서학의 방법을 통하여 오늘날 성경의 근본적, 객관적 통일성이 밝혀진다.76) 이는 감사할 만한 기쁜 일이다. 나 역시 대학에서 일하는 많은 동료와 더불어 성경의 통일성을 고백한다.

수십 년 간의 성서학적 연구 후에 가능해진 성경의 통일성에 대한 주장은 전통적인 의미의 조화시키기로의 퇴보가 아니다. 새로이 획득한 통일성의 시각은 성경 안의 많은 차이들과 긴장들과 모순들을 간과하고 과소평가하고 부인함으로써 힘을 얻지 않는다. 그 시각은, 차이들과 긴장들과 모순들이 근본적으로 부정적인 것이 아니라, 성경의 살아 있음과 신빙성과 질에 속해 있다는 중요한 인식에 기초하고 있다. 성경 안의 차이들과 긴장들과 모순들은 성경적 메시지의 깊이 자리잡은 근본적인 통일성을 결코 배제하지 않는다. 근본적인 하나님 체험과 그 안에서 자라나는 공동의 확신의 보화는 그것들을 **견디며 감싸 안고 있**다.77) 성경의 통일성은 지적인 통일성이나, 학설적 체계의 통일성이

---

75) 이 점에서 Ferdinand Hahn의 "*Theologie des Neuen Testaments*"는 특히 중요하다. 두 권 중 제 2권의 주제가 "신약의 통일성"이다. Ulrich Wilckens의 저서 "*Theologie des Neuen Testaments*"도 반복하여 이 질문을 다루고 있다. 이는 최근의 다른 많은 신약 기본서들도 마찬가지다. Eckstein의 *Kyrios Jesus*, 35-38도 참조.
76) 이에 관해서는 Söding의 중요한 기본서 Einheit를 참조.
77) 예를 들어, 독일의 연방의회에 진출한 정당들 사이에는, 모든 긴장과 모순에도, 공동

아니다. 그것은 역동적인 대화적 통일성이다. 성경 안에 있는 상이한 시각들과 입장들은 서로서로 경험과 대화와 학습의 공동체를 이룬다. 성경의 통일성에 대한 이와 같은 이해는 반드시 조화시켜야겠다는 강한조화가 이루어지지 않으면 어쩌나 하는 걱정을 종종 동반하는 압박 때문에 생기는 통일성의 사고보다 더 현실적이다. 이는 성경에 대한 더 깊이있는 칭찬이다. 왜냐하면: 겨우 몇몇의 오류와 모순만으로 모든 것이 무너져 내릴 것을 두려워한다면, 성경을 얼마나 실제적으로 신뢰하는 것이란 말인가? 성경은 경건한 보호를 필요로 하지 않는다. 성경은 그것이 필요없다. 성경은 그 내용의 질을 통하여, 그리고 성령의 능력으로, 하나님께서 원하시는 시간과 장소에서 그 효력을 발휘할 것이다. 기독교는 이 신뢰에 의지하여 산다. 이 신뢰는 더욱 돈독해져야 할 것이다.

3.8 총정리

나는 제 3장에서, 모든 비근본주의적 신학에 포기불가능한, 하나님과 성경의 범주적인 구분을 간략하게 설명하였다. 이 구분이 우리 그리스도인들에게 무슨 유익을 주는가? 다섯 가지 관점을 나는 특별히 중요하게 여긴다:

(1) 위에 서술된 구분은 하나님의 **유일성**을 분명하게 나타내고, 그리하여 하나님의 품격을 신학적으로 관철시킨다. 이는 성경에 대한 적절한 시각을 가능하게 한다. 이 구분은, 하나님 홀로 신적인 속성을 지니심을 분명히 한다. 하나님 홀로 신적이다. 이 사실은, 우리 그리스도인들이 하나님과 성경의 작용적 통일을 신뢰할 수 있다는 것에 아무런 변화도 가하지 않는다. 그러나 이 작용적 통일이 성경의 신격화의 근거가

의 기본 가치를 토대로 하는 민주주의자들의 근본적 의견 일치도 있다. 물론 이 예는 불완전하다. 단지, 부분적인 모순이 근본적 의견일치를 배제하지 않는다는 것을 드러낼 뿐이다.

되지 않는다. 성경은 아버지와 아들과 성령의 하나이심에 함께 속하지 않는다. 성경은 땅 위에 있는 "한 조각 하늘"이 아니고, 창조의 영역에 속해 있다. 그래서 그리스도인들은 오로지 삼위일체 하나님을 **신앙**하지, 성경을 신앙하지 않는다. 성경을 "하나님의 말씀"으로 칭하는 것이 이상의 기본적 통찰을 흐려 놓아서는 안된다.

(2) 성경이 필수적으로 세부적인 모든 부분들에 이르기까지 오류나 모순이 없어야 하는 것은 아니다. 이 주제에 있어서 성경의 신뢰성이나 하나님의 구원 능력이 그 어느 것도 문제가 되지 않는다. 물론, 하나님과 성경의 범주적인 구분이 없으면, 문제가 생길 것이다. 그러면 성경은 오류나 모순이 있어서는 **안된**다. 성경의 모든 약점은 하나님의 약점일 것이다. 이 경우에는 무슨 수를 써서라도 성경의 흠없음이 방어**되어야만** 한다. 그렇지 않으면, 하나님께 죄를 짓는 느낌, 그리고 신앙의 토대를 잃어버리는 느낌을 갖게 된다. 그래서 하나님과 성경의 범주적인 구분이 그리도 중요하다. 오직 이 구분만이, 성경에 오류 및 모순이 있는가 없는가 하는 질문을 질문으로서 **허용하는** 것을 가능하게 한다.

(3) 우리는 성경에 오류 및 모순이 있는가 없는가 하는 질문을 성경 자체에게 넘길 수 있다. 우리는 성경에 특정한 희망적 상상을 덮어 씌울 필요가 없다. 성경은 있는 그대로 있어도 된다. 성경은 내가 원하는 성경이나, 내가 보기에 하나님이 원하시리라 생각되는 성경일 필요가 없다. 내가 실제로는 여태껏 성경을 방어한 것이 아니었음이 이제로부터 나에게 분명해질 수도 있다. 나는 성경에 대한 **나의 상像**을 방어했다. 즉 실제로 나는 내 경건의 방식을 방어한 것이지 성경을 방어한 것이 아니었다.

(4) 성경의 진술에 대해 **비판적으로** 입장을 취하는 것이 하나님을 비판하는 것이 아니다. 성경의 어두운 부분이 하나님의 "어두운 부분"

이 아니다. 성경의 모순들은 하나님의 모순들이 아니다.

(5) 내가 삼위일체 하나님께 대한 믿음에 집중한다면, 내가 하나님만 신앙할 뿐, 성경을 신앙하지 않으면 성경을 학문적으로 연구할 새로운, 두려움 없는 가능성들이 열린다. 이와 같은 방식을 통해, 하나님께 대한 신뢰 속에서 책임의식을 가지고 학문적인 가능성들을 사용할 확신과 용기가 생긴다. 하나님 자신과 하늘의 현실은 "학문적으로 연구"할 수 없다. 학문과 이성의 유효 범위는 창조의 공간 안에 제한되어 있다. 성경은 창조의 영역에 속하므로, 학문적 연구의 대상이 된다. 그러나 성서학자는 성경을 연구할 때 반복하여 마주치는 신앙의 비밀들 앞에 경외의 마음을 가져야 한다. 근본적으로 통하는 것은, 내가 하나님을 신앙할 뿐, 성경을 신앙하지 않음이 내게 분명해질수록, 나는 성경을 더 잘 배울 수 있다는 것이다. 나는 배움의 과정을 통해 나의 지금의 성경에 대한 상像을 바꿀 준비가 되어 있다. 이는 성경에 대해 아무것도 더 이상 확실하게 말할 수 있는 것이 없으며, 모든 것이 구속력이 없다는 것을 결코 의미하지 않는다. 그러한 방어반응은 선입견과 오해, 그리고 경건한 공포에서 생긴다. 잘 알려진 공포의 메카니즘을 생각해보자: "그것이 더 이상 맞지 않는다면, 도대체 무엇이 맞겠는가?"[78] 그런 공포 조성자에게 위축당하지 말아야 한다. 배우기를 스스로 금하지 말아야 한다. 신앙이 반교육적이면, 그 신앙은 편협해진다.

---

[78] 이 가짜 논구는 공포 및 흑백논리적 사고의 표현이다. 많은 그리스도인들이 이 흑백논리적 사고를 성경 구절을 동원하여 정당화시키려고 시도한다. 그러나 예수께서 산상수훈에서 "오직 너희 말은 옳다 옳다, 아니라 아니라 하라. 이에서 지나는 것은 악으로 좇아 나느니라(마5:37)"라고 말씀하셨을 때에, 그것은 우리들의 말의 선명성과 신뢰성을 두고 (모든 애매한 언명에 반대하여) 하신 말씀이지, 흑백논리적 사고를 요구하신 말씀이 아니다. "네가 차든지 더웁든지 하기를 원하노라. 네가 이같이 미지근하여 더웁지도 차지도 아니하니 내 입에서 너를 토하여 내치리라"(계3:15이하)라는 문장도 흑백논리적 사고가 아니라, 결단성에 대한 촉구이다. 이는 동일하지 않다! 성경말씀을 자기의 선입견을 위해 사용하지 않도록 주의하여야 한다.

4. 예수 그리스도와 성경의 구분

4.1 예수 그리스도와 성경의 상관성

예수 그리스도와 성경의 범주적 구분에 대해 설명하기 전에, 오해를 피하기 위해 나는 양자의 **상관성**을 강조하고 싶다.79) 성경과 예수 그리스도는 여러모로 밀접하게 연관되어 있다. 이 상관성은 신학적으로 논쟁의 여지가 없다.

예수는 유대인이었다. 그는 그의 성경이기도 했던 자기 민족의 성경을 여러가지 시각에서 자신의 말씀을 위해 끌어들여 사용하였다. 그는 그 거울에 비추어 자기 자신의 삶을 해석하였다. 예수 그리스도와 성경의 상관성은 양자 사이에 그 의미에 있어서 상응하는 것들유사점들이 있다는 점에서도 드러난다. 우리는 예수 그리스도도 성경도 "하나님의 말씀"으로 칭한다. 예수 그리스도는 인격화된 하나님의 말씀이다. 성경은 기록된 하나님의 말씀이다. "하나님의 말씀"이라는 표현이 **계시**의 한 방식을 의미하므로, 우리는 다음과 같이 말할 수 있다: 예수 그리스도도 성경도 하나님의 계시의 형상이다. 그런 이유로 양자는 인간의 "빛"으로 불릴 수 있다.예를 들어 시119:105; 요1:4-9, 8:12; 벧전1:19을 참조

더 나아가: 예수 그리스도에 대한 모든 중요한 것들을 우리는 성경을 통해서 안다. 성경은 예수 그리스도에 대한 상세하고 신학적으로 자격을 갖춘 유일한 원천이다. 우리가 예수 그리스도께 나아가는 것을 가

---

79) 제 2장의 하나님과 성경의 상관성에 대한 사항(주요 단어 "작용적 통일")도 참조.

능하게 해주는, 성경과 비교될 만한 다른 원천은 없다. 그래서 우리는 예수 그리스도의 "상像"을 오직 성경에서만 얻을 수 있다. 신약이 없었더라면, 우리가 오늘날 예수 그리스도에 대해 얼마나 알았을지, 말할 수 없다. 틀림없이 이 지식은 훨씬 불명료했을 것이다. 기독교 신앙은 가장 심각하게 위협받았을 것이다. 그러므로 예수 그리스도를 전하고자 하는 사람은 그 내용의 근거를 성경에서 찾아야 하고 성경에 의거하여 점검해야 한다. 다른 가능성은 존재하지 않는다.

예수 그리스도와 성경의 상관성은 아래의 설명을 통하여 결코 문제시되지 않는다. 관건은 **상관성의 종류**이다. 즉 예수 그리스도와 성경의 밀접한 상관성은 양자가 동급이라거나 똑같은 권위의 층에 있다는 의미가 **아니다**. 이제 그것이 분명해져야 하겠다.

4.2 성경에 대한 예수 그리스도의 우위

신약의 묘사에 따르면 예수 그리스도는 성경보다 분명히 위에 있다. 즉 예수 그리스도는 성경보다 더 높은 등급과 더 높은 권위를 가지고 있다. 루터는 이를 다음과 같이 표현한다: 예수 그리스도는 성경의 주님이시다. 성경은 예수 그리스도의 종이다.80) 예수 그리스도에 대하여서는 다음과 같이 기록되어 있다: "하늘과 땅의 모든 권세를 내게 주셨으니."마28:18 이 말은 성경에 적용될 수 없다. 다음과 같이 말할 수 없다: "하늘과 땅의 모든 권세를 성경에게 주셨으니." 이 관점에서는 예수 그리스도와 성경 사이에 상응하는 것이 **없다**. 우리 그리스도인들은 오직 한 주님이 있을 뿐이고, 기독 교회는 오직 한 "머리."엡5:23; 골1:18 가 있을 뿐이다. 이 주님과 이 머리가 예수 그리스도이다. 성경과 예수

---

80) 루터에 의하면 예수 그리스도는 성경의 "주", "왕", "재판관", "머리"이다. 성경은 그의 "피조물", "종"이다(예를 들어 WA 39 I, 47, 5.21; 40 I, 458, 11.34; 459, 14 등을 참조).

그리스도의 상관성은 **종**과 **주님**의 상관성이다.

이로써 우리는 다른 어느 종교에도 없는 상황 앞에 서 있다. 유대교나 이슬람교에도 이에 견줄 만한 것이 없다. 이 두 종교는 문자 그대로 "책종교"이다.81) 유대교와 이슬람교의 근간은 책이다. 유대적 신앙에 따르면, 모세는 토라 위에 있지 않다. 반대로 토라가 모세 위에 있다. 이슬람 신앙에 따르면, 모하메드는 코란 위에 있지 않다. 반대로 코란이 모하메드 위에 있다. 두 종교에서 계시의 내용은 계시를 받은 사람보다 중요하다. 유대적, 이슬람적 이해에 따르면 토라 내지 코란은 영원 전부터 하늘에 존재하였다.

기독교에서는 다르다. 기독교적 신앙의 근간은 **일차적으로** 한 **인격**이고, 이차적으로 **책**이다. 이는 바로 "하늘로부터의 유래"선존재라는 주제에서도 드러난다. 신약에 따르면 성경이 아니라, 예수 그리스도가 하늘의 선존재의 주인공이다. 빌2:6이하; 골1:15-18; 히1:1이하; 요1:1-18 등을 참조 성경이 아니라, 그가 "하나님과 동등"빌2:6하셨다. 성경이 아니라, 그가 "아버지 품 속에"요1:18 있다. 성경이 아니라, 예수 그리스도가 "알파와 오메가요 처음과 나중이요 시작과 끝"계22:13이다.

왜 예수 그리스도는 모세와 모하메드와는 달리 성경 위에 계시는가? 하나님께서 자신을 **예수의 인격** 안에서 계시하셨기 때문이다. 이는 선지자들이 받았던 계시를 훨씬 넘어서는 것이다. 이들이 받은 계시는 우선적으로 특정한 **메시지**정보, 인식와 관계되었다. 선지자들은 받은 메시지를 동시대인들에게 전달하였다. 나중에 이 메시지는 문자의 형태로 전승되었다. 이 경우 선지자의 인격은 메시지 뒤로 물러났다. 예를 들어 우리는 아모스라는 인물에 대해 아는 것이 거의 없다. 그는 어

---

81) 물론 유대교에 "구전 토라"도 있다. 이슬람교에는 그에 상응하는 "구전 코란"이 없다. 나는 본서에서 사소하다고 할 수 없는 이 세분화를 자세히 다루지 않겠다.

떻게 살았는가? 그는 어떻게 죽었는가? 그의 제자들은 단지 그의 메시지만을 중요하게 여기고 문자화하였다. 유대적 신앙에 따르면 모세가, 이슬람적 신앙에 따르면 모하메드가 **결정적인** 메시지를 받았다. 그래서 바로 그들에게 있어서는, 다른 모든 선지자들과 마찬가지로, **메시지**가 전면에 서 있다. 코란에는 모하메드의 삶에 대해 거의 아무것도 적혀 있지 않다.82)

예수 그리스도의 경우는 다르다. 그리스도인들은, 예수께서 하나님으로부터 받은 메시지가 그의 인격보다 더 중요하다고 말할 수 없다. 기독교적 확신에 따르면, 예수에게서는 메시지와 인격이 다른 모든 선지자들에게서보다 훨씬 더 밀접하게 연관되어 있다. 예수 그리스도는 선지자의 개념을 붕괴시킨다.83) 복음서에서 중요한 것은 예수의 **메시지** 뿐만이 아니라, 또한 그의 **태도**이다. 왜냐하면 예수 그리스도 안에 있는 하나님의 계시는, 예수가 어떻게 **살았는가**, 그가 어떻게 사람들에게 다가가셨고, 그들과 함께 식사하셨는가, 그가 병자와 귀신들린 사람과 가난한 자와 죄인과 여인들과 어린이들을 어떻게 대하셨는가, 그가 어떻게 제자들을 부르시고 그들과 함께 사셨는가 하는 데에서도 표현되기 때문이다. 예수 그리스도 안에 있는 하나님의 계시는 **무엇보다도** 어떻게 예수가 죽고 하나님이 그를 죽음에서 일으키셨느냐 하는 방식이다. 십자가에서 죽은 자의 부활은 결정적인 계시 및 구원사건이 된다.

기독교적 신앙에 따르면, 우리는 예수 그리스도의 삶과 죽음과 부활

---

82) 이슬람에서도 모하메드의 삶에 대한 전승들이 모아졌다. 이 전승들은 높은 가치를 부여 받지만, 코란과 동급으로 여겨지지 않는다.
83) 예수는 복음서의 어느 곳에서도 선지자들에게 전형적인 표현들 "여호와께서 가라사대"와 "여호와의 말씀"을 쓰지 않는다. 예수는 선지자들과는 달리 특수한, 시간적으로 제한된 계시를 받은 자가 아니다. 그는 하나님과 항시적인 계시의 관계에 있는 자로 등장한다. 무엇보다도, 선지자 중에는 하나님께서 죽은 자 가운데서 살리셨다는 자가 없다.

속에서, **하나님은 누구인가**를 본다.84) 어느 선지자에 대해서도 이에 견줄 만한 것을 말할 수 없다. 예수 그리스도는 하나님으로부터 메시지만 받으신 것이 아니다. 하나님께서 그의 안에 독특한 방식으로 계셨다. 우리 그리스도인들은, 예수 그리스도 안에서 하나님께서 인간이 되셨다고 믿는다. 예수 그리스도는 참 인간이요 참 하나님이시다! 이 말들은 유대인에게나 무슬림에게 터무니없는 것이다. 이 말들은 결단코 모세나 모하메드에게 적용될 수 없을 것이다. 예수 그리스도 안에서 하나님은 뭔가를 계시할 뿐 아니라, **자기 자신**을 계시하신다. 기독교적 신앙에 있어서는 일차적으로 예수 그리스도는 누구인가 하는 것이 중요한데, 이는 그를 통하여 하나님을 발견하기 때문이다.

한 **인격**은 **정보**나 **책**과 범주적으로 다른 무엇이다. 정보는 **문장들**로 이루어져 있다. 문장은 문자화될 수 있다. 그것은 책의 형태로 기록물이 될 수 있다. **인격**은 문자화될 수 없다. 그것은 정보처럼 문서화될 수 없다. 인격은 문장들만으로 이루어진 것이 아니다. 인격은, 그 인격이 발설한 모든 문장의 총합 이상의 것이다. 책은 한 인격에 대해 **이야기**할 수 있다. 그것은 한 인격의 의미에 대해 **증거**할 수 있다. 그러나 책은 한 인격의 자리를 대신할 수 없고 그의 역할을 넘겨 받을 수 없다. 그렇기 때문에 기독교는 유대교나 이슬람교와 똑같은 의미에서의 "책 종교"가 아니다.85)

기독교 신앙의 근본은 일차적으로 예수 그리스도의 인격이다. 이 근본은 다른 무엇으로도 대체될 수 없는데, 이는 성경으로도 되지 않는다: "이 닦아 둔 것 외에 능히 다른 터를 닦아 둘 자가 없으니 이 터는

---

84) 예수 그리스도 안에서 하나님은 "아버지의 마음의 가장 깊은 심연을 여셨다"(Luther; *Bekenntnisschriften der Evangelisch-Lutherischen Kirche*, Göttingen 1982, 660,29이하).
85) 유대교와 이슬람교는 "일차적인 책종교"이다. 기독교는 "이차적인 책종교"이다 (Härle, Dogmatik, 117).

곧 **예수 그리스도라.**"고전3:11 그러므로 신약에는 오직 **한** 복음, 즉 **예수 그리스도의 복음**만 있다. 롬1:9, 15:6; 고전9:12; 고후10:14; 엡3:6; 빌3:7; 살전 3:2 "하나님과 사람 사이에 중보도 **한** 분이시니 곧 사람이신 그리스도 예수라."딤전2:5 성경이 아니라, 예수 그리스도가 중보자이다. 성경은 그를 증거한다. 성경은 그에게 인도하는 일을 한다. 그러나 성경은 그 자체로 중보자가 아니다. 증거하는 책과 그 증거를 받는 이 사이에는 범주적인 차이가 존재한다.

예수 그리스도에 대해서만 우리는 "길이요 진리요 생명"요14:6이라 고 말할 수 있다. 우리는 이 말을 성경에 적용시킬 수 없다. 하나님께서 예수 그리스도의 메시지 안에서 뿐 아니라 그의 **인격** 안에서 자기를 계 시하셨기 때문에, 예수 그리스도는 선지자일 뿐 아니라, 우리의 **해방자** 요 **구원자**이다. 어느 선지자에 대해서도, 성경에 대해서도 이렇게 말할 수 없다. 성경은 선지자적인 질을 가지고 있다. 그러나 예수 그리스도 는 선지자 이상이다. 성경이 우리를 위하여 십자가에 달리고 부활한 것 이 아니고, 예수 그리스도께서 그것을 하셨다. 성경이 우리를 해방하고 구원하는 것이 아니라, 예수 그리스도께서 그것을 하신다. 이는 효력의 범위가 큰 차이이다. 예수 그리스도께서 우리의 해방자요 구원자이기 때문에, 예수 그리스도와 성경은 똑같은 차원에 서지 못하고 똑같은 권 위를 가지지 못한다.86) 그러므로 예수 그리스도와 성경이 모든 **관점**에 서 하나로 묶여 있는 것은 아니다. 예수 그리스도는 그리스도인들의 신 앙고백 안에 속해 있다. 성경은 그렇지 않다.

예수 그리스도와 성경의 범주적 차이는, 이미 신약성경 내에 있는 **신앙고백들**에서 특별히 분명하게 표현된다. 이 고백들은 기독교적 신

---

86) 예수 그리스도에 대하여 다음과 같이 기록되어 있다: "인자는 안식일에도 주인이니 라"(막2:28; 마12:8; 눅6:5). 이 문장은 당대의 유대적 안식일규칙 뿐 아니라, 안식일 자체, 결국 성경의 중심적 계명과 연관되어 있다.

앙의 내용을 집약된 형식으로 표현한다. 종종 이 고백들은 단지 한 두 문장으로 되어 있다.고전15:3이하; 롬4:24; 눅24:6, 34; 마28:6이하; 살전4:14을 참조 "주는 그리스도시요 살아계신 하나님의 아들이시니이다."마16:16; 행8:37을 참조 "네가 만일 네 입으로 예수를 주로 시인하며 또 하나님께서 그를 죽은 자 가운데서 살리신 것을 네 마음에 믿으면 구원을 얻으리라."롬10:9; 고전12:3을 참조 이 고백들은 예수 그리스도 내지 그에게 하신 하나님의 행동에 맞추어져 있다.87)

원시기독교에서는 예수 그리스도에 대한 고백이 성경과 모순되지 않는다는 것에 큰 가치를 두었다. 그 고백은 오히려 성경에 "**상응하는.**" 것이다. 예수 그리스도 안에서 성경이 **성취**된다.고전15:3이하; 롬1:2; 눅24:26-27; 행8:35; 요5:39을 참조 그러나 성경은 신약적 신앙고백들의 **내용**에 속하지 않는다. 어디에도 다음과 같은 식의 고백은 없다: "네가 만일 성경이 하나님께로부터 영감된 것을 네 입으로 시인하며 네 마음에 믿으면 구원을 얻으리라." 신앙의 고백은 **오직** 예수 그리스도와 하나님이 그에게서 행하신 것에만 해당한다.히3:1, 4:14; 요12:42, 20:31; 요일2:23, 4:15 등을 참조 에베소서 4장 4절 이하에 나열된 것 역시 시사하는 바가 크다: "몸이 하나이요 성령이 하나이니 이와같이 너희가 부르심의 한 소망 안에서 부르심을 입었느니라. 주도 하나이요 믿음도 하나이요 세례도 하나이요 하나님도 하나이시니 곧 만유의 아버지시라." 성경은 여기에서 언급되지 않는다.88) 이와 같은 신약의 상태는 초대교회

---

87) 다음의 구절들도 참조: "이 예수를 하나님이 살리신지라 우리가 다 이 일에 증인이로다. 하나님이 오른손으로 예수를 높이시매 그가 약속하신 성령을 아버지께 받아서 너희 보고 듣는 이것을 부어 주셨느니라… 그런즉 이스라엘 온 집이 정녕 알찌니 너희가 십자가에 못 박은 이 예수를 하나님이 주와 그리스도가 되게 하셨느니라"(행2:32-36). "그러나 우리에게는 한 하나님 곧 아버지가 계시니 만물이 그에게서 났고 우리도 그를 위하며 또한 한 주 예수 그리스도께서 계시니 만물이 그로 말미암고 우리도 그로 말미암았느니라(고전8:6).
88) 성례들도 예수 그리스도 내지 삼위일체 하나님께 맞추어져 있다. 우리는 성경의 세례를 받지 않고, 예수 그리스도 내지 삼위일체 하나님의 세례를 받는다.

의 결정을 입증한다: 성경은 신앙고백에 속하지 않는다.[89]

히브리서 1장 1-3절, 빌립보서 2장 6-11절, 골로새서 1장 15-20절 등은 신약에서 **분량이 큰** 신앙고백들에 속한다. 이 텍스트들은 특별히 중요하다. 그래서 나는 이것들을 위에 적은 순서에 따라 짤막하게 다루려고 한다. 히브리서는 다음과 같은 문장들로 시작된다: "옛적에 선지자들로 여러 부분과 여러 모양으로 우리 조상들에게 말씀하신 하나님이 이 모든 날 마지막에 아들로 우리에게 말씀하셨으니 이 아들을 만유의 후사로 세우시고 또 저로 말미암아 모든 세계를 지으셨느니라 이는 하나님의 영광의 광채시요 그 본체의 형상이시라 그의 능력의 말씀으로 만물을 붙드시며 죄를 정결케 하는 일을 하시고 높은 곳에 계신 위엄의 우편에 앉으셨느니라…"히1:1-3 이 구절들은 예수 그리스도를 지금까지 선지자들을 통해 이루어진 하나님의 계시의 역사 속에 위치시킨다. 이 역사가 아니고는 예수 그리스도를 이해할 수 없다. 다른 한편, 이 구절들은 선지자들과 예수 그리스도 사이의 등급의 차이 또한 보여준다. 예수 그리스도에 대한 어떤 말도 선지자들에게 적용할 수 없다. 예수 그리스도의 역할은 독특하고 비길 데가 없다. 선지자들은 그들의 말을 통해서 만물을 붙들지 않는다. 그러나 **예수**는 그의 말을 통하여 **만물을 붙드신다**. 이 구절은 선지자들을 통한 하나님의 말씀하심과이는 종종, 그리고 여러가지 방식으로 일어났다. **아들**을 통한 하나님의 **최종적인** 말씀하심 사이의 차이를 강조한다.

빌립보서의 고백에서도 예수 그리스도의 독특한 지위가 관건이 된다. 이 고백의 앞 부분은 다음과 같다: "그는 근본 하나님의 본체시나 하나님과 동등됨을 취할 것으로 여기지 아니하시고 오히려 자기를 비어 종의 형체를 가져 사람들과 같이 되었고 사람의 모양으로 나타나셨

---

[89] 3장 4절을 참조.

으매 자기를 낮추시고 죽기까지 복종하셨으니 곧 십자가에 죽으심이라."빌2:6-8 90) 고백의 뒷 부분은 이 사건의 결과를 말한다: "이러므로 하나님이 그를 지극히 높여 모든 이름 위에 뛰어난 이름을 주사 하늘에 있는 자들과 땅에 있는 자들과 땅 아래 있는 자들로 모든 무릎을 예수의 이름에 꿇게 하시고 모든 입으로 예수 그리스도를 주라 시인하여 하나님 아버지께 영광을 돌리게 하셨느니라."빌2:9-11 모든 것 위에 탁월하이는 성경과 비교해도 마찬가지이다 예수 그리스도의 역할을 선명하게 만들고 효력을 잘 발휘하게 만드는 것이 기독교적 신학의 과제에 속한다. 바로 이 이유 때문에 비근본주의적 신학은 예수 그리스도와 성경의 범주적 차이를 강조한다. 골로새서의 고백은 다음과 같다:

"그는 보이지 아니하시는 하나님의 형상이요 모든 창조물보다 먼저 나신 자니 만물이 그에게 창조되되 하늘과 땅에서 보이는 것들과 보이지 않는 것들과 혹은 보좌들이나 주관자들이나 정사들이나 권세들이나 만물이 다 그로 말미암고 그를 위하여 창조되었고 또한 그가 만물보다 먼저 계시고 만물이 그 안에 함께 섰느니라. 그는 몸인 교회의 머리라. 그가 근본이요 죽은 자들 가운데서 먼저 나신 자니 이는 친히 만물의 으뜸이 되려 하심이요 아버지께서는 모든 충만으로 예수 안에 거하게 하시고 그의 십자가의 피로 화평을 이루사 만물 곧 땅에 있는 것들이나 하늘에 있는 것들을 그로 말미암아 자기와 화목케 되기를 기뻐하심이라."골1:15-20

이 분량이 큰 고백 중 **단 한 문장도** 성경에 적용될 수 **없다**. "그"라는 말 대신에 "성경"을 넣어 사실을 검증해보라! 예수 그리스도께서 "만물의 으뜸"이라면, 동시에 성경도 만물의 으뜸일 수 없다. 여기에는

---

90) 예수 그리스도에 관하여 언급되기를, 그가 하나님께, 즉 그의 아버지에게 복종하였다. 결코 성경에 복종하였다고 되어 있지 않다! "복종"이라는 말은 하나님의 아들의 성경에 대한 관계와 어울리지 않는다.

이것이냐 저것이냐 밖에는 없다. 그리고 성경은 스스로 말한다: **예수 그리스도**가 만물의 으뜸이라고!

왜 비근본주의적인 신학이, 루터가 했던 것처럼 예수 그리스도의 지위와 성경의 지위를 범주적으로 구분하는지 분명해졌기를 나는 희망한다. 우리는 **오직** 예수 그리스도에게만 합당한 자리 혹은 차원으로 성경을 밀어 넣어서는 안된다. 성경에 대한 높은 가치의 인정, 감사, 겸손에도 불구하고, 여기에는 뛰어 오를 수 없는 경계가 있다. 왜냐하면 여기에 예수 그리스도의 독특한 역할과 품격이 걸려 있기 때문이다. 위에 지적한 것들은 성경의 평가절하와 결코 관계가 없다. 오히려 예수를 위대하게 하고, 그에게 합당한 명예를 드리기 위한 것이다. 이것이 우리 그리스도인들에게 주어진 가장 중요하고 아름다운 과제이다. 성경을 예수와 같은 차원으로 밀어 넣는 사람은 예수를 너무 사소하게 여기는 것이다. 그는 예수에게서 첫 번째 자리를 빼앗는다.

4.3 하나님의 결정적 계시로서의 예수 그리스도

"계시"라는 주제에서는 다음의 질문이 문제다: 하나님이 인간에게 어떻게 자기에 대해 말씀하시는가? 이 질문은 기독교와 유대교 뿐 아니라 이슬람교에서도 중심적인 역할을 한다. **역사와 말씀**이 가장 중요한 하나님의 계시수단으로서 결정結晶된 것은 유대 종교사의 독특한 특징에 속한다.91) 그래서 유대교에서 하나님의 **계시행위**와 그의 **계시의 말씀**을 문자적으로 전승하는 것이 시작되었다. 인정을 받는 거룩한 문서들의 모음이 유대교에 있게 된 후, 이 "거룩한 책"특히 토라은 하나님의 결정적인 계시로 여겨졌다.

---

91) 유대교에 있어서 결정적인 계시의 수단은 그림이나 입상, 건물이나 예식, 꿈이나 제비뽑기, 우주(해, 달 등)나 짐승 등이 아니고, 역사 속에서의 하나님의 행동과 역사 속에서 하신 그의 말씀이다.

이와 같은 유대적 맥락에서, 예수 그리스도가 원시기독교에서 성경보다 **높은** 등급을 차지한 것은 새로운 것이며 도발적인 것이었다.92) 이로써 원시기독교는, 성경이 아니라 **예수 그리스도**가 하나님의 결정적인 계시임을 표현하였다. 오늘날의 신·구교 신학에서는, 성경이 아니라 예수 그리스도 내지 그리스도 사건93)이 하나님의 결정적인 계시라는 점에서 일치를 보고 있다. 근본주의적 특징의 그리스도인들이 성경에 대한 예수 그리스도의 우위를 이렇게 뚜렷하게 인정하는 것을 어려워하므로94), 나는 이 절(節)에서 이 중요한 인식을 신약 텍스트를 통하여 입증하고 싶다.95) 나는 "계시"라는 주제와 관련하여 특히 중요한 **요한복음**에서 시작한다.

요한복음의 첫 부분1:1-18은 다음 문장으로 시작한다: "태초에 말씀이 계시니라. 이 말씀이 하나님과 함께 계셨으니 이 말씀은 곧 하나님이시니라. 그가 태초에 하나님과 함께 계셨고 만물이 그로 말미암아 지은 바 되었으니 지은 것이 하나도 그가 없이는 된 것이 없느니라. 그 안에 생명이 있었으니 이 생명은 사람들의 빛이라."1:1-4 이 문장들은 복음서의 시작부터 곧바로 예수 그리스도의 탁월한 의미를 드러낸다. 그는 "**말씀**"이다. 이 구절들에서 "**말씀**"이라는 표현은 성경을 함의할 수

---

92) 2절을 참조.
93) "그리스도 사건(Christusgeschehen, Christusereignis)" 또는 "예수 그리스도 이야기"는 신학에서 하나님께서 예수에게, 그리고 예수를 통해 일하심을 가리킨다. 내가 이후에 예수 그리스도의 "인격에 대해" 말하면, 거기에는 언제나 하나님께서 이 인격에게, 그리고 이 인격을 통해 일하심이 함의되어 있다.
94) 이는 "시카고 선언"에서 드러난다. 4장 뒤에 있는 부설을 참조.
95) 나는 아래의 설명에서 신약에 나오는 "계시"라는 단어를 중심으로 하는 언어군(群)에 방향을 맞춘다. 여기에는 다음의 단어들이 관련되어 있다: apokalyptein(덮개를 벗기다, 폭로하다), apokalypsis(폭로), phaneroun, phainein, epihainein(번쩍 빛나다, 나타나다), phanerosis, epiphaineia(나타남), opht?nein(나타내다), mysterion(비밀). 이 개념들은 "계시"라는 주제와 관련된 신약의 100개 이상의 진술들 및 신약성경의 가장 커다란 부분의 이해와 직결된다. 이는 결론을 이끌어 낼 만한 충분한 토대이다.

없다. 성경은 "태초에" 하나님과 함께 있지도 않았고, 창조에 있어서 중개자 역할을 하지도 않았다.96) 지은 바된 만물이 이 말씀으로 말미암는다면, 성경도 이 말씀으로 말미암은 것이다. "말씀"에 대한 그 뒤의 진술들도 마찬가지로 성경에 적용될 수 없다: "말씀이 육신이 되어 우리 가운데 거하시매 우리가 그 영광을 보니 아버지의 독생자의 영광이요 은혜와 진리가 충만하더라."1:14 이 구절은 하나님의 결정적인 계시에 대해 이야기하고 있다. 이 구절은 과거형"되었다", "보았다"으로 되어 있다. 즉 결정적인 계시는 요한복음을 써 내려가기 전에 이루어진 것이다. 그렇다면 요한복음은 결정적인 계시일 수 없다. 14절은 "육신이 된." 계시에 대해서 말하고 있다. 이는 "책으로 된" 계시와 뭔가 다른 것이다. 사람들이 **볼** 수 있는 한 인격의 "영광"이 언급되는 것이지, 읽을 수 있는 두루마리의 영광에 대한 언급이 아니다. 성경 어디에서도 "말씀이 책이 되었다"는 문장을 찾을 수 없다. 예수 그리스도께서 하나님의 "말씀"이라면, 성경은 예수 그리스도께 이끌어 주는 인도자의 의미에서만 하나님의 말씀일 수 있다. 요한복음 첫 부분을 마무리짓는 문장들은 다음과 같다: "율법은 모세로 말미암아 주신 것이요 은혜와 진리는 예수 그리스도로 말미암아 온 것이라. 본래 하나님을 본 사람이 없으되 아버지 품 속에 있는 독생하신 하나님이 나타내셨느니라."1:17 이하 이 문장들은 이제까지의 계시의 역사와의 **현격한 차이**를 확언하고 있다. "은혜."와 "진리"의 개념이이미 14절에서 그랬던 것처럼 예수 그리스도께 귀속된다. 완전한 의미의 "은혜"와 "진리"는 이스라엘 민족의 거룩한 책에 이미 있었던 것이 아니라, 예수 안에서 비로소 나

---

96) 다음과 같이 말하는 것은 불가능하다: "태초에 성경이 계시니라. 이 성경이 하나님과 함께 계셨으니 이 성경은 곧 하나님이시니라. 성경이 태초에 하나님과 함께 계셨고 만물이 성경으로 말미암아 지은 바 되었으니 지은 것이 하나도 성경이 없이는 된 것이 없느니라." 이 문장들을 성경에 적용시키는 것이 불가능하다는 사실 속에서 예수 그리스도와 성경의 지위에 차이가 있음이 드러난다.

타났다. "아무도… 없으되", "독생자", "아버지 품" 등의 말과 특히 "하나님독생하신-역주"97)이라는 표현은 예수 그리스도의 독특하고 비길 데 없는 역할을 강조한다.98)

이제 요한복음에서 "계시하다"phaneroun라는 말이 사용된 모든 곳을 조망하겠다: 세례 요한은 예수 그리스도를 "이스라엘에게 나타내려"1:31 한다. 예수의 첫 기적과 관련하여 이렇게 기록되어 있다: "그 영광을 나타내시매."2:11 예수의 형제들이 그에게 "자신을 세상에 나타내소서"7:4라고 말한다. 예수는 그의 고별사에서 "나를 사랑하는 자는 내 아버지께 사랑을 받을 것이요 나도 그를 사랑하여 그에게 나를 나타내리라"14:21라고 말씀하신다. 예수는 기도 중에 그가 세상에서 계셨던 것의 의미에 대해 다음과 같이 요약하신다: "내가 아버지의 이름을 나타내었나이다."17:6, 17:26; 99)을 참조 예수의 부활 후에 있었던 일이 다음과 같이 묘사된다: "그 후에 예수께서 디베랴 바다에서 또 제자들에게 자기를 나타내셨으니 나타내신 일이 이러하니라"21:1 그리고: "이것은 예수께서 죽은 자 가운데서 살아나신 후에 세번째로 제자들에게 나타나신 것이라."21:14 이상 언급한 **모든** 곳에서 "계시하다"라는 말은 **예수 그리스도**와 관계된다. 계시는 그에게서 출발하고 그의 인격을 내용으로 한다. "계시하다"라는 말이 유대교의 거룩한 책이나 요한복음이나 원시기독교의 다른 문서를 가리키는 곳은 한 군데도 **없다**.

마찬가지로 예수의 "나는 …이다"라는 말씀들도 계시를 자신의 인

---

97) 유대교가 당대에 유일한 유일신 종교였다는 것이 고려되어야 한다. 유대적 확신에 따르면 하나님과 인간 사이에는 건너 뛸 수 없는 차이가 있다. 따라서 "하나님"이라는 표현은(요1:1도 참조) 유대인들이 듣기에 터무니없는 것이다.
98) 다음의 요한일서 말씀은 오직 예수 그리스도에게만 적용된다: "태초부터 있는 생명의 말씀에 관하여는 우리가 들은 바요 눈으로 본 바요 주목하고 우리 손으로 만진 바라"(요일1:1). 그래서 예수 그리스도에 대해서 다음과 같이 말할 수 있는 것이다: "그 이름은 '하나님의 말씀'이라 칭하더라"(계19:13).
99) "이름"이란 하나님의 본질을 가리킨다.

격에 집중시킨다.100) 예수의 계시자 역할이 가장 극명하게 드러나는 것은 다음 문장이다: "나를 본 자는 아버지를 보았다."14:9 이 독특한 말의 근간은 아버지와 아들의 **상호간의 앎과 통일성**이다.10:15, 30, 16:15, 17:10, 25을 참조 요한복음은 아버지가 아들에게 하는 포괄적인 전권위임을 여러차례 강조한다.3:35, 10:29, 13:3 그래서 아들은 "만물 위에." 3:31 있다. 아버지는 아들에게 "만민을 다스리는 권세"17:2를 주셨다. 그는 아들에게 "심판"도 맡기셨는데, "이는 모든 사람으로 아버지를 공경하는 것같이 아들을 공경하게 하려 하심이다."5:22이하 성경에 대한 구절이 아니다: "이는 모든 사람으로 아버지를 공경하는 것같이 성경을 공경하게 하려 하심이다." 이러한 말은 아들의 독특한 품격과 모순이 될 것이다. 요한복음에 따르면 성경이 아니라 예수 그리스도가 하나님의 결정적인 계시이다.

요한복음을 보면, 예수의 인격이 그러하듯, **예수의 말씀**도 유대교의 거룩한 책의 말씀보다 우위에 있다. 인간의 영원한 구원이 예수의 말씀에서 결정된다: "진실로 진실로 너희에게 이르노니 사람이 내 말을 지키면 죽음을 영원히 보지 아니하리라."8:51 "내가 진실로 진실로 너희에게 이르노니 내 말을 듣고 또 나 보내신 이를 믿는 자는 영생을 얻었고 심판에 이르지 아니하나니 사망에서 생명으로 옮겼느니라."5:24 요한복음에는 "진실로Amen"라는 말로 연결된 약속들 중 거룩한 책과 관련된 것이 없다. 그것은 예수의 말씀에만 적용된다. "내가 너희에게 이른 말이 영이요 생명이라."6:63) 베드로는 예수께 "영생의 말씀"6:68이라고 말한다. 이러한 진술들을 고려하면, 요한복음에서 성경을 가리켜

---

100) 예수는 요한복음에서 말씀하신다: "내가 곧 생명의 떡"(6:35); "세상의 빛"(8:12); "문"(10:9); "선한 목자"(10:11); "부활이요 생명"(11:25); "길이요 진리요 생명"(14:6); "참 포도나무"(15:1) 이다.

썼던 표현을 예수의 말씀에 적용시키는 것은 생각할 수 없는 일이다: "**너희가** 성경에서 영생을 얻는 **줄 생각하고.**"5:39 영생은 예수 그리스도만이 인간에게 줄 수 있는 선물이다. "너희가 내 말에 거하면 참 내 제자가 되고 진리를 알찌니 진리가 너희를 자유케 하리라."8:31이하 "너희는 내가 일러 준 말로 이미 깨끗하였으니."15:3 어디에도 "너희는 거룩한 책으로 이미 깨끗하였으니"라는 말이 없다. 다음의 약속도 광범한 영향력을 지닌다: "너희가 내 안에 거하고 내 말이 너희 안에 거하면 무엇이든지 원하는대로 구하라 그리하면 이루리라."15:7 이 모든 약속들은 **특별하게** 예수의 말씀과 관련된 것이지, 성경 말씀 일반과 관련된 것이 아니다. 예수의 말씀은 그 권위를 거룩한 책에서 끌어오는 것이 아니다. 그 말씀은 자신의 권위와 주권이 있다. 최후의 날 그 말씀은 심판의 기능을 가질 것이다.101) "너희가 나를 사랑하면 나의 계명을 지키리라… 나의 계명을 가지고 지키는 자라야 나를 사랑하는 자니… 나를 사랑하지 아니하는 자는 내 말을 지키지 아니하나니."14:15-24 예수는 어디에서도 "나를 사랑하는 자는 거룩한 책의 말씀을 지키리라"라고 말하지 않는다. 예수는 요한복음에서 거룩한 책의 계명에 대해서 말하지 않는다. 계명이라 함은 언제나 **자신의 계명**을 말한다.102) "보혜사 곧 아버지께서 내 이름으로 보내실 성령 그가 너희에게 모든 것을 가르치시고 내가 너희에게 말한 모든 것을 생각나게 하시리라."14:26

---

101) 예수의 공적인 출현을 기록하고 있는 요한복음의 전반부는 다음의 말씀으로 끝을 맺는다: "사람이 내 말을 듣고 지키지 아니할찌라도 내가 저를 심판하지 아니하노라. 내가 온 것은 세상을 심판하려 함이 아니요 세상을 구원하려 함이로라. 나를 저버리고 내 말을 받지 아니하는 자를 심판할 이가 있으니 곧 나의 한 그 말이 마지막 날에 저를 심판하리라. 내가 자의로 말한 것이 아니요 나를 보내신 아버지께서 나의 말할 것과 이를 것을 친히 명령하여 주셨으니 나는 그의 명령이 영생인줄 아노라. 그러므로 나의 이르는 것은 내 아버지께서 내게 말씀하신 그대로 이르노라"(12:47-50).
102) 서로 사랑하라고 제자들에게 주신 계명이 관건이다(13:34이하). 예수는 이 계명을 여러차례 언급한다(14:15, 21, 15:9, 12, 17을 참조).

요한복음에 따르면 성령은 제자들에게 거룩한 책이 아니라, 특별히 **예수**께서 그들에게 말씀하신 것을 상기시킨다. 예수의 인격과 말씀이 결정적인 표준이다: "내가 와서 저희에게 말하지 아니하였더면 죄가 없었으려니와 지금은 그 죄를 핑계할 수 없느니라."15:22 "진실로 진실로 너희에게 이르노니 죽은 자들이 하나님의 아들의 음성을 들을 때가 오나니 곧 이 때라. 듣는 자는 살아나리라."5:25 요한복음에서 예수의 말씀은 **특별한 의미**에서 하나님의 말씀이다: "하나님의 보내신 이는 하나님의 말씀을 하나니."3:34 "너희의 듣는 말은 내 말이 아니요 나를 보내신 아버지의 말씀이니라."14:24 103)예수를 믿지 않는 사람은 하나님의 말씀을 가질 수 없다: "그 말씀이 너희 속에 거하지 아니하니 이는 그의 보내신 자를 믿지 아니함이니라."5:38 요한복음에서 "그의 말씀" 또는 "당신의 말씀"이라는 표현은 성경을 의미하는 것이 아니고, 특별하게 예수께서 아버지로부터 들은 말씀을 의미한다. 이는 유명한 구절 "저희를 진리로 거룩하게 하옵소서 아버지의 말씀은 진리니이다"17:17에도 적용된다. 여기서 "아버지의 말씀"은 성경이 아니라, 특별히 **예수의 말씀**을 의미한다. 8:31이하를 참조

요한복음에서 유대교의 **거룩한 책**은 무슨 의미를 가지는가?104) 거룩한 책은 예수 그리스도 안에서 성취된다. 2:22, 6:45, 12:13-16, 37-41, 13:18, 15:25, 17:12, 19:24, 28이하, 20:9을 참조 예수 그리스도에 대한 신앙은 거룩한 책에 **부합**한다. 1:45, 5:39, 46이하, 7:38 예수는 "모세가 율법에 기록하였고 여러 선지자가 기록한 그이"1:45이다. 즉 거룩한 책은 그를

---

103) 8:26, 28, 47, 55, 12:49이하, 14:10, 24, 15:15, 17:8, 14을 참조.
104) 요한복음은 거룩한 책과의 연관으로 가득차 있다. 이는 직접적인 인용 및 지시와 관련하여서 뿐만이 아니다. 간접적인 연관은 훨씬 더 많다. 이는 요한복음의 독자가 거룩한 책을 잘 알고 있어서, 분명한 지시가 없어도 각각의 연관들을 훤히 꿰뚫고 있음을 전제하고 있다.

증거한다: "너희가 성경에서 영생을 얻는줄 생각하고 성경을 상고하거니와 이 성경이 곧 내게 대하여 증거하는 것이로다."5:39 유대교 및 원시 기독교 전체에게 그랬듯이 거룩한 책은 요한복음에서도 "**하나님의 말씀**"10:35이다.105) 그래서 그 책은 "폐하지 못한다." 즉 효력을 상실하지 않는다. 거룩한 책이 요한복음에서 얼마나 귀하게 평가받았는지는 무엇보다 다음의 두 진술에서 드러난다: "모세를 믿었더면 또 나를 믿었으리니 그가 내게 대하여 기록하였음이라. 그러나 그의 글도 믿지 아니하거든 어찌 내 말을 믿겠느냐."5:46이하 그리고: "나를 믿는 자는 **성경에 이름과 같이** 그 배에서 생수의 강이 흘러나리라."7:38 이 약속은 예수 그리스도와 거룩한 책이 얼마나 밀접하게 연관되어 있는지 분명하게 해준다. 그러나 바로 이 약속에서, 성경이 예수 그리스도와 동급이 **아님**이 나타난다. 이 약속은 다음과 같이 표현되지 않았다: "성경을 믿는 자는 내가 말하는 것같이…." 혹은 심지어 "성경을 **신앙하는** 자는 내가 말하는 것같이…."106) 예수 그리스도가 중심에 있고, 성경은 그에 대해 진입로와 같은 역할을 한다. 요한복음에 따르면 성경을 "성취하는," 즉 성경을 그 목표점으로 가져다 놓는 자가 성경 **위에** 있다. 요한복음에서는 예수 그리스도와 관련하여서만 거룩한 책이 영향력이 있다. 예수 그리스도를 증거하는 기능이 아니면, 거룩한 책은 요한복음에서 언급되지 않는다.

    요한복음 자체는 요한복음에 의하면 무슨 과제를 가지고 있는가? 유대교의 거룩한 책이 가지고 있는 것과 같은 과제를 가지고 있다: 요한복음은 예수 그리스도 안에 있는 하나님의 계시를 **증거**한다. 이는 요한복음의 결어結語에서 드러난다: "이 일을 **증거하고** 이 일을 기록한

---

105) 요한복음에 있어서, 거룩한 책이 "하나님의 말씀"이라는 것은, 그 책이 예수 그리스도와 동급이라거나 같은 품격을 가진다는 뜻이 결코 아니다.
106) 3장 4절을 참조.

제자가 이 사람이라. 우리는 그의 **증거**가 참인줄 아노라."21:24 즉 요한복음은 그 자체로 하나님의 결정적인 계시가 아니라, 그것은 예수 그리스도 안에 있는 하나님의 결정적인 계시를 증거한다.

요한일서도 똑같다. 이 서신의 시작부분에 다음과 같은 글이 있다: "이 생명이 나타내신 바 된지라. 이 영원한 생명을 우리가 **보았고 증거하여** 너희에게 전하노니 이는 아버지와 함께 계시다가 우리에게 나타내신 바 된 자니라."요일1:2 다시금 계시 및 그 내용이 성경과 연관되지 않고, 예수 그리스도의 인격과 연관된다. 그렇다면 요한일서가 결정적인 계시일 수 없다. "하나님의 아들이 나타나신 것은 마귀의 일을 멸하려 하심이니라."요일3:8 "하나님의 사랑이 우리에게 이렇게 나타난 바 되었으니 하나님이 자기의 독생자를 세상에 보내심은 저로 말미암아 우리를 살리려 하심이니라."요일4:9 이 구절은 다음과 같이 씌어 있지 않다: "하나님의 사랑이 우리에게 이렇게 나타난 바 되었으니 예수의 제자들이 영감된 글을 쓰게 하려 하심이니라." 결정적인 계시의 본질은 글을 쓰는 것에 있지 않고, 아들을 보내심에 있다.

다른 세 복음서는 그렇게 강한 필체로 예수 그리스도를 하나님의 계시자 내지 하나님의 계시로서 묘사하지 않는다. 거기에는 "계시."라는 단어를 중심으로 하는 언어군群의 개념이 거의 나오지 않는다. 그러나 상황은 결과적으로 마찬가지이다. 세 복음서에서도 "계시"란 예수 그리스도 안에 일어난 계시사건이다: "내 아버지께서 모든 것을 내게 주셨으니 아버지 외에는 아들을 아는 자가 없고 아들과 또 아들의 소원대로 계시를 받는 자 외에는 아버지를 아는 자가 없느니라."마11:27; 눅10:22 예수의 이 말씀 속에서 모든 하나님의 계시는 아들과 연결되어 있다. "아버지를 아는 자가 **없느니라**"라는 말이 이제까지의 계시의 역사에 무슨 의미를 가지는지 분명히 하라! 예수의 이 말씀은 다음과 같이 바꿔 쓸 수 없다: "하나님께서 모든 것을 성경에게 주셨으니 성경과 또 성경의 계시를 받는 자 외에는 아버지를 아는 자가 없느니라…" 누가복음에는 그 외에도 갓 태어난 예수를 바라보는 늙은 시므온의 선지자적 말씀이 있다: "주재여 이제는 말씀하신대로 종을 평안히 놓아 주시는도다. 내 눈이 주의 구원을 보았사오니 이는 만민 앞에 예비하신 것이요 이방을 비치는 빛이요 주의 백성 이스라엘의 영광이니이다."눅2:29-32 **인격으로서의 예수 그리스도**가 "계시의 빛"phos eis apokalypsin이다. 세 복음서 모두에 예수께서 제자들에게 하신 말씀이 기록되어 있다: "하나님 나라의 비밀을 너희에게는 주었다."마13:11; 막4:11; 눅8:10 이는 하나님 나라의 비밀이 예수의 인격 속에서 제자들에게 계시되었다는 뜻이다.

바울에게는 다메섹 근처에서 부활하신 이를 만난 것이 하나님의 결정적인 계시이다. 이 만남이 그를 송두리째 바꾸어 놓았다. 성경이 아니라 부활하신 이가 사울을 바울로 만들었다. 그 뒤 바울은 전에 유익했던 것을, "내 주 그리스도 예수를 아는 지식이 가장 고상함을 인하여" 해와 배설물로 여긴다.빌3:7-10 부활하신 이와의 만남 속에서 바울은 사도로 부르심을 받았다. 이 만남을 통하여 그의 거룩한 책에 대한 이해도 바뀌었다. 이 결정적인 계시에 대해 바울은 다음과 같이 말한다: 하나님께서 "그를 내 속에 나타내시기를" 기뻐하셨다.갈1:15이하 바울은 그가 전파하는 복음을 "예수 그리스도의 계시"를 통하여 받았다.갈1:12 바울은 이 계시를 모든 그리스도인들의 믿음의 근간으로 여긴다: "내가 받은 것을 먼저 너희에게 전하였노니 이는 성경대로 그리스도께서 우리 죄를 위하여 죽으시고 장사 지낸 바 되었다가 성경대로 사흘만에 다시 살아나사 게바에게 보이시고계시하시고 후에 열두 제자에게와 그 후에 오백 여 형제에게 일시에 보이셨나니계시하셨나니 그 중에 지금까지 태반이 살아 있고 어떤 이는 잠들었으며 그 후에 야고보에게 보이셨으며계시하셨으며 그 후에 모든 사도에게와 맨 나중에 만삭되지 못하여 난 자 같은 내게도 보이셨느니라.계시하셨느니라"고전15:3-8 인용된 모든 부분에서 바울은, "계시"를 부활한 이와의 인격적인 만남으로 이해한다. 그는, 그에게 있어서 결정적인 이 고백의 말 중 어디에서도, "계시"를 유대교의 거룩한 책이나 본인의 편지의 텍스트라고 여기지 않는다. 요한복음에서와 마찬가지로 성경은 바울에게도 예수 그리스도 안에 있는 계시사건의 **증거**이다: "이제는 율법 외에 하나님의 한 의가 나타났으니 율법과 선지자들에게 증거를 받은 것이라. 곧 예수 그리스도를 믿음으로 말미암아 모든 믿는 자들에게 미치는 하나님의 의니 차별이 없느니라."롬3:21이하 이 인용문은 과거형으로 되어 있다. 즉 하나님의 의의 계시는 이미 얼마 전에 일어났다. 그렇다면 이 "계시."는 로마서의 텍스트일 수 없다. 그것은 예수 그리스도 안에서의 하나님의 계시이다. 바울은 이 사건 속에서 때가 찼음을 본다: "때가 차매 하나님이 그 아들을 보내사."갈4:4; 상응하는 요일4:9을 참조 신약성경을 기록함이 아니라 아들을 보내심이 결정적인 계시사건이다. 기독교적 시간계산은 신약성경의 생성이 아니라 아들의 보내심에 맞추어져 있다.

신약성경의 다른 서신서에 있는 많은 진술들도 이제까지의 논지를 뒷받침한다: "크도다 경건의 비밀이여, 그렇지 않다 하는 이 없도다. 그는 육신으로 나타난 바 되고 영으로 의롭다 하심을 입으시고 천사들에게 보이시고 만국에서 전파되시고 세상에서 믿은 바 되시고 영광 가운데서 올리우셨음이니라."딤전3:16 은혜가 "이제는 우리 구주 그리스도 예수의 나타나심으로 말미암아 나타났으니."딤후1:9이하 "우리 구주 하나님의 자비와 사람 사랑하심을 나타내실 때에 우리를 구원하시되."
딛3:4이하 "모든 사람에게 구원을 주시는 하나님의 은혜가 나타나"딛
2:11, 과거형 **베드로전서**도 주요 단어 "계시"를 예수 그리스도의 인격과
연결시킨다: "그러므로 너희 마음의 허리를 동이고 근신하여 **예수 그
리스도의 나타나실** 때에 너희에게 가져 올 은혜를 온전히 바랄찌어
다."벧전1:13 그리스도는 "이 말세에 너희를 위하여 나타내신 바 되었으
니 너희는 … 하나님을 그리스도로 말미암아 믿는 자"이다.벧전1:20이하
히브리서에는 다음과 같이 씌어 있다: "이제 자기를 단번에 제사로 드
려 죄를 없게 하시려고 세상 끝에 나타나셨느니라."히9:26 전에 인용했
던 모든 구절들과 마찬가지로 히브리서에서도 "계시하다"라는 단어는
책이나 원시 기독교의 두루마리가 아닌, 예수 그리스도의 인격 및 그
구원의 의미와 연관된다.

신약성경의 마지막 책 **요한계시록**은 특별한 경우이다. 요한계시록도
예수 그리스도 안에 있는 하나님의 자기계시의 근본적인 의미를 전제
하고 있기는 하지만, 주요한 단어인 "계시"는 써 내려간 텍스트와 밀접
하게 연관되어 있다. 이는 묵시문서의 전형적인 모습이다. 묵시문서에
서는 **씌어진** 말이 계시의 매개임이 강조된다.107) 묵시문서는 당대의
유대교에 더 많았다. 그것은 무엇보다도 심한 궁핍의 시간과 박해 때
씌어 졌다. 이 문헌의 중심에 서 있는 것은 인간 역사의 마지막 시기,

---

107) 부활하신 이가 기록하라고 하신 분명한 부분이 주목되어야 한다: "너 보는 것을 책
에 써서 … 일곱 교회에 보내라"(계1:11). 요한계시록의 시작 부분에 다음과 같은 구절
이 있다: "이 예언의 말씀을 읽는 자와 듣는 자들과 그 가운데 기록한 것을 지키는 자
들이 복이 있나니 때가 가까움이라"(계1:3). 그리고 끝 부분에는 다음의 말씀이 있다:
"내가 이 책의 예언의 말씀을 듣는 각인에게 증거하노니 만일 누구든지 이것들 외에
더하면 하나님이 이 책에 기록된 재앙들을 그에게 더하실 터이요 만일 누구든지 이 책
의 예언의 말씀에서 제하여 버리면 하나님이 이 책에 기록된 생명 나무 및 거룩한
성에 참예함을 제하여 버리시리라"(계22:18이하). 문자화된 텍스트에 대한 이에 상응
하는 진술은 신약성경 어디에서도 발견되지 않는다.

세상의 종말, 세상의 심판이었다. 이는 요한계시록도 마찬가지이다. 요한의 계시는 신약의 유일한 묵시문서이다. 이 책에서는 "속히 될 일" 계 1:1을 다룬다. 곧 일어날 일에 대한 계시는 예수 그리스도 안에서의 하나님의 근본적인 자기계시와 똑같은 의미를 지니지 않는다. 요한의 계시는 예수 그리스도 안에서의 하나님의 자기계시라는 **토대 위에서** 일어난 부가적 계시이다.

요점 정리: 신약성경의 조사는 분명한 결과를 나타냈다. 예수 그리스도 안에서의 하나님의 자기계시가 **결정적인** 계시이다. 이 계시를 통하여 기독교와 기독교적 신앙이 생겼다. 원시기독교의 견해에 따르면, 유대교의 거룩한 책도, 원시기독교적 문서들도 이와 비교될 만한 중심적 역할을 하지 못한다. 신약의 첫 권이 씌어지기 전에 이미 기독교적 신앙이 있었다. 신약의 책들은, 그 이전에 예수 그리스도 안에서의 하나님의 근본적인 자기계시가 일어났다는 바로 그 이유 때문에 비로소 씌어질 수 있었다. 원시기독교적 견지에서는 유대교의 거룩한 책도, 원시기독교의 문서들도 예수 그리스도 안에서의 하나님의 자기계시를 증거한다. 이러한 시각은 요한복음에서 특히 분명하게 나타난다. 하지만 바울도, 그리고 다른 신약성경의 기록자들도 그와 같은 시각을 가지고 있다. 예수 그리스도 안에서의 하나님의 자기계시로부터 **독립된** 어떠한 계시도 신약성경에 언급되지 않는다. 이는 다른 모든 계시들보다 탁월한 이 계시의 우위를 반증한다. 예수 그리스도 안에서의 하나님의 자기계시인간이 되는 "**단번에**" 히9:26 일어났다. 이 계시는 기독교적 신앙의 **근원**이요 **근간**이며, 그것의 **내용**과 **목표**이기도 하다.108) 신약의 정보

---

108) 기독교적 신앙의 근원과 근간과 내용과 목표로서의 예수 그리스도에 관하여는 Härle, *Dogmatik*, 81-110을 참조.

에 의하면 모든 것을 결정하는 하나님의 계시는 문장이나 책의 형태가 아니라, **인간적인 인격**이라는 형태로 일어났다. 인격의 형태를 띤 계시는 텍스트와 문자의 형태를 띤 계시보다 더 깊은 의미에서 **인격적인** 하나님과 잘 어울린다. 인격적인 하나님은 책 안에서와는 달리 인격 안에 거하신다.109) 하나님은 오직 예수 그리스도의 형상 안에서만 어린이를 품에 안거나막10:13-16을 참조 죄인들과 식탁을 함께 하실 수 있다. 책은 누구를 품에 안거나 함께 식사할 수 없다.

4.4 계시의 전달

성경이 아니라 예수 그리스도가 하나님의 결정적인 계시라는 것이 분명해진 지금, 우리는 **두번째** 질문을 던져야 한다: 이 결정적인 계시가 어떻게 인간에게 알려지는가? 예수 그리스도 안에서 하나님의 계시가 일어난 것은 가능하면 많은 사람들이 듣도록 하기 위함이었다. 그런 이유로 **계시의 전달**에 대한 질문은 큰 의미를 지닌다. 계시와 계시의 전달은 신약성경에서 끊을 수 없는 **전체적 연관**을 형성한다. 하나님 스스로가 계시의 전달에 관여하신다. 따라서 그것도 **계시로서의 질을** 가진다: "**복음에는** 하나님의 의가 나타나서 믿음으로 믿음에 이르게 하나니…"롬1:17; 딤후1:10을 참조 110) 계시의 전달은 구두적 선포를 통해서도, 문자적 선포를 통해서도 가능하다. 기독교에 "신약"이 있게 된 이후로는 복음의 구두적 선포는 기독교의 성경에 **근거**를 둔다. 계시의 전달의 큰 의미는 신약의 많은 진술들을 통해 드러난다.

바울의 글이다: "이는 하나님께서 그리스도 안에 계시사 세상을 자기와 화목하게 하시며 저희의 죄를 저희에게 돌리지 아니하시고 화목

---

109) 여기에서 하나님의 "인격성" 및 이와 연관된 질문들에 대하여 상세히 다룰 수 없다.
110) 롬1:17에서 "복음"이란 바울이 아직 알 수 없었던 사 복음서를 의미하는 것이 아니라, 예수 그리스도에 관한 기쁨의 소식이 말로 선포된 것을 뜻한다.

하게 하는 말씀을 우리에게 부탁하셨느니라. 이러므로 우리가 그리스도를 대신하여 사신이 되어 하나님이 우리로 너희를 권면하시는 것 같이 그리스도를 대신하여 간구하노니 '너희는 하나님과 화목하라.'"고후 5:19이하 화목의 **사건**예수 그리스도 안에서의 하나님의 계시 속에 화목의 **말씀**이 사건의 선포도 속해 있다. 하나님께서 스스로 이 연관을 "설정하셨다." 이는 이 연관이 얼마나 중요한지 말해 준다. 누구복음 24장 46절 이하의 말씀은 이에 상응하는 구절이다: "또 이르시되 이같이 그리스도가 고난을 받고 제 삼일에 죽은 자 가운데서 살아날 것과 또 그의 이름으로 죄 사함을 얻게 하는 회개가 예루살렘으로부터 시작하여 모든 족속에게 **전파될** 것이 기록되었으니."무엇보다 마태복음 28장 16-20절의 선교명령을 참조 사도행전의 첫 부분에는 부활하신 이가 그의 제자들에게 하신 말씀이 씌어 있다: "오직 성령이 너희에게 임하시면 너희가 권능을 받고 예루살렘과 온 유대와 사마리아와 땅 끝까지 이르러 내 증인이 되리라."행1:8, 26:23을 참조

성령은 지금까지의 유대 종교사에서 보다 초기 기독교에서 더 큰 역할을 한다. 그의 일하심에는 **계시**의 의미가 있다. 성령은 사도들과 원시 기독교 교회들에게 예수 그리스도 안에서의 하나님의 자기 계시의 **참뜻**과 **의미**를 계시한다. 그래서 원시 기독교 교회에는 예언 내지 계시의 은사가 있었다: "그런즉 형제들아 어찌할꼬 너희가 모일 때에 각각 찬송시도 있으며 가르치는 말씀도 있으며 계시도 있으며 방언도 있으며 통역함도 있나니 모든 것을 덕을 세우기 위하여 하라."고전14:26, 12:7, 14:6, 30; 빌3:15을 참조 "지혜와 계시의 정신"엡1:17이 없이는 예수 그리스도 안에서의 하나님의 계시가 우리에게 무엇을 의미하는지 이해할 수 없다. "곧 계시로 내게 비밀을 알게 하신 것은 내가 이미 대강 기록함과 같으니 이것을 읽으면 그리스도의 비밀을 내가 깨달은 것을 너희

가 알 수 있으리라. 이제 그의 거룩한 사도들과 선지자들에게 성령으로 나타내신 것 같이 다른 세대에서는 사람의 아들들에게 알게 하지 아니하셨으니."엡3:3-5; 고전2:10, 14:6; 골1:26이하를 참조 "자기 때에 자기의 말씀을 전도로 나타내셨으니 이 전도는 우리 구주 하나님의 명대로 내게 맡기신 것이라."딛1:3 즉 원시 기독 교회의 사도들과 선지자들은 계시를 받은 자들이다.111)

원시 기독 교회의 삶에 있어서 계시들복수명사은 예수 그리스도 안에서 일어난 근본적인 계시와 언제나 연관된다. 이 계시들은 원시 기독교의 사도들과 선지자들을 예수 그리스도 안에 있는 근본적인 계시의 **전달자**로 만든다: "우리로 말미암아 각처에서 그리스도를 아는 냄새를 나타내시는…"고후2:14 "우리가 항상 예수 죽인 것을 몸에 짊어짐은 예수의 생명도 우리 몸에 나타나게 하려 함이라."고후4:10 **계시의 전달**이라는 의미에서 **원시 기독교적 문서들**도 계시로서의 질을 지닌다: "나의 복음과 예수 그리스도를 전파함은 영세 전부터 감추었다가 이제는 나타내신바phanerontentos 되었으며 영원하신 하나님의 명을 좇아 선지자들의 글로 말미암아 모든 민족으로 믿어 순종케 하시려고 알게 하신 바gnoristentos 그 비밀의 계시apokalypsin mysteriou를 좇아 된 것이니 이 복음으로 너희를 능히 견고케 하실."롬16:25이하 여기서 "선지자들의 글"이란 **원시 기독교의 문서들**을 뜻한다. 이 본문은 예수 그리스도 안에서의 근본적인 계시사건apokalypsin mysteriou; phanerontentos과 원시 기독교의 문서들을 통한 이 계시사건의 "알리기gnoristentos"를 분명하게 구분한다.112)

---

111) 원시 기독 교회에는 사도와 교사와 복음전하는 자외에도 선지자들이 있었다(예를 들어 행11:27, 13:1; 고전12:28을 참조). 그 중 사도들이 선지자나 그 외의 원시 기독교적 직분보다 더 큰 권위를 가지고 있었다.
112) 벧후1:19의 "예언"이라는 표현도 마찬가지로 원시 기독교의 선지자들 내지 문서들을 지칭하는 것으로 보인다(벧후3:15-16을 참조).

만약 누군가 **원시 기독교의 문서들 자체**가 결정적인 계시라고 주장한다면, 그는 위에 인용된 신약의 진술들을 적합하게 판단하는 것이 아니다. 이는 **계시의 전달**이 곧 계시라고 주장하는 것이다. 예수 그리스도 안에서의 근본적인 계시사건을 계시의 전달과 동일시하는 사람은 사건의 두 가지 차원의 적절한 **구분**을 불가능하게 만든다. 근본주의 신학의 계시이해에 있어서의 중대한 오해가 바로 여기에 있다. 근본주의 신학은 **본래적인** 사건, 즉 예수 그리스도의 인격 안에서의 근본적인 계시사건을 신약의 문서들을 통한 이 사건의 전달과 구분하지 않는다. 예수 그리스도 안에서의 하나님의 자기계시는 결국 영감이라는 계시적 기적 뒤로 물러나고 "꿀꺽 삼켜져 버린다." 영감의 기적은 근본주의 신학에 있어서, 하나님께서 예수 그리스도 안에서 사람이 되셨다는 기적만큼 그렇게 중요하고 근본적이다.113) 이렇게 중요한 지점에서도 근본주의 신학은 "성경에 충실"하지 **않다**.114)

위에 서술한 정황에 근거하여 오늘날의 신·구교 신학은 "계시"의 개념을 **일차적으로** 예수 그리스도 안에서의 하나님의 자기계시로 이해한다. 그리고 이로부터 도출하여, 비로소 이차적으로, 우리에게 근본적인 계시를 **전달**해 주는 책으로서의 성경을 "계시"로 생각한다. 신약성경의 텍스트는 예수 그리스도 안에서의 하나님의 자기계시 외의 두번째 자기계시나, 말씀의 두번째 성육신이 아니다. 신약성경은 오히려 예수 그리스도 안에서의 하나님의 자기계시를 향해 **방향을 맞추고** 있다. 신약성경은 거기에서 자양을 얻는다. 성경의 대체불가능한 독특한 역할은 예수 그리스도 안에서의 하나님의 결정적인 계시행위를 **증거함**에

---

113) 이는 "시카고 선언"에서 극명하게 드러난다. 4장 뒤의 부설을 참조.
114) 그 외의 언급해야 할 점들은 "성경을 **신앙함**"(3장 4절을 참조), 즉 성경을 신격화하는 것, 삼위일체를 마땅히 거부되어야 할 바, 신적인 "사위일체"와 제대로 구분하지 못하는 것 등이다.

그 본질이 있다. 이 성경의 증거를 통해 예수 그리스도 안에서의 하나님의 자기계시의 모든 본질적인 관점들이 분명해지며, 이 증거를 통해 하나님 스스로가 우리에게 말씀하신다는이 증거 속에서 일하신다는 바로 **그 이유 때문에**, 성경이 예수 그리스도 안에 있는 계시사건에 함께 속하는 것이다. 예수 그리스도 안에서의 하나님의 자기계시와 이 계시사건의 **효과적인창조적인 전달**은 연관되어 있으나, 또한 그럼에도 불구하고 구분되어 있어야 한다. 이 **정돈된 통일성** 속에서 예수 그리스도 안에서의 하나님의 계시가 성경과 함께 기독교적 신앙의 근간을 형성한다. 여기에서 성경은 예수 그리스도의 종으로 머물러 있다.115)

17, 18세기 신교에서는 "신교적 정통주의"라고 불리는 신학적 유파가 주도적이었다.116) 신교적 정통주의에서 기독교 역사상 최초로 계시와 성경의 완전한 동일시가 이루어졌다.117) 신교적 정통주의에서 성경의 텍스트는 하나님의 결정적인 계시로 여겨졌다. 그래서 예수 그리스도 안에 있는 **인격적 계시사건**과 성경 텍스트의 차이가 시야에서 사라졌다. 예수 그리스도 안에서의 하나님의 자기계시가 더 이상 성경 텍스트와 구분되지 않았다.118) 이로써 성경보다 앞에 있는 예수의 우위, 즉 예수 그리스도와 성경의 범주적 구분이 없어졌다. "계시"와 "성경"이 동일하다면, 성경에 오류나 모순이 있어서는 안된다. 이는 곧 하나님의 계시의 오류와 모순이요, 결국 하나님 자신의 오류와 모순일 것이다.

---

115) 그래서 Härle는 예수 그리스도를 계시의 "일차적" 형상으로, 성경을 "**이차적**" 형상으로 칭한다(*Dogmatik*, 118이하).
116) 이 경우 "정통(Orthodoxie)"이라는 표현은 그리스, 동유럽, 그리고 근동의 "정교회"와 관계가 없다. 이는 오히려 구교의 반대편에서 "신교적 정통 신앙"을 지키려는 노력을 지칭한다.
117) 그러한 동일시의 조짐은 이미 중세 때에 있었다. 그러나 이 조짐을 신교적 정통주의에서 형성된 신학적 체계와 같게 볼 수는 없다.
118) 계시와 성경의 동일시가 이루어지게 된 이유들에 관하여는 6장 3절을 참조.

신교적 정통주의의 일방적인 계시이해는 나중의 신교 신학에 의해 다시 수정되었다. 이 계시이해는 신약성경도, 종교개혁자들의 신학도 적합하게 판단하지 못했음이 드러났다. 종교개혁자들에게 있어서는 신약에서나 초대교회에서와 마찬가지로 인격으로서의 예수 그리스도가 하나님의 결정적인 계시였다. 오늘날에는 신교적 근본주의만이 계시와 성경 텍스트의 동일시를 대변한다. 이 점에서 근본주의는 신교적 정통주의를 계승하고 있다.119) 근본주의 신학은 신교적 정통주의 **이후의** 신학적 발전을 전반적으로 부정적으로 평가한다. 19, 20세기의 신학은 너무 계몽주의의 영향을 받았고, 너무 "합리주의적"이라는 것이다. 싸잡아 하는 이 판단은 지난 이백년 간의 신학적 발전에 대한 사안에 맞는 세분화된 가치 인정을 불가능하게 만든다.

위에서 설명한 성경의 모습은, 예수와 성경의 상응함[유사성이120) 제한적임을 보여준다. 이 유사성은 지나치게 해석되어서는 안된다. 예수 그리스도의 우위를 **댓가로** 그 유사성을 강조한다면, 이는 지나친 것이다.121 예수 그리스도는 성경에 적용시킬 수 없는 특별한 의미에서 하나님의 말씀이요, 하나님의 계시요, 세상의 빛이다.

바르멘[부퍼탈] 시의 한 부분 신교 고백 총회는 이러한 인식을 토대로 1934년 5월 31일 바르멘 신학 선언의 제 1항을 통해 다음과 같이 선언했다:

---

119) 이에 관하여는 4장 끝의 부설과 6장 3-4절을 참조.
120) 1절을 참조.
121) 근본주의적인 성경이해를 가진 사람들은 예수 그리스도와 성경의 유사성을 제한없이 강조하여 양자 사이의 등급의 차이가 시야에서 사라지게 한다. 이 때 다음과 같은 비교가 즐겨 사용된다: "예수 그리스도께서 참 하나님이요 참 사람이듯이, 성경은 참 하나님의 말이요 참 인간의 말이다." 루터도 이 비유를 사용하였지만, 그는 이 비유의 한계를 알았다. 그는 성경에 대한 예수 그리스도의 우위를 댓가로 이 비유를 사용하지 않는다.

"성경이 우리에게 증거하듯이, 예수 그리스도는 우리가 듣고, 삶에서든 죽음에서든 신뢰하고 따라야 할 유일한 하나님의 말씀이다."122) 이 고백에 루터교회, 개혁교회, 자유교회국가에 소속되지 않은 교회-역주 등 18개 교회의 139명의 대표자들이 하나가 되었다. 바르멘 신학 선언은 히틀러와 그의 정강政綱을 지지했던 "독일 기독인"Deutsche Christen에 반대하였다. 많은 그리스도인들이 이 선언을 어두운 시대의 선지자적인 말로 느꼈다. 바르멘 신학 선언은 "성경은 유일한 하나님의 말씀이다"라고 말하지 않는다. 그것은 매우 의식적으로 "**예수 그리스도**는 유일한 하나님의 말씀이다"라고 말한다. 이로써 이 선언은 예수 그리스도와 성경의 범주적 등급구분을 놓치지 않고, 예수 그리스도는 성경보다 더 깊은 의미에서 "하나님의 말씀"으로 불려지는 것이 합당함을 고백하고 있다.

나는 위에서 설명한 성경의 모습을 다음의 지적을 통해 보충하고 싶다: 한 **사건**과 이 사건에 대한 나중의 구두 또는 문자적 **서술**(해석, 정리)은 구분되어야 한다. 사건에 대한 어떤 서술도 사건 자체와 동일하지 않다. 이는 그 서술이 영감을 받았다고 여겨질 수 있다 하더라도 그렇다. 그러므로 한 사건과 그 사건에 대한 차후의 언어적 서술은 서로 동일시되어서는 안된다. 그래서 예수 그리스도 안에서의 하나님의 자기계시라는 사건과 이 사건에 대한 차후의 신약적 서술은 구분되어야 한다. 이 사건에 대한 신약적 서술의 문제점과 불명료함은 사건 자체의 문제점과 불명료함이 아니다. 누군가 신약 텍스트의 모순이나 오류를 지적한다면, 이는 그가 예수 그리스도 안에서의 하나님의 계시를 오류나 모순으로 여긴다는 뜻이 아니다.

---

122) Burgmüller, *Erklärung*을 참조.

나는 이 내용을 한 가지 예를 통해 분명하게 만들려고 한다. 여러 명의 저자가 최초의 에베레스트산 정복에 대해 보도를 하였다고 가정해보자. 이 보도들을 자세히 읽으면, 거기에 오류가 있으며, 보도들 **사이에** 모순이 있음이 드러날 수 있다. 그러나 이는 최초의 에베레스트산 정복의 오류와 모순이 아니라, 이 사건에 **대한** 보도의 오류와 모순일 뿐이다. 최초의 에베레스트산 정복이 이것들을 통해 그 의미와 매혹을 잃어버리지 않는다. 이 보도들을 조사하고 오류와 모순을 발견한 사람에 대하여, 이 사람은 그것을 발견하지 못한 사람보다 최초의 에베레스트산 정복에 대해 덜 경탄하며 덜 감동한다고 무고해서도 안된다. 성경 텍스트에 있어서도 마찬가지다: 성경 텍스트에 대한 학문적 연구는 이 텍스트가 보도하고 있는 계시사건에 대한 비판이 아니다. 계시사건 자체에 대한 **비판**은 어느 인간에게도 합당치 않다.[123] 누군가 오늘날의 성서학에 대해 그런 식으로 싸잡아서 비방한다면, 그것은 커다란 오해이다. 하나님과 그의 계시에 대한 유일하게 합당한 태도는 **무제한적 신뢰**이다. 이는 신학적으로 논쟁의 여지가 없다. 그러나 계시사건에 대한 문자적 서술에 대해서는 조사해도 된다. 그것도 학문적으로, "비판적으로"[124] 말이다. 무엇보다, 하나님의 계시를 더 잘 이해하려는 목표가 설정되었을 경우에 그러하다.

4.5 빈번한 항변

근본주의적으로 방향이 잡힌 그리스도인들은 예수 그리스도에게 성경보다 앞서는 분명한 우위를 승인하는 것이 몹시 어렵다. 그들의 관점

---

[123] 예를 들어 다음과 같은 판단을 하는 것은 어느 인간에게도 합당치 않다: "나는 하나님이 예수 그리스도 안에서 자기를 계시하신 것이 좋지 않다고 생각해. 하나님이 다음과 같은 방식으로 자기를 계시하셨어야 더 좋았을 거야…"

[124] 여기에서 "비판"이라는 개념의 학문적인 사용이 이 단어의 일상적인 사용과 다르다는 것을 고려하는 것이 매우 중요하다. 이에 관해서는 8장 1절(다섯 번째 점)을 참조.

으로는, 성경이 **절대적** 권위를 가지고 하나님과 함께 가장 높은 권위의 층에 위치해 있기 때문에, 성경보다 더 높은 권위를 가질 자가 있을 수 없는 것이다. 비근본주의적 신학이 성경에 대한 예수 그리스도의 우위를 승인한다는 것을 근본주의적 특징의 그리스도인들이 들으면, 그들은 매우 빈번히 다음과 같이 항변한다: "우리가 예수 그리스도에 대한 중요한 모든 것을 오로지 성경에서 안다면, 어떻게 예수 그리스도께서 성경보다 우위를 차지할 수 있나요? 우리는 예수의 대한 상像을 오직 성경에서만 얻을 수 있습니다." 이 항변은, 그 지적하는 바가 전적으로 옳기 때문에, 많은 그리스도인들에게 설득력이 크다. 실제로 우리는 예수 그리스도에 대한 중요한 모든 것을 오로지 성경에서 안다.125) 당연히 모든 성서학자들도 그것을 알고 있다. 마틴 루터도 그것을 알고 있었다. **그럼에도 불구하고** 그는 예수 그리스도를 성경 위에 위치시켰다. 위의 항변은 예수 그리스도와 성경의 연관성을 매우 **일방적**이고 **불완전**하게 고려하고 있다. 위의 항변은 이 연관성의 중요한 관점들을 간과한다:

(1) 우리가 예수 그리스도에 대한 중요한 모든 것을 오로지 성경에서 안다는 것은 단지 예수 그리스도와 성경의 연관성의 **한** 측면에 불과하다. 우리는 **다른** 측면도 똑같이 고려하여야 한다: 예수 그리스도가 **아니었더라면** 신약도 없었을 것이다! 예수 그리스도 안에서 하나님의 자기계시가 일어났을 때, 신약은 아직 없었다. 신약이 존재한다는 것은 이 결정적인 사건 덕분인 것이다. 신약은 이 사건을 뒤돌아 보고 있으며 이 사건과 연관된다. 우리는 일차적으로 신약이 **있게 해준** 바로 그 사건을 높여야 한다. 신약은 예수 그리스도 덕분에 있는 것이다. 신약은 그에게서 생명을 얻고, 그를 선포하며, 그를 주제로 한다. 그러나 예

---

125) 1절을 참조.

수 그리스도는 신약을 주제로 하지 않는다. 예수 그리스도와 성경의 상관성을 아무리 강조하더라도, 이 차이를 흐려놓아서는 안된다. 위의 항변에서는 **이 관점이** 과소평가되거나 완전히 간과된다. 그렇지 않다면 그런 논지를 펴지 않을 것이다.

(2) 예수 그리스도를 성경 **위에** 위치시켜야 할 중요한 **근거들이** 있다. 나는 이 근거들을 앞선 세 절에서 상세히 다루었다. 이 근거들은 성경적으로 잘 뒷받침되고 있다. 위의 항변은 이 **근거들을** 폐기시키지 못한다. 우리가 예수 그리스도의 우위를 말해 주는 많은 중요한 관점들을 위의 항변 때문에 무시하고 잊어버려야 하겠는가? **그것이** 더 설득력이 있는가?

(3) 초기의 세 세대의 그리스도인들은 아직 "신약"을 몰랐었다. 신약의 정경화과정은 주후 2세기가 되어서야 일차적인 매듭을 짓는다. 그 후로 우리 그리스도인들은 신약을 통하여 예수 그리스도에게 접근하는 것에 익숙해 있다. 원시 기독 교회는 아직 이러한 가능성을 가지지 못했다. 우리에게는 바울이 신약에 속한다는 것이 당연하다. 우리는 이 지점에서 바울 스스로가 "신약"이 무엇인지 아직 몰랐다는 것을 대개 생각하지 않는다. 즉 기독교의 처음 몇 세대에게는, 예수 그리스도 안에서의 하나님의 자기계시가, 신약을 소유하고 있는 우리가 더 이상 알지 못하는 정도로, **전면에** 부각되어 있었다. 우리가 신약을 통하여 예수 그리스도에게 접근하는 것에 익숙해 있기 때문에, 예수 그리스도가 신약 **위에** 위치해 있다는 것이 우선은 이상하게 여겨진다. 그러나 꼼꼼하게 숙고해 본다면, 사안은 분명하다.

(4) 한 역사적 인물에 대해 단 하나의 문서만 있다는 상황이, 자동적으로, 이 문서가 그 인물과 동급임을 의미하는가? 아주 원칙적으로 이 질문을 한다면, 그렇게 단순하지 않다는 것이 금방 확연해진다.

우리가 알렉산더 대제에 대해 알 수 있는 문서가 단 하나가 있다고 가정해보자. 그렇다면 이 문서가 알렉산더 대제만큼 그렇게 중요하고 의미있다고 생각하는 것이 자동적인 귀결이겠는가? 이 추론은 잘못된 것이다. 혹 알렉산더 대제가 이 문서의 저자이고, 이 문서가 "영감받은" 것으로 여겨진다고 하더라도 그러하다. 왜냐하면 결국에 가서는, 그 문서가 아니라 알렉산더 대제라는 **사람이** 근동과 중동의 새로운 구조를 만들고 헬레니즘 시대의 초석을 놓았다는 사실이 변하지 않을 것이기 때문이다. 사람과 사료史料 사이의 구분이 알렉산더 대제나 다른 세계사적 인물에게 유효하다면, 예수 그리스도에게는 **얼마나 더 유효하겠는가?** 물론 이 예는, 성경의 영적인 의미와 적절하게 비교할 만한 것이 아무것도 없다는 점에서 불완전하다. 그러나 이 예는, 이미 언급한 관점들에 덧붙여져, 위의 "항변"이 얼마나 피상적인지 분명하게 드러낸다. 증거하는 문서는 증거되는 인물과 결코 자동적으로 같은 차원에 놓이지 않는데, 이는 그 문서가 유일한 것이어도 마찬가지이다. **증거와 증거되는 이** 사이에는 여전히 중요한 차이가 있는 것이다.

요점 정리: 성경이 예수 그리스도에 대한 유일한 중요한 문서라는 지적은 성경에 앞서는 예수 그리스도의 우위에 대한 "항변"이 되기에 적절하지 않다. 이 지적을 실제로 예수 그리스도의 우위에 대한 항변으로 이해하는 사람은 다음의 질문 앞에 서야 한다: 내가 **지금 내 유익을** 위해 성경과 예수 그리스도를 대결시키는 것 아닌가?

4.6 성경의 중심과 척도로서의 예수 그리스도

성경의 주님으로서 예수 그리스도는 기독교적 성경해석의 **중심이요**

척도이다. 이는 우리가 성경해석에 있어서 예수 그리스도에게로 방향을 잡는다는 의미이다. 우리가 예수 그리스도를 출발점으로 성경을 해석해야만, 성경에 대한 예수 그리스도의 우위도 그 효력을 발한다. 그러므로 모든 성경 텍스트를 대할 때마다 다음과 같이 질문하는 것이 바람직하다: 이에 대해 예수께서 뭐라고 말씀하셨을까? 예수는 어떻게 행동했을까? 예수께서 하나님에 대하여 이 성경 텍스트처럼 말씀하셨는가? 이 성경 텍스트가 **예수 그리스도의 복음**과 어울리는가?

몇가지 예: 예수라면, 바로의 마음이 강퍅하다는 이유로출애굽기 11장을 참조 애굽 백성의 모든 장자를 잠자는 동안 죽이셨을까? 예수라면, 엘리야에 대해 씌어 있듯이왕상18:40 참조 모든 바알 선지자들을 죽이게 했을까? 예수라면, 전쟁을 명하여 어린아이와 여인들과 노인들을 온 도시들과 함께 멸절시켰을까?수6:24 이하 참조 그러한 태도가 예수의 윤리, 원수 사랑의 계명과 조화되는가? 이 질문들을 피해서는 안된다. 그리고 여기서 자기의 종교적 체계를 유지시키려고 변명을 찾아 도망해서도 안된다. 이러한 종류의 회피는 일을 지나치게 간편하게 만든다. 이는 옛 텍스트를 훗날의 가치체계에 따라 판단해야 한다는 것이 아니다. 사람들은 모든 텍스트를 자기 시대의 관점에서 이해해야 한다. 예수 그리스도를 **지향함**이란, 우리가 우리의 하나님 이해와 우리의 양심에 있어서 예수 그리스도가 말씀하시고 행한 것 뒤로 쳐져서는 안된다는 것이다. 예수께서 우리에게 가르치신 것 외의 다른 것을 옳다고 여기는 성경의 텍스트가 우리의 양심을 구속해서는 안된다. 예수의 하나님 이해, 예수의 삶의 방식, 예수 그리스도의 복음이 성경에 있는 다른 모든 것을 측정하는 척도이다. 그러면 우리는 성경 텍스트 상 하나님께 연유한 사건들을위에 열거한 세가지 예를 참조 모두 다 하나님께로 원인을 돌리는 일을 더 이상 하지 않을 수 있다. 우리가 하나님께로 원인을 돌

릴 수 있는 것, 혹 돌려야 하는 것은, 하나님께서 어떻게 예수 안에서 자기를 계시하셨느냐에 따라 결정된다.

하나님께서는, 우리가 예수 그리스도 때문에 동의할 수 없는 성경 텍스트를 통해서도 우리의 마음과 양심에 말씀하실 수 있기는 하다. 즉, 우리는 '그런 텍스트는 "하나님의 말씀"이 아니다' 라고 말해서는 안될 것이다. 그러나 우리는 이 텍스트를 통한 하나님의 말씀하심을 언제나 예수 그리스도의 관점으로부터 이해하고 해석할 것이다. **성경의 어느 문장도 예수 그리스도를 제쳐 놓고 권위를 얻을 수 없다.** 결정적인 것은, 어느 문장이 성경에 써 있느냐는 것이 아니다. 결정적인 것은, 그것이 예수 그리스도께 얼마나 가까이, 혹은 멀리 서 있느냐는 것이다. 성경에 써 있는 모든 것이 예수 그리스도적인 질을 가지고 있는 것이 아니다. 성경에 써 있는 모든 것이, 예수라는 관점에서 볼 때, 똑같이 중요하거나 똑같이 옳지는 않다.126) 그래서 우리는 성경을 예수 그리스도의 관점으로부터 비판적으로 읽어도 될 뿐 만 아니라, 그렇게 **읽어야 한다.** 외람과 아는 척하는 자세에서가 아니라, 예수 그리스도께 대한 **순종**의 마음에서 말이다. 우리가 성경을 그 분의 관점으로부터 비판적으로 읽으면, 우리는 **우리 자신을** 성경 위에 위치시키지 않는다. 우리는 **예수 그리스도를** 성경 위에 위치시키는 것이다. 이는 커다란 차이이다. 예수 그리스도 만이 **홀로** 우리의 주님이시다. 하나님께서 그를 만물 위에, 그리고 성경 위에도 주님으로 세우셨다. 이 자세는 계몽철학이나 합리주의와 관계가 없다. 예수께 방향을 잡은 성경해석 속에서는 오히려 예수를 좇는 일이 이루어진다. 예수를 좇는 것은 우리의 **모든** 삶에 적용되는 바, 성경의 해석에 있어서도 마찬가지이다.

예수 그리스도는 성경에 대한 판단의 척도이다. 우리는 이 판단의

---

126) 10장 뒤의 부설을 참조.

척도를 성경 바깥으로부터, 즉 어떤 세계관이나 철학, 정치적 이론이나 이데올로기, 이성이나 학문으로부터 끌어오지 않는다. 우리는 우리의 척도를 오직 성경으로부터sola scriptura 얻어낸다. 그러나 우리는 그것을 성경 일반으로부터가 아니라, 의도적으로 그 중심으로부터, 성경이 우리에게 알려주는 바, **결정적인** 계시로부터, 즉 예수 그리스도 안에서의 하나님의 자기계시로부터 얻어낸다.127) 예수 그리스도께서 성경에 대한 판단의 척도가 되는 것을 우리가 허용하지 않는다면, 우리는 다른 척도들을 따라갈 위험에 처한다. 대체 어느 척도가, 우리가 예수 그리스도 안에서 가진 척도 만큼 그렇게 좋거나, 아니면 그보다 "더 좋겠는가?" 우리가 성경의 어느 텍스트나 진술을 예수 그리스도의 복음보다 더 중요하게, 혹은 그것 만큼 중요하게 여기는 것은 매우 위험하다. 그러면 그런 텍스트나 진술은 예수의 메시지 내지 예수 그리스도 복음의 메시지가 말씀하는 바를 피해가는 데에 사용되기 십상이다.

이 지점에서 소위 "**해석학적 순환**"에 대하여 지적하는 것이 중요하다.128) 지금의 논의와 관련하여 이 전문용어는 다음의 사항을 말하고 있다: 한편으로 우리는 예수 그리스도에 대한 이해를 **오직 성경으로부터** 얻는다. 다른 한편 우리는 예수 그리스도를 성경에 대한 **판단의 척도**로 이해한다. 이 순환은 적절하며 불가피하다. 이는 외양상 모순으로 보인다. 하지만 이는 성경을, 의도적으로, 그 증거하는 바, **결정적인** 하나님의 계시의 관점으로부터 이해하려는 것이다. 그로 인해 순환논리가 생기는 것을 비근본주의적 신학은 의식하고 있다. 그러나 여기에 다

---

127) 유대인들은 성경(우리는 그것을 "구약"이라고 부른다)을 대할 때 이 중심을 관점으로 두고 읽지 않는다. 그들의 성경읽기는 다른 해석의 지평 위에 서 있다. 이는 존중되어야 한다. 우리가 유대교로부터 구약을 "몰수(沒收)"해서는 안된다.
128) "해석학(Hermeneutik)"은 이해와 그것의 조건들에 대한 학설이다.

른 대안은 없다. 우리가 예수 그리스도로부터 첫 번째 자리를 강탈하지 않는다면 말이다. 하지만 이런 식의 "해답"은 비근본주의적 신학에서 고려의 대상이 되지 못한다. 성경 속의 예수 그리스도상像이 모종의 해석의 여지를 남기기 때문에, 성경의 척도로서의 예수 그리스도가 자연과학적, 혹은 기술적인 사안처럼 그렇게 정확하게 규정되지 않는다. 그것은 좋은 일이기도 하다. 그러나 성경에 대한 나의 이해가 예수 그리스도에게 방향을 두고 있느냐, 그렇지 않으냐 사이에는 커다란 차이가 있다. 위에 언급한 해석학적 순환을 가능한 한 적절하고 생산적으로 사용하는 것이 신학에게 지속적으로 주어진 과제이다. 바로 여기에서 신학적 작업의 질이 드러난다.

예수 그리스도가 우리에게 성경의 주와 척도이면, 우리는 더 이상 단순하게 '우리는 "성경에 충실하다"'라고 말할 수 없다. 이제 질문은 '우리가 **예수 그리스도께 충실한가?**'일 수밖에 없다. 예수 그리스도께 충실한 것이 성경에 충실한 것보다 중요하다. 우리는 예수 그리스도께 충실할 수 있는 곳에서만 성경에 충실해도 되는 것이다. 충돌이 있는 경우 우리는 주저없이 예수 그리스도와 함께 성경을 거슬러 논지를 편다. 이미 루터가 이를 가르쳤고 실행했다.129) 그에게 "오직 예수solus Christus"는 "오직 성경sola scriptura" **위에** 있다. "성경에 충실한"이라

---

129) 이 "충돌이 있는 경우"란 성경 텍스트나 성경의 진술이 예수 그리스도의 복음 내지 예수의 메시지 및 윤리와 맞지 않는 곳이라면 어디든 있다. 그러면 예수 그리스도는 옳고 성경 텍스트는 예수 그리스도의 빛에 비추어진다. 나는 그런 충돌을 일으킬 수 있는 많은 성경 텍스트들을 본서에서 자세히 다룰 수 없다. 이는 이 책의 범위 내에서 가능하지 않다. 왜냐하면 각각의 예가 철저하게 분석되어야 하기 때문이다. 그렇지 않으면 불명료함과 오해를 불러 일으키게 된다. 나는 이 책의 범위 안에서 예수 그리스도께로 방향을 잡은 성격해석과 관련된 구체적인 개별 질문들 역시 상세히 다룰 수 없다. 그런 성경해석의 습득은 시간과 인내와 토의와 연습을 필요로 한다. 나는 본서에서 근본적인 진로변경을 보여주는 것과 그 근거를 제시하는 것에 논지를 제한할 수밖에 없다.

는 표현을 올바른 이정표로 여기는 사람은 성경을 권위의 가장 윗층으로 밀어 넣는다. 그에게는 성경에 대한 예수 그리스도의 주되심이 불분명하거나, 아니면 그가 "성경에 충실한"이라는 말을 통해 다른 그리스도인들 및 비근본주의적 신학에 대한 오해와 편견과 적대자상이 자꾸 새로 생기는 것을 알면서도 이를 그냥 감수하는 것이다. "성경에 충실한"이라는 표현은 성경해석의 주도적 동기로써 사용이 불가능하다.

6절을 끝내면서 예수 그리스도께로 방향 잡은 성경해석을 특별히 분명하게 뒷받침하는 몇몇 신약의 텍스트들을 지적하고 싶다:

• 베드로와 야곱과 요한이 산 위로 예수와 동행한다. 거기서 그들에게 예수가 누구인지 계시된다.막9:2-10; 마17:1-9; 눅9:28-36 모세와 엘리야가 나타난다. 베드로는 예수, 모세, 엘리야를 위해 각각 초막을 하나씩 짓자고 제안한다. 그러나 한 목소리가 구름 속으로부터 말한다: "이는 내 사랑하는 아들이니 너희는 **저**의 말을 들으라!" 이 말씀 후에 모세와 엘리야는 더 이상 보이지 않는다. 분명하게 기록되어 있다: "**오직 예수** 외에는 아무도 보이지 아니하더라." 해석학적 견지에서 보았을 때, 이 텍스트는 아주 근본적인 의미도 가지고 있다: 예수의 제자들은 '오직 예수'에게로 방향을 잡는다. 그들은 **그**의 말을 들어야 한다. 예수 그리스도에게로 방향 잡은 성경해석은 이 명령을 심각하게 생각한다.

• 예수께서 말씀하신다: "내 아버지께서 모든 것을 내게 주셨으니 아버지 외에는 아들을 아는 자가 없고 아들과 또 아들의 소원대로 계시를 받는 자 외에는 아버지를 아는 자가 없느니라."마11:27; 눅10:22 우리가 하나님께서 "**모든 것**"을 주신 자에게로 성경해석의 방향을 잡는 것을 무엇이 막아 설 수 있겠는가? 아들 외에는 "**아무도**" 아버지를 모른다

면, 아들 외에 누구에게 우리의 성경해석의 방향을 잡겠는가?

- 마태복음을 마치는 글은마28:16-20 특별히 중요하다. 거기에는 부활하신 이가 제자들에게 하는 명령이 포함되어 있다: "너희는 가서 모든 족속으로 제자를 삼아 아버지와 아들과 성령의 이름으로 세례를 주고 **내가 너희에게 분부한** 모든 것을 가르쳐 지키게 하라"28:19이하 부활하신 이는 이로써 스스로 우선성을 부여하신다. 그는 성경 일반에 대해 말씀하지 않으시고, 그가 말한 것에 자기의 명령을 집중시키신다. 부활하신 이가 정한 이 우선성을 어떻게든 피해갈 권리가 우리에게 있는가?

- 예수께서 제자들과 작별하시며 말씀하신다: "보혜사 곧 아버지께서 내 이름으로 보내실 성령 그가 너희에게 모든 것을 가르치시고 내가 너희에게 말한 모든 것을 생각나게 하시리라."요14:26 이 말씀에 의하면 성령의 일하심도, 부활하신 이가 마태복음 28장 19절 이하에서 우선성을 두셨던 것과 똑같은 것에 우선성을 두고 있다.

- 바울의 글이다: "율법의 의로는 흠이 없는 자로라. 그러나 무엇이든지 내게 유익하던 것을 내가 그리스도를 위하여 다 해로 여길 뿐더러 또한 모든 것을 해로 여김은 내 주 그리스도 예수를 아는 지식이 가장 고상함을 인함이라."빌3:6이하 바울은 부활하신 이를 만나기 **전**에 이미, 모든 유대인들이 그러하듯, 성경을 영감된 하나님의 말씀으로 진지하게 받았었다. 그러나 그는 성경의 **해석**에 있어서 아직 예수 그리스도께로 방향을 잡지 않았었다. 이는 바울이 부활하신 이를 만난 **후**의 그의 성경해석의 새로움이었다. 그는 이제부터 "예수 그리스도를 아는 지식의 고상함"으로 방향 잡히지 않은 것을 **해로** 여긴다! 우리가 "예수 그리스도를 아는 지식의 고상함" 외의 다른 것을 향해 우리의 성경해석의 방향을 잡을 수 있겠는가?

- 골로새서에 예수 그리스도에 대하여 다음과 같이 표현되어 있다: "그가 만물보다 먼저 계시고 만물이 그 안에 함께 섰느니라."1:17 그리고: 그는 "만물의 으뜸"이다.1:18 그렇다면 그는 성경해석에 있어서도 우위를 가지신다. 다른 모든 것이 그렇듯이, 우리의 성경해석도 그의 안에 서 있는 것이다. 그가 교회의 "머리"이면1:18; 엡1:22이하 교회는 **오로지** 그 머리를 향한다. 이는 당연히 성경해석에도 유효하다. 그의 안에 "모든 충만"이 거한다면1:19 우리의 성경해석이 그 분 외에 누구를 향하겠는가?
- 히브리서에 써 있기를, 그는 "그의 능력의 말씀으로 만물을 붙드신다." 1:3 즉 그는 우리의 성경해석도 그의 능력의 말씀으로 붙들고 있다.

이 성경 텍스트들은 예수 그리스도에게로 방향 잡은 성경해석이 신약의 메시지에 얼마나 깊이 자리잡고 있는지 분명히 보여주는 본보기일 것이다.

4.7 총정리

나는 4장의 논고들을 통해서 비근본주의적인 모든 신학에서 포기불가능한 바, 예수 그리스도와 성경의 범주적 구분을 개괄하였다. 이 구분이 우리 그리스도인들에게 무슨 유익을 주는가? 나는 다음의 **다섯가지** 관점을 특히 중요하게 생각한다:

(1) 예수 그리스도는 성경과의 관련에 있어서도 그에게 합당한 격을 가지신다: 즉 그는 성경 **위에** 있다. 그는 성경보다 더 **높은** 권위를 가진다. 오직 그 분만이 "그의 말씀으로 만물을 붙드신다."히1:3 그는 "만물의 으뜸"이다골1:18 그는 인격으로 나타난 하나님의 결정적인 계시이며 기독교 신앙의 결정적인 근간이다. 성경에 대한 예수 그리스도의 이

우위가 성경의 신격화를 막는다.

(2) 성경에 **중심**이 있고 성경해석에 **척도**가 있는데, 이는 예수 그리스도이다. 이 중심과 척도가 우리의 성경해석에 명료함과 뚜렷함을 준다. 우리는 이 척도가 필요하다. 그것이 없으면 성경은, 어느 집단이나 해석자가 자기의 입맛과 의견에 따라 중심점을 설정할 수 있는 역사들과 명령들과 격언들로 가득 찬 집합소에 불과하다. 성경의 중심에서 **중심적인** 신학적 연구 과제들이 생긴다: 어디에서 성경의 진술이 예수 그리스도의 복음 내지 예수의 메시지 및 윤리와 일치하는가? 어디에서 일치하지 않는가? "예수 그리스도의 복음"이란 정확하게 무슨 뜻인가? 신·구약은 서로 어떤 관계에 있는가? 예수께서 유대인이라는 사실이 유대교와 기독교의 관계에 무슨 의미를 가지는가?

(3) 예수 그리스도와 성경의 범주적 구분을 통해서 두려움 없이 성경을 대할 다른 가능성들이 생긴다. 이 방식으로 성경의 학문적 연구를 위한 여지와 자유가 생긴다. 아무도 부활하신 하나님의 아들 예수 그리스도를 "학문적으로 분석할" 수 없다. 그러나 우리는 그의 삶과 죽음과 부활에 대한 성경적 증거들을 학문적으로 연구할 수 있고 또 연구해도 되는 것이다. 물론 이 경우에 중요한 것은, 이 연구 작업 중 되풀이하여 만나게 되는 바, 믿음의 비밀에 대한 경외이다.130)

(4) 예수 그리스도와 성경의 범주적 구분은 계시의 **사건**과 이 사건의 문자적 **서술**을 구분하게 해준다. 이 구분도 성경을 학문적으로 대할 자유로운 공간을 열어준다. 성경의 보도에 대한 학문적 연구란, 성경 텍스트가 증거하는 계시사건의 위에 올라 서는 것을 의미하지 **않는다**. 오히려 그 반대로, 성경 텍스트의 학문적 조사를 통해 계시사건을 보다 잘 이해하기를 배우려는 것이고, 또 그렇게 할 수 있다는 것이다.

---

130) 이와 상응하는 3장 끝의 총정리(다섯번째 점)를 참조.

(5) 예수 그리스도께서 성경보다 더 높은 격을 가지고 계시므로, 우리가 아주 똑같은 성경이해를 가지고 있지 **않다 하더라도**, 예수 그리스도에 대한 신앙은 우리를 묶어 준다. "네가 나와 똑같은 성경이해를 가지고 있어야만, 나는 예수 그리스도께 대한 너의 신앙을 받아들이고 너를 형제 내지 자매로 인정하겠다"라는 식의 좌우명을 가지고 다른 그리스도인들을 대하는 사람은 예수 그리스도로부터 첫째 자리를 강탈하는 것이다. 그는 성경을 예수 그리스도와 동급으로 놓을 뿐 아니라, 사실상 그 분 **앞**에 놓는 것이며, 결국 그 분의 위에 놓는 것이다: "너는 **먼저** 내 성경이해를 넘겨 받아야 한다. 그 후에야 비로소 나는 너를 형제나 자매로 인정할 수 있다." 오랜 경험을 통해 아는 바로는, 이러한 태도는 상당히 신속하고 또 주저함 없이 다른 그리스도인들의 신앙을 부인하고 그리스도인들 사이에 깊은 골을 파 놓곤 한다. 그에 반해 다음의 좌우명이 더 적절하고 기독교적이다: "우리는 **먼저** 예수 그리스도에 대한 우리의 신앙을 기뻐하고 그를 높인다. **이어서** 우리는 우리의 성경이해에 대해 정답게 이야기한다."

부설: "시카고 선언"

"시카고 선언"은 국제적인 차원에서 최근의 신교적 근본주의의 가장 중요한 자기묘사로 여겨진다. 여기에는 1978년, 1982년, 그리고 1986년의 세 개의 선언들이 있다. 많은 수의 근본주의 신학자들이 각각의 선언들을 완성하고 서명하였다. 첫 번째 선언은 신교적 근본주의의 기본입장을 개괄하고 있다. 두 번째 선언은 해설의 형식으로 첫 번째 선언을 보충한다. 세 번째 선언은 윤리적 결론을 주제로 한다. 본서에서는 무엇보다도 앞의 두 선언이 중요하다. 나는 이 부설에서 시카고 선언의 전체적인 해설을 하려고 하지 않는다. 나는 다음의 두 가지 질문에 집중하고자 한다: 시카고 선언의 저자들이 예수 그리스도와 성경의 관계를 어떻게 보는가? 그리고: 그들이 "계시"를 무엇으로 이해하는가?131)

시카고 선언은 성경의 "그리스도 중심적 특성"을 강조한다. 그것은 예수 그리스도를 성경의 "정점", "초점", "중점", "중심 주제"로 칭한다.132) 이에 대해서는 기독교적 시각에서 그저 동의할 수밖에 없다. 그러나 시카고 선언의 저자들은 성경의 그리스도 중심적 특성 속에서 예수 그리스도와 성경의 범주적 구분을 위한 어떠한 근거도 보지 않는다. 그 우선적인 이유는, 그들이 본질적으로 신교적 정통주의의 계시이해를 대변하기 때문이다.133) 이는 첫 번째 시카고 선언의 초두부터 드러난다: "스스로 진리이시며 진리만을 말씀하시는 하나님은 잃어버린 인류에게 창조자요 주님이시며, 구원자요 재판자이신 예수 그리스도를 통하여 자기 자신을 계시하시려고 성경을 영감하셨다"134) 이미 이 문장부터 예수 그리스도 안에서의 계시와 성경을 통한 계시가 뒤섞이고 있다. 이 인용문은 사람의 **인격**이라는 형태의 계시와 **책**이라는 형태의 계시 사이의 구분을 허용하지 않는다. 이 구분에 대하여 시카고 선언의 저자들은 관심이 없다. 오히려 반대로, 그들의 계시이해는 그러한 구분을 배제한다. 그 관심의 전면에는 영감의 기적이 서 있다. 첫 번째의 기본적인 지적이 성경의 영감에 대한 것이다.

시카고 선언에서는, 성경이라는 형태의 계시가 너무 전면에 부각되어 있기 때문에, 예수 그리스도 안에서의 하나님의 자기계시의 **특수함**이 더 이상 적절하게 인식될 수 없고, 또 그 가치가 제대로 인정될 수

---

131) 나는 시카고 선언의 텍스트를 토마스 쉬르마허(Thomas Schirrmacher)의 번역에 따라 인용한다. 그의 책 *Bibeltreue*를 참조.
132) 윗 글, 26, 27, 28, 37을 참조.
133) 신교적 정통주의의 계시이해에 대해서는 94쪽 이하를 참조.
134) 쉬르마허, 윗 글. 이는 머리말 뒤의 첫 문장이다.

없다. 예수 그리스도가 성경의 중심적인 인물로 강조되기는 하지만, 예수 그리스도 안에서의 하나님의 계시는 중심적인 계시로서 강조되지 않는다! 예수 그리스도가 성경에서 가장 중요한 인물로 여겨지지만, 예수가 아닌 **성경**이 가장 중요한 계시의 형태로 여겨진다. 그러나 예수 그리스도가 **계시**의 가장 중요한 형태이기도 하다는 인식이 있어야 비로소 예수 그리스도의 의미가 모두 효력을 발휘하는 것이다. 예수 그리스도 안에서의 하나님의 자기계시를 결정적인 계시로 인정하지 않는 사람은 예수 그리스도의 성경에 대한 우위도 용인하지 않을 것이다.135) 이는, 시카고 선언의 저자들이 의도하지 않는다 하더라도, 예수 그리스도의 주권을 댓가로 치르고 이루어진다. 비근본주의적 신학에 있어서 예수 그리스도는 성경의 중점**이기도 하며**, 결정적인 하나님의 계시**이기도 하다**. 이 두 개의 관점이 함께 있어야 비로소 예수 그리스도의 의미가 드러난다.

시카고 선언은 예수와 성경에게 동급의 권위를 부여하고 양자를 권위의 유일한 근원과 연결시킨다: "기독교에서 권위는 계시 속의 하나님께 속하는 바, 이는 한편으로 예수 그리스도, 즉 살아계신 말씀, 다른 한편으로 성경, 즉 기록된 말씀을 의미한다."136) 시카고 선언은 이 "한편으로-다른 한편으로"를 넘어서지 못한다.137) "그리스도와 성경이

---

135) 시카고 선언은 성경을 통한 하나님의 계시에 대해 매우 자주 이야기한다. 그에 비해 예수 그리스도 안에서의 하나님의 계시에 대해서는 아주 드물게 말하고, 그것도 대부분은 직접적으로 하지도 않는다. 그것은 종종 그저 암묵적으로 전제되어 있다. 이는 저자들이 어느 계시를 더 중요하게 여기는지, 그리고 어느 계시가 그들의 주의를 더 많이 끄는지 보여준다. 시카고 선언의 어느 부분에도 "예수 그리스도 안에서의 하나님의 자기계시"에 대해서 분명하게 말한 곳이 없다. 어느 곳에서도, 기독교 신앙이 신약을 통해서가 아니라, 예수 그리스도 안에서의 하나님의 자기계시를 통해(신약의 첫 문서보다 수년 전에, 그리고 신약이 존재하기보다 훨씬 전에) 생겼다는 것이 지적되지 않는다. 시카고 선언에는 그리스도계시를 문서계시 안으로 지양시키는 경향이 분명하게 나타난다. 그리스도계시는 문서계시 안으로 흡수되고 "꿀꺽 삼켜진다."
136) 쉬르마허, 28이하를 참조.
137) 비근본주의적 신학자들은 그것 대신에 다음과 같이 표현할 것이다: "기독교에서 권

서로서로 권위를 증거하는 가운데, 양자는 하나의 권위의 근원으로 융합된다. 이 관점에서 볼 때 성경적으로 해석된 그리스도와 그리스도를 중점에 두고 선포하는 성경은 하나다."138) 이 말이 신약과 상응할까? **인격**과 **책**을 이런 방식으로 하나로 "융합"시키는 것이 가능하며, 또 그렇게 해도 되는가? 시카고 선언은 아버지와 아들과 성령과 성경의 "**사위일체**" 하나님을 가르치려 하는가? 그렇지 않다면, 오해를 피하기 위해 분명하게 말할 일이다. 그러나 시카고 선언에 그러한 해명은 없다. 시카고 선언의 "융합신학"은 "만물의 으뜸"골1:17이하이신 예수 그리스도의 주권을 축소시킨다. 시카고 선언의 저자들은 예수 그리스도와 성경을 "융합"시킴에 있어서 하등의 조심성과 문제의식을 보이지 않는다. 거기에서 신교적 근본주의의 "맹점"이 드러난다. 시카고 선언의 저자들은 이 맹점을 의식하지 못하는 것이 분명하다. 이 맹점이 인식되지 않고, 또 이에 대한 비판적인 작업이 이루어지지 않는 한, 현대적 성서학을 찬성하는 사람들과의 대화는 막다른 골목과 오해들로 끝날 뿐이다.

이 맹점은, 시카고 선언의 저자들이 "갈라 놓다"와 "구분하다"의 차이를 건너 뛰는 것에서도 드러난다.139) 그들은 예수 그리스도의 권위를 성경의 권위로부터 "갈라 놓는 것" 내지 "고립시키는 것"에 대해 힘주어 반대한다.140) "갈라 놓기"가 아닌 다른 방식으로 예수 그리스도의 권위와 성경의 권위를 "구분"하는 것이 필요할 수 도 있다는 생각은 하지 않는다. 시카고 선언의 저자들에게는 그런 가능성이 없다. 예수 그리스도의 권위와 성경의 권위의 "갈라 놓기"는 기독교 신학 어디에

위는 계시 속의 하나님께 속하는 바, 이는 우선적으로 예수 그리스도 안에서의 하나님의 자기계시를 의미한다…"
138) 쉬르마허, 29를 참조.
139) 이에 대해서는 3장 1절을 참조.
140) 쉬르마허, 29이하를 참조.

서도 논의되지 않는다. 이 중요한 지점에서 시카고 선언은 희화戱畵를 사용한다. 그들은 적대자상을 생산한다. 그러나 희화와 적대자상을 가지고 작업하는 사람은 자기 자신의 입장에 대해 부정적인 표현을 하는 것이다.

갈라 놓기에 대한 시카고 선언의 비난은, 정당한 "구분하기"와 부당한 "갈라 놓기"를 잘 구분하지 못하는 결함에 기초하고 있다. "구분하다"와 "갈라 놓다"가 같지 않다는 것에 대해 시카고 선언의 저자들에게 정말로 주의를 환기시키는 일부터 해야 하는가 하는 질문이 생긴다. 이 질문에 대한 대답은 시카고 선언의 저자들이 자기 스스로에게만 할 수 있다. 그렇게 많은 것을 소모하며 준비한 공식적 자기묘사에서 기초적으로 중요한 구별들이 고려되지 않는다면, 어떻게 성서해석학적 기본 질문들에 대한 대화가 성공할 수 있겠는가? 예수 그리스도의 권위와 성경의 권위의 갈라 놓기는 실제로 모든 기독교 신학의 종말을 의미할 것이다. 그러나 이로부터 예수 그리스도의 권위와 성경의 권위를 융합시키고 동일시할 수 있다는 결론이 도출되는가?141)

시카고 신학의 "융합신학"142)과 관련하여 눈에 띠는 것이 또 있다. 예수 그리스도와 성경의 관계에서 "복종", "순종", "굽히고 따르다"라는 표현이 나오면, 이는 항상 예수 그리스도께 해당하고 성경에는 해당

---

141) 비근본주의적 그리스도인들이 마틴 루터가 했던 것처럼 성경을 예수 그리스도의 빛에 비추어 검사하는 경우에도(4장 6절을 참조), 예수 그리스도의 권위와 성경의 권위의 "갈라 놓기"는 관심사가 되지 않는다. 이 경우에도 관건은 예수 그리스도의 성경에 대한 제한없는 주권이다. 이는 신학적으로 완전히 다른 것이다. 종의 주인이 주인이기 위해서, 그를 종으로부터 갈라 놓을 필요는 없다. 누가 주인이고 누가 종인지 분명하기만 하다면, 양자는 작용적 통일 속에서 매우 심도있게 함께 일할 수 있는 것이다.

142) 나는 "융합신학"이라는 명칭을 씀으로써, 시카고 선언이 아마도 어리숭하게 선택한 단어를 마구잡이로 이용하고 과잉해석할 의사가 없다. 꼭 "융합시키다"라는 단어와 관련짓지 않더라도, 시카고 선언은 예수 그리스도의 권위와 성경의 권위를, 더 이상 범주적 구분이 가능하지 않을 만큼 꽉 묶어 놓고 있다. 그런 의미에서 "융합신학"이라는 명칭은 시카고 선언의 중심적 관심사를 잘 표현하고 있다.

하지 않는다. 예수가 "메시야적 예언의 말씀들에 순종하여"143) 죽었다. "그가 성경을 자신과 자기 권위의 확증으로 보셨듯이, 그는 성경에 복종하심을 통하여 성경의 권위를 확증하셨다."144) "그가 성경(우리의 구약)에 주어진 그의 아버지의 명령을 따르셨듯이, 제자들에게서도 그것을 기대하셨다…."145) 예수와 제자들의 관계가 성경에 대한 순종의 관계와 유사한가? 인용된 문장들은, 시카고 선언의 권위에 대한 강조가 **주로** 성경 쪽에 머물러 있음을 보여준다. 이는 적어도 예수의 지상에서의 삶과 관련하여 유효하다. 특기할 것은 여기에서 **지상**의 예수가 예로써 선호된다는 것이다. **부활하신 그리스도**의 권위와 성경의 권위의 관계는 시카고 선언에서 주제화되지 않는다.

위에 언급된 시카고 선언의 말들과 경향들이 신약의 전체적 상태에 대해 적합한 판단을 하는지, 또 그것들이 "성경에 충실"한지 등에 대해 자기의 의견을 가지는 것은 본서의 독자들에게 맡겨져 있다. 신·구교의 신학의 견해에 따르면, 그 대답이 부정적이다. 시카고 선언에 나타나 있는 예수 그리스도와 성경의 근본주의적 관계규정과 그 근저에 깔린 근본주의적 계시이해는, 아무리 좋게 말하려 해도 매우 일방적이며 피상적이라고 표현할 수 밖에 없다. 너무 많은 신약의 관점들과 진술들이 시야 바깥으로 밀려나거나 진가를 제대로 인정받지 못한다.146) 게다가 중요한 지점에서 구분능력의 결핍을 드러내고 있다.

---

143) 쉬르마허, 29를 참조.
144) 윗 글
145) 윗 글
146) 4장 2-6절을 참조.

5. 어떤 점에서 성경이 하나님의 말씀인가?

"성경은 하나님의 말씀이다"라는 문장은 아주 상이하게 이해될 수 있다. 그래서 그것을 **어떻게** 이해하느냐가 중요하다. 결정적인 질문은, 성경에서 "하나님의 말씀"이 무엇을 의미하느냐 하는 것이다. 이 질문을 곰곰히 생각해보면, 그것이 결코 일차적으로 **문자화된** 말들이나 **책**을 의미하지 않음이 확실해진다. 우리가 애초부터 문자화된 말에 우리의 주의를 집중한다면, "하나님의 말씀"에 대한 성경적인 이해를 할 수 없다. 많은 그리스도인들이 그런 경향이 있기 때문에, 나는 "하나님의 말씀"에 대한 다른 성경적 관점들을 제시하고 싶다.

(1) 신약에 따르면 **예수 그리스도**는 특별하고 독특한 의미에서 하나님의 "말씀"이다. 이는 무엇보다 요한복음 1장 1-4, 14절, 요한일서 1장 1절, 요한계시록 19장 13절에서 드러난다.147) 이 텍스트들 중 어느 곳에서도 "말씀"의 개념을 "성경"의 개념으로 대체하는 것이 가능하지 않다. 이로써 두 개의 개념이 같은 의미가 아님이 분명해진다. 양자는 단순한 교환이 불가능하다. 예수 그리스도는 손으로 "만질" 수 있었던 요일1:1 인격이 된 하나님의 말씀요1:14이다. 다른 어느 곳에서도 하나님의 말씀이 인격이 되어, 인격으로서 우리 가운데에서 살지 않으셨다. 그러므로 우리 그리스도인들은 "하나님의 말씀"이라는 표현 앞에서 먼저 **예수 그리스도**를 생각하는 것이 적절하다. 그런 까닭에 우리는 "하

---

147) 이 구절들은 79쪽 이하에 인용되었다.

나님의 말씀"을 자동적으로 성경으로 이해하지 않을 수 있다. "하나님의 말씀"이라는 표현 앞에서 곧바로 성경을 생각하는 사람은 하나님의 말씀으로서의 예수 그리스도를 시야에서 밀어낸다. 각각의 그리스도인은, 본인이 "하나님의 말씀"에 대한 이해에 있어서 타당하게 예수 그리스도를 생각하는지 스스로 질문해 볼 수 있다.

(2) 성경에 의하면 **하나님의 창조의 말씀**도 "하나님의 말씀"이다. 성경 첫 장의 메시지가, 모든 되어진 것이 하나님의 말씀 덕이라는 것을 말한다. 이것이 성경의 시작에 위치해 있는 것은 우연이 아니다. 이것은 성경에 써 있는 모든 것에 올바른 기본 체계를 부여한다. 이 점에 성경 첫 장의 특별한 의미가 있다. 하나님의 창조의 말씀은 문서화된 말이 **아니다**. 하나님은 세계를 존재하도록 "부르신다.": "빛이 있으라."창1:3 "물 가운데 궁창이 있어 물과 물로 나뉘게 하리라."창1:6 등등. 성경 첫 장에서 언급되는 "하나님의 말씀"은 성경과는 다른 유효 및 관계영역을 가지고 있다. 성경은 인간을 향한다. 그러나 **하나님의 말씀**은 존재하는 모든 것에 관여된다. 우주가 존재함은 성경의 덕이 아니다. 그것은 하나님의 말씀 덕에 존재한다. 하나님의 창조의 말씀은 성경보다 더 근본적이고 포괄적인 의미를 지닌다. 하나님의 창조의 말씀은, 그것이 성경에 써 있다는 이유로 그 힘과 의미를 얻는 것이 아니다. 창조의 행위에서 성경은 아무 역할도 하지 않았고, 그것은 지금도 마찬가지다. 이렇듯 성경의 첫 장은 "하나님의 말씀"이 한 권의 책 이상임을 분명하게 해준다. 성경은 하나님의 말씀에 대하여 자기 자신을 **상대화한다**.

창조의 말씀의 근본적인 의미는 창조 이야기의 바깥에서도 강조된다: "여호와의 말씀으로 하늘이 지음이 되었으며 그 만상이 그 입 기운으로 이루었도다… 저가 말씀하시매 이루었으며 명하시매 견고히 섰도다."시33:6, 9 문자나 텍스트가 아니라, "그 입 기운"이 언급되고 있다. "모든 세계가 하나님의 말씀으로 지어"졌다.히11:3 "땅이… 하나님의 말씀으로" 창조되었다.벧후3:5 사람들은 다음과 같이 말할 수 없다: "모든 세계가 성경으로 지어졌다." 혹은: "땅이 성경으로 창조되었다." 인용한 구절을 이런 식으로 바꾸어 표현할 수 없다면, "하나님의 말씀"과 "성경"은 같은 의미가 **아니다**. 창조된 모든 것이 하나님의 말씀으로 된 것이라면, 성경도 하나님의 말씀으로 된 것이다. 하나님의 말씀이 아니었으면, 성경도 없었다. 그러나 '성경이 아니었으면, 하나님의 말씀도 없었다' 라고 말하는 것은 가능하지 않다.

하나님의 창조의 말씀이 모든 피조물을 존재하게 만들므로, 그것 자체는 **피조물의 일부가 아니라**, 그 가능의 근거이다. 하나님의 창조의 말씀은 시간과 공간의 위에 있다. 그러나 성경은 시간과 공간 **속에서** 생성된다. 성경이 없었던 긴 세월이 있었다. 그러나 하나님의 말씀이 없었던 시간은 없었다. 그러므로 하나님의 말씀에 대해서만, 그것이 영원하다고 말할 수 있다: "풀은 마르고 꽃은 시드나 우리 하나님의 말씀은 영영히 서리라."사40:8 "여호와여 주의 말씀이 영원히 하늘에 굳게 섰사오며."시119:89 "오직 주의 말씀은 세세토록 있도다."벧전1:25 사람들은 다음과 같이 말할 수 없다: "풀은 마르고 꽃은 시드나 성경은 영영히 서리라" 등등. 성경은 시간 속에 자기의 과제를 가지고 있지, 그것이 영원의 세계 속에 있는 것이 아니다. 성경 어디에서도 영원 세계에서 성경이 읽혀지리라는 지적이 발견되지 않는다. 하나님의 말씀과 달리 성경은 창조의 영역에 속한다.148)

(3) 성경에서 "하나님의 말씀"이라는 표현은 아주 자주 하나님 혹은 그에게 위임받은 자선지자, 사도, 천사가 사람들에게 선포하는 **구술된** 말

---

148) 2장과 2장 3절을 참조.

을 의미한다. 여기에서는 독자가 아니라 **청자**가 생각된다. 이는 우선 **구약**시대에 대부분의 사람들이 읽거나 쓸 수 없었던 것과 연관되어 있다. 오늘날의 의미의 책이 아니라, 문서 두루마리가 있었다. 소수의 사람만이 두루마리를 소유하였거나 찾아서 볼 수 있었다. 그런 곳은 대개 거룩한 곳과 성전과 궁정이었다. 주전 7세기부터 비로소 이스라엘 내에서 문자문화가 확산되었다. **신약**시대에도 유대교 밖의 사람들은 대부분 읽지도 쓰지도 못했다.149) 그런 이유로 성경의 시대에는 **구술된** 말이 오늘날보다 훨씬 더 큰 역할을 하였다. 매일 신문을 보고, 언제든 이런 저런 책을 살 수 있고, 문맹인이 적은 문화 속에서 사는 사람은 고대의 상황을 상상하기가 무척 어렵다. 오늘날의 서양인들은 이와 관련하여 전혀 다른 기준을 가지고 있다.

하지만 성경에서 구술된 말이 큰 의미를 차지하는 것이 문화사적인 요소와 관련된 것만은 아니다. 여기에 **영적인** 측면이 추가된다. 선지자들의 구술된 말들이 모아지고 문자적으로 전승되기는 했지만, 이는 대개 선지자 스스로가 아니라 그의 제자들을 통해 이루어진 것이다. 선지자들은 거의 **구술된** 말만 사용하였다. 그들은 그들의 구술된 말을 "하나님의 말씀"으로 이해하였다. 예수 당시의 대부분의 유대인 남자는 읽고 쓸 줄 알았지만, 예수 역시 **오로지 구술적으로** 사람들에게 다가갔다. 그가 남긴 텍스트나 글은 없다. 우리는 복음서에서 예수의 저작 행위에 대한 아무런 암시도 발견하지 못한다. 예를 들어 그는 그의 비유들을 문자화시켜 펴내지 않았다. 왜 그랬을까? 사람들은 대개 이 중요한 측면을 너무 빨리 스쳐 지나가 버린다. 예수는 스스로 문자화된 한 문장도 우리에게 남기지 않았다. 그는 "하나님의 말씀"을 구술의 형

---

149) 유대교에서는 주전 1세기에 모든 남자 어린이들에게 개방된 학교가 생겼다. 이는 고대의 다른 사회에서는 없는 일이었다. 모든 남자 유대인들은 성경을 읽을 수 있어야 했다. 유대의 여성들, 특히 하층민은 대개 문맹이었다.

식으로 선포하였다. 예수께서 제자들에게 자신의 말을 적도록 명령하신 것도 전해진 바 없다.150) 이러한 사실 뒤에 깊은 의미를 가진 이유가 있을 것이 틀림없다. 예수의 제자들이 비로소 그의 말을 모아서 쓰기를 시작했다. 사도들도 첫 기독 교회들을 구술적 선포를 통해서 세웠다. 그들은 나중에야 비로소 그 교회들에게 편지를 썼다. 우리가 아는 초기 교회 중 어느 것도 문서 두루마리나 편지를 읽음을 통해서 **세워지지** 않았다. 사도의 구술적 선포는 "하나님의 말씀"으로 여겨졌다.살전 2:13 151)

즉 선지자들과 예수와 사도들이 선포했던 "하나님의 말씀"은 결정적인 관점에서 **구술된** 말이었다. 이는 문화사적인 요소 외에도 다음과 같은 근거를 가지고 있다: 구술된 말만이 완전한 의미에서 생생하고 개인적인 말이다. 생생한 말에는 목소리의 어조가 있고, 몸짓과 표정과 몸의 자세가 포함되어 있다. 구술되는 말만이 **행하여진다**.사건이나 일이 '발생하다, 닥치다' 라는 뜻-역주 성경에서는 자주 "여호와의 말씀이 …에게 임하니라위의 '행하여지다' 와 같은 단어-역주"로 표현되곤 한다.152) 성경의 여기 저기에서 **구술된** 말의 의미가 강조된다: "내 양은 내 음성을 듣는다."요10:3, 16, 27 "믿음은 들음에서 난다."롬10:17 "들을 귀 있는 자는 들

---

150) 예수의 고별사(요14-16장)도, 부활하신 이의 선교명령도 예수의 말을 적으라는 명령을 담고 있지 않다.

151) 신약에서 "말씀" 내지 "하나님의 말씀"은 아주 자주 사도적 선포를 의미한다: "담대히 하나님의 말씀을 전하니라"(행4:31). "두 사도가 주의 말씀을 증거하여"(행8:25). "주의 말씀이 힘이 있어 흥왕하여 세력을 얻으니라"(행19:20). "우리가 전파하는 믿음의 말씀이라"(롬10:8). "너는 말씀을 전파하라"(딤후4:2). 이 곳들에서도 "하나님의 말씀"의 개념 대신에 "성경"의 개념을 집어 넣을 수 없다. 구술적 선포는 책을 읽는 것과 동일하지 않다. 그것은 그 자체로 진가를 인정받아야 할, 하나님의 말씀의 고유하고 특수한 형태이다.

152) 이 표현은 선지서에 100번 이상 나온다! 선지서에서는 아주 드물게 받은 말씀을 적으라는 하나님의 명령이 나온다(렘36:2-32, 45:1, 51:60이하를 참조). 하나님께서 모세에게 하신 말씀의 경우에는 상황이 다르다. 모세의 책에는 말씀을 적으라는 명령이 더 자주 나온다.

으라."막4:9 "도를 듣기만" 하지 말라.약1:22 "너희 말을 듣는 자는 곧 내 말을 듣는 것이요."눅10:16 "오늘날 너희가 그의 음성을 듣거든… 너희 마음을 강퍅케 하지 말라."히3:7이하 "땅이여, 땅이여, 땅이여 여호와의 말을 들을 지니라."렘22:29 "이스라엘아 들으라."신6:4 우리 시대에 이르기까지 사람들은 부모와 설교자와 청소년 지도자와 종교교사와 강사와 또 그런 사람들의 **구술된** 말을 통해 결정적으로 감동을 받았다. 성경을 읽다가 마음이 움직이는 상황에서도, 우리는 하나님께서 "**말을 걸어 오시는 것**"을 느낀다. 우리는 성령께서 성경을 통해 우리에게 "**말씀하시는 것**"을 느낀다. 즉 언제든 성경이 우리 인간에게서 자신의 목표에 도달하기만 하면, 문자화되어 있는 말이 개인적인 말 **건네기**가 된다. 하나님은 오늘도 **말씀하신다**. 그리고 그가 말씀하실 때면, 생생하고 개인적으로, 즉 **구술된** 말이라는 매체를 사용하여 하신다.153)

(4) **문자적인** 말도 결정적인 의미를 가지고 있다. 말의 구어성과 문어성을 서로 배제시켜서는 안된다. 유대교에서는 토라가 가장 중요한 읽을 거리였고, 그것은 지금도 여전히 그렇다. 토라 공부의 의미에 대해 말해주는 고전적 텍스트가 시편 1편이다. 거기에는 이렇게 씌어 있다: "복있는 사람은 … 오직 여호와의 율법을 즐거워하여 그 율법을 주야로 묵상하는 자로다. 저는 시냇가에 심은 나무가 시절을 좇아 과실을 맺으며 그 잎사귀가 마르지 아니함 같으니 그 행사가 다 형통하리로다."1-3 이 전통 속에서 예수는 자랐다. 그는 텍스트를 저술하지 않았지만, 텍스트를 읽고 그것을 자기와 연결시켰다. 그는 자기의 동시대인들에게 물었다: "너희가 성경에 …함을 읽어 보지도 못하였느냐?"막

---

153) 인간은 대개 "자연적으로" 말하기를 배운다. 그에 반해 쓰기는 문명의 특정한 등급을 전제로 한다. 오랜 시간 인류는 구어(口語)만을 알고 있었다. 오늘날에도 수 백만의 사람들이 읽고 쓸 줄 모른다. 인생의 시작은 문어가 아니라 구어와 접해 있다. 젖먹이와 소아는 구어를 통해 생존한다. 문어는, 큰 의미가 있는 인생의 첫 몇년 동안에, 어린이와 그 관련인물의 접촉에 있어서 아직 아무 역할도 하지 않는다.

12:10이하 예수는 성경과 경쟁관계에 들어서지 않았다. 그는 성경을 **새로운 방식으로** 유효하게 만들고자 하였다. 부활하신 후 그는 성경을 새로운 눈으로 보는 것을 제자들에게 가르치셨다. 눅24:25이하를 참조

바울도 복음선포에 있어서 **거룩한 책**을 연관시켰다. 그의 청자에게 있어서 믿음은 설교를 들음으로 생긴다. 롬10:17을 참조 그러나 설교 자체는 거룩한 책 없이 생기지 않는다. 바울에게 "복음"은 구술적 메시지였다. 그러나 이 메시지는 거룩한 책과 밀접한 관계가 있다. 그것은 거룩한 책과 분리되어서는 생각할 수가 없다. 예수와는 달리 그는 텍스트를 저술하였다. 그의 편지들은 그가 세운 교회들의 교회생활에서, 그리고 곧 그 경계를 넘어서서 중요한 역할을 한다. 그러나 사도적 편지들이 복음의 구술적 선포를 대체할 수는 없다. 복음의 구술적 선포도 사도적 편지들을 대체할 수 없다. 사도의 편지들은 사도적 권위의 특수한 형시이다. 복음서가 생성되었다는 사실 역시, 복음의 구술적 선포가 그것만으로는 장기적인 시각에서 충분하지 않음을 보여준다. 그리고 요한의 계시록은 그 나름의 방식으로 말씀의 **문어성**을 강조한다.154)

예수 그리스도라는 관점에서 이해되어야 하는 바, 거룩한 채근 유대교에서 처럼 기독교에서도 믿음의 근원과 규범으로써 효용이 있다. 거룩한 책은 유대교 예배에서 처럼 기독교 예배에서도 중심적인 역할을 한다. 종교개혁시대의 성경의 "재발견"은 성경읽기의 꽃을 피웠다. 루터는 사제와 학자에게 성경을 넘겨 버리려 하지 않았다. 그는 **자립적인** 성경읽기만이 그리스도인들을 신앙적으로 어른 구실을 하게 함을 인식했다. 하나님의 말씀의 문자적 형태가 아니었더라면, 우리는 하나님의 구술적 말씀에 대하여 많이 알 수 없었을 것이다. 그래서 선지자들의 말씀과 예수의 말씀을 문자적인 형식으로 전승하는 일이 필수적이었

---

154) 이에 대해서는 89쪽을 참조.

다. 그렇게 하여야만 하나님의 말씀이 특정한 **상황에 매이지 않는** 보편적 성격을 가지게 되고, 또 세대를 넘어서서 똑같은 상태의 말씀을 대하는 것이 가능하도록 할 수 있었다. 이 방식을 통해서만 유대교 신앙과 기독교 신앙이 시대를 넘어서서 그 정체성을 확보할 수 있었다. 그래서 우리는 성경의 문어성에 대해 마음으로부터 기뻐할 수 있다. 그러나 주의해야 할 것이 있다: 하나님의 문자적 말씀의 처음과 끝에는 하나님의 구술적 말씀이 있다. 성경 텍스트는 커다란 부분이 구술적 말씀으로부터 생겨 났다. 그리고 성경 텍스트는 하나님이 그것을 통해서 우리에게 **말씀하실** 때 그 목표에 도달한다. 성경은 그것을 위해 있는 것이다. 성경의 문자적 말씀은 목적자체가 아니다. 그것은 하나님의 구술적 말씀을 위해 있는 것이다. 문자적 말씀은 하나님과 인간의 인격적 만남의 매개가 되어야 한다.

(5) 성경 텍스트에는 "하나님의 말씀"과 관련하여 **분명한 구분들**이 있다. 성경 텍스트의 어떤 부분에서는 그 부분이 "하나님의 말씀"이라는 것을 **명백히** 밝힌다. 그런 텍스트들은 "하나님이 가라사대"나 "여호와께서 말씀하시니라" 등의 표현으로 시작한다. 이를 통하여 그 뒤를 따르는 문장들에 특별한 무게가 실린다. 그렇다면 우리는 이와 같은 명백한 의미에서의 하나님의 말씀이 아닌 **다른** 텍스트들을 같은 의미에서의 "하나님의 말씀"의 등급에 두지 않을 수 있다. 그렇지 않으면 성경의 기록자들이 큰 가치를 두었던 구분을 무의미하다고 말하는 것이나 다름 없을 것이다. 가장 분량이 큰, 하나님이 하시는 말씀은 출애굽기부터 신명기 사이에 있다. 이 하나님 말씀 때문에 **토라**가 유대교에서 그렇게 귀히 여겨지는 것이다. 그러나 토라가 오직 하나님이 하시는 말씀으로만 이루어져 있는 것은 결코 아니다. 창세기는 단지 적은 양의, 그리고 짧은 하나님 말씀을 담고 있을 뿐이다.

선지서에도 위에서 말한 구분이 있다. 선지서 텍스트의 일부만이 하나님이 하시는 말씀으로 되어 있다. 거기에서는 하나님께서 선지자에게 말씀하시거나, 혹은 선지자가 직접화법으로 하나님의 말씀을 선포한다. "여호와께서 가라사대…" 그러나 선지서는 다른 텍스트들도 포함하고 있다. 거기에서 선지자는 이스라엘의 책임맡은 자리에 있는 자들을 향해 말한다. 그는 하나님께서 하신 말씀으로부터 앞으로 있게 될 결과들을 끌어낸다. 그 외에도 선지서에는 선지자의 삶의 이야기도 있다. 토라에서처럼 선지서에서도 **특정한** 텍스트는 강조되어 명백히 "하나님의 말씀"으로 칭해지고, 다른 것은 그렇게 되지 않는다. 우리는 이러한 강조를 무시해서는 안된다. 그리하면 우리는 성경의 모든 텍스트를 **구분없이** "하나님의 말씀"의 등급에 두는 일을 하지 않을 수 있다.

위에 언급한 구분은 **시편과 욥기에서**155) 특히 잘 나타난다. 시편에서는 **인간이 하나님께 기도한다.** 하나님께서 인간에게 말씀하시느냐, 아니면 인간이 하나님께 말하느냐는 차이가 있다. 어느 영감설도 이 차이를 없다고 할 수 없다. 우리가 시편을 **직접적인**, 무제한적 의미에서 "하나님의 말씀"으로 이해하려 한다면, 이는 '하나님께서 자기 자신에게 기도한다' 는 뜻이 될 것이다. 그는 자기 자신에 대해 불만스러워하고 자기 자신을 찬양한다. 이는 순 허튼 소리일 것이다. 욥기에서는 친구들이 욥에게 말한다. 욥은 친구들에게도 말하고 하나님께도 말한다. 욥기의 끝에는 하나님께서 욥에게 말씀하신다.38-41장 여기의 모든 말이 같은 의미에서 "하나님의 말씀"일 수 없다. 욥은 자기의 생일을 저주하고욥3:1이하를 참조 날카로운 말로 하나님을 비난한다. 하나님이 욥의 생일을 저주하시고 자기 자신을 욥의 말을 통해 비난하시는가? 물

---

155) 시편과 욥기는 유대교의 성경에서 세 번째 부분, "Ketubim"(문서들)에 속한다. 유대교적인 이해에 따르면, 정경 중에서 이 부분은 토라나 선지서의 등급에 도달하지 못한다.

론 그렇지 않다. 그렇다면 하나님께 대한 욥의 말은 욥에 대한 하나님의 말과 같은 의미에서 "하나님의 말씀"이 아닌 것이다. 그 외에도 하나님은 친구들의 말을 책망하신다.욥42:7-10을 참조 그렇다면 그들의 말은 같은 의미에서 "하나님의 말씀"이 아닌 것이다. 이 지적들은 우리가 "하나님의 말씀"이라는 표현을 도식적으로, 또 생각없이 사용해서는 안된다는 것을 분명하게 보여준다. 그렇지 않으면 우리는 그 표현을 미사여구로 만드는 것이다. 위에서 말한 구분들은 성경의 특징에 속한다. 이 구분들을 진지하게 고려하지 않는 사람은 성경도 진지하게 생각하지 않는 것이다.

(6) 성경 어디에서 "하나님의 말씀"이라는 표현이 **성경** 자체를 의미하는가? 구약에는 **단 한 군데도 없다!** 그런 곳이 있을 **수가 없다**. 왜냐하면 그 문서들이 기록되고 수정 보완되던 시간에 "구약" 내지 "유대교의 성경"이 아직 존재하지 않았기 때문이다. 구약은 오늘날에 책이 만들어지듯이 그렇게 생성되지 않았다. 그것은 수백년의 전승과정을 통해 생겼다. 이 과정은 구약의 테두리 안으로 받아들여진 가장 나중의 문서가 완성된 **후에야** 비로소 종결되었다. 이것이 의미하는 바는: 훗날에 유대교의 성경에 포함된 문서를 기록한 사람은 "성경"이 무엇인지 아직 모르고 있었다는 것이다. 그래서 이 문서들에는 자기를 "성경"과 연관시키는 구절 역시 있을 수가 없는 것이다. 유대교의 정경이 완결된 뒤에야 비로소 "하나님의 말씀"이라는 표현이 전체로서의 유대교 성경을 의미할 수 있었다. 이 표현은 약 주전 1세기부터 생긴다. 이는 구약의 용어가 **아니라**, 어느 정도의 시간이 흐른 후에 사용된 유대교의 용어이다.

성경을 "하나님의 말씀"으로 칭하는 유대교적 관습 뒤에는, 거룩한 책이 하나님의 의지의 계시라는 확신이 있다. 예수와 원시 기독교 전체도 같은 확신을 가지고 있었다. 그래서 이 용어가 신약에도 나온다. 그러나 신약에는 "하나님의 말씀"이라는 표현이 **신약을 가리키는 곳이 단 한 군데도 없다!** 그런 곳이 있을 수가 없다. 왜냐하면 그 문서들이 기록되고 수정 보완되던 시간에 "신약"이 아직 존재하지 않았기 때문이다. 신약도 긴 세월의 전승과정을 통해 생겼다. 이 과정 역시 신약 속으로 받아들여진 가장 나중의 문서가 완성된 **후에야** 비로소 종결되었다. 이것이 의미하는 바는: 훗날에 신약에 포함된 문서를 쓴 사람은 "신약"이 무엇인지 아직 모르고 있었다는 것이다. 그래서 이 문서들에는 자기를 전체로서의 "신약"과 연관시키는 구절 역시 있을 수가 없는 것이다. 신약의 정경화과정이 완결된 뒤에야 비로소 "하나님의 말씀"이라는 표현이 전체로서의 신약 내지 전체로서의 기독교의 성경을 의미할 수 있었다. 이 표현은 주후 2세기 말부터 생긴다. 이는 성경의 용어가 **아니라, 교회**의 용어이다. 즉 성경에는 "하나님의 말씀"이라는 표현이 전체로서의 기독교의 성경을 가리키는 곳이 **단 한 군데도 없다!** "성경"과 "하나님의 말씀"의 개념을 똑같은 의미로, 그리고 교환가능한 것으로 여기는 그리스도인들은 이것을 잘 모르고 있다.

다수의 신학자들은 오늘날 "성경은 하나님의 말씀이다"라는 문장이 신학적으로 받아들여질 수 없다는 의견을 가지고 있다. "성경은 하나님의 말씀을 증거한다"는 표현이 적절하다는 것이다. 이 신학자들은 성령께서 성경을 통해 우리의 마음과 양심에 말씀하시는 경우를 위해 "하나님의 말씀"이라는 표현을 사용하고 싶어 한다. "하나님의 말씀"은 뭔가 특별한 것이어야 한다. 그것은 경솔하게 사용되거나, 그 사용영역이 부풀려지지 말아야 한다. 그 외에도 이 신학자들은 "하나님의 말씀"과 "성경"의 개념이 동일하지 않음을 분명히 하고자 한다. 나는 이 신학자들의 관심사가 정당하다고 여긴다. 그럼에도 불구하고 나는 많은 신학자들과 더불어 "성경은 하나님의 말씀이다"라는 문장이 -올바로 이해될 경우- 적절하다는 의견을 가지고 있다. 이 문장은 범교회적으로 인정된 언어사용과 상응한다. 카톨릭 교회, 정교회, 동방 교회, 종교개혁자들, 자유교회의 용어를 참조 그것은 구약을 가리키는 신약의 용어와 상응한다.

"성경은 하나님의 말씀이다"라는 문장의 의미는 다음과 같다: 하나님은 성경을 통해 우리에게 말씀하시고, 이 방식으로 성령을 선물로 주시고, 인도하시고, 우리의 구원에 중요한 모든 것을 가르치시는 일을 하실 수 있고, 또 그것을 하시기 원하신다. 그리고: 성경은 구원에 있어서 중요한 질문들에 대하여 믿음직한 방향을 우리에게 제시해준다. 우리는 "하나님의 말씀"에 대한 이와 같은 이해를 가지고 지난 이 천년간 기독교에서 입증된 경험의 공간 안에 머무른다. 이와 같은 이해는 본 절節에서 다룬 관점들을 시야에서 내몰지 않으면서, 우리에게 보호와 구원의 확신을 선사한다. "하나님의 말씀"이라는 표현은 이런 방식을 통하여 단순히 성경과 동일시하여 사용되는 경솔한 미사여구가 되는 것으로부터 보호된다. "성경은 하나님의 말씀이다"라는 문장은 당연히 은유이다. 그러나 그것은 사안에 맞는 적절한 은유이다.

요점 정리: 성경이 주는 정보에 의하면 우리는 **여러가지** 형태로 "하나님의 말씀"과 만난다. 하나님의 말씀의 네 가지 형태가 구분된다: 1. 인격이 된 하나님의 말씀으로서의 예수 그리스도 2. 하나님의 창조의 말씀 3. 하나님의 구술적 말씀 4. 하나님의 문자적 말씀. 이 경우 문자적 말씀 중 특정한 텍스트가 특히 강조된다 이러한 **세분화된** 시선만이 성경의 상태에 대한 적합한 판단을 내린다. 즉 "성경은 하나님의 말씀이다"라는 문장은, '성경이 하나님의 말씀의 **여러가지** 형태 중 **하나**'라는 뜻으로

사용될 때에만 바르게 이해된 것이다. 다시 말해서 "하나님의 말씀"은 성경 이상의 것임이 전제되어야 하는 것이다. 그렇지 않으면 성경이 "하나님의 말씀"에 대해 말하는 바를 **과소평가**하게 된다. "성경은 하나님의 말씀이다"라는 문장을 다음과 같이 이해한다면, 이는 **잘못된** 것이다: "하나님의 말씀"과 "성경"이라는 명칭은 같은 것을 의미하는 바, 두 개의 명칭은 교환이 가능하며, 성경은 어느 부분이든 똑같은 방식으로 "하나님의 말씀"이다. 즉 "성경은 하나님의 말씀이다"라는 문장을 **어떻게** 이해하느냐가 관건이다. 이 문장이 동의할 만 한가, 아니면 거부되어야만 하는가는 여기에 달려 있다.156)

---

156) 끝으로 이해를 돕도록 쉬운 예를 하나 들겠다.(한국 독자의 이해를 위해 원문 중 두 개의 단어를 바꾼다-역자) "충청도 사람은 한국인이다"라는 문장은 옳다. 그러나 이는 "충청도 사람"과 "한국인"이라는 개념이 동일하다거나 교환 가능하다는 뜻이 아니다. 왜냐하면 모든 한국인이 충청도 사람은 아니기 때문이다. "한국인"의 개념은 "충청도 사람"의 개념의 상위개념이다. 이와 같이 "하나님의 말씀"의 개념은 "성경" 개념의 상위개념이다.

6. "영감"이란 무엇인가?

6.1 성경적 관점들

유대교의 성경은 유대교에서 뿐 아니라 원시 기독교에서도 하나님의 말씀으로, 즉 하나님의 의지의 계시로 여겨졌다. 거룩한 책이 하나님의 영에 의해 **영감**되었다는 확신이 이와 결합되어 있었다. 이 확신에는, 거룩한 책이 구원에 중요한 모든 질문에 있어서 믿을 만한 방향을 제시해 준다는 광범한 신뢰의 태도가 표현되어 있었다. 하나님은 거룩한 책을 통하여 우리를 인도하시고 가르치신다. 그것의 도움에 힘입어 우리는 우리 인생을 하나님의 의지에 부합하게 만들어 갈 수 있다.157) 교회는 "구약"에 "신약"이 첨가된 기독교의 성경에 대해서도 이러한 광범한 신뢰의 태도를 보였다.

하지만 유대교에서와는 달리 원시 기독교에서는 성경 외에 더 높은 권위, 즉 부활하신 주님의 권위가 추가되었다. 이는 이제까지의 유대교의 상황과 비교했을 때, 뭔가 근본적으로 새로운 것이었다. 원시 기독교에서는 예수께서 하셨던 말씀들이 전승되었다. 그리고 사람들은 부활하신 이가 그의 교회를 성령으로 이끄신다는 것을 알고 있었다. 부활하신 주님에 대한 신뢰와, 그리스도 사건을 통하여 새로운 빛으로 비추어진 거룩한 책에 대한 신뢰는 원시 기독교의 교회생활의 토대였다. 이

---

157) 거룩한 책을 주심에 대한 기쁨이 토라시편에 표현된다(시1, 시19:8-12, 그리고 시119).

교회생활을 위해 축자 영감설이 중요했다거나 필수적이었다는 지적은 어디에서도 찾아볼 수 없다.158) 분명 그런 학설은 필요하지 않았다. 원시 기독교에는 예수 그리스도 안에서 일어난 일에 대한 기쁨과 부활하신 이의 영적 인도에 대한 신뢰와 예수 그리스도 안에서 거룩한 책이 성취되었다는 것에 대한 감사가 전면에 부각되어 있었다. 거룩한 책의 가장 작은 세부에까지 이르는 완벽한 무오류성에 대한 학설을 통해 추가적으로 "안전장치를 마련"해야 할 이유가 어디에 있는가? 기쁨과 구원의 확신이 충만하고 하나님의 큰 일에 감탄하는 사람은 그런 종류의 안전장치를 요구하지 않는다. 이단의 위험이 증가했던 원시 기독교의 두 번째 세 번째 세대에서도 세밀화된 영감설은 발전하지 않았다.

신약에도 구약에도 성경의 완전한 무오류나 무모순성을 말하는 진술이 없다. 이 주제가 성경에서 자세히 다루어지는 것은 고사하고 말이다. 신·구약의 기록자들이 훗날의 축자 영감설의 대변자들처럼 그렇게 불붙는 듯한 관심을 가졌더라면, 이 주제를 그렇게 하찮게 다루었을까? 이 영감설의 특수한 주제가 성경의 **어디에서도** 분명하고 상세하게 다루어지지 **않는다**는 것이 그것의 딜레마이다. 그러므로 한편으로 성경을 통한 하나님의 일하심 내지 성경의 근본적인 방향설정 능력에 대한 포기할 수 없는 신뢰와, 다른 한편으로 그것을 넘어서는 특수한 축자 영감 이론이 분명하게 구분되어야 한다. 이 이론에 따르면, 위에서 서술한 성경에 대한 광범한 신뢰의 태도만으로는 충분하지 못한데, 이것도 이 이론의 딜레마이다.159) 축자 영감설은 "더 많은 것"을 원한다. 이 점에서 이 이론의 문제성과 과장이 드러난다.160)

---

158) 축자 영감설에 대해서는 2장 뒤의 부설과 6장 3절과 4절을 참조.
159) 축자 영감 이론의 대변자들의 의견은 다음과 같다: 성경이 완벽하게 오류가 없다고 여기는 것은 본래 모든 그리스도인들에게 적합한 일이다. 이 견해를 가지지 않는 사람은 신앙 안에서 건강하게 발전할 수 없다.

축자 영감설의 대변자들은 특히 신약의 두 부분을 근거로 제시한다: 그것은 디모데후서 3장 14-17절과 베드로후서 1장 19-22절이다. 나는 짧게 두 부분을 다루려고 한다. 디모데후서에는 이렇게 씌어 있다: "그러나 너는 배우고 확신한 일에 거하라. 네가 뉘게서 배운 것을 알며 또 네가 어려서부터 성경을 알았나니 성경은 능히 너로 하여금 그리스도 예수 안에 있는 믿음으로 말미암아 구원에 이르는 지혜가 있게 하느니라. 모든 성경은 하나님의 감동으로 된 것으로 교훈과 책망과 바르게 함과 의로 교육하기에 유익하니 이는 하나님의 사람으로 온전케 하며 모든 선한 일을 행하기에 온전케 하려 함이니라." 이 문장들은 **유대교의 거룩한 책**과 관련된다. 저자는 이 문서들이 그리스도인들에게 여전히 근본적인 의미가 있다고 분명히 말한다. 대다수의 유대인이 예수 그리스도의 복음을 거부하지만 말이다. 이 문서들은 **그럼에도 불구하고** "지혜가 있게" 할 수 있고, "교훈과 책망과 바르게 함과 의로 교육하기에 유익"한 것이다. 이 구절에 나열되어 있는 것은 이 문장들의 강조점이 어디에 있는지 분명하게 해준다. 그 관심은 거룩한 책의 **교육적 유용함**이다. 저자는 이 맥락에서 거룩한 책이 "하나님의 감동으로" 된 것을 강조한다. 이 지적은 유대교와 모든 원시 기독교가 그랬던 것처럼, 거룩한 책이 영감되었다는 생각에서 출발함을 보여준다. 그러나 이 구절들의 관건은 일차적으로 "영감"이라는 주제가 아니라, "하나님의 사람으로 온전케 하며 모든 선한 일을 행하기에 온전케 하려 함"이다. 영감에 대한 "학설"을 디모데후서 3장 14-17절에서 끌어낼 수는 없다. 그러기에는 영감에 대한 지적이 너무 적다. 게다가 그 지적마저 유대교

---

160) 현대적인 성서학이 "전통적인 영감설"을 거부할 때면, 그것은 대개 축자 영감설을 의미한다. 유감스럽게도 오늘날의 학문적 신학은 전통적인 영감설의 편협성을 피하면서 오늘날의 성서학적 인식의 수준에 어울리는 영감설을 발전시키려는 시도를 별로 하지 않았다. 그러한 시도가 더 증진되어야 할 것이다.

의 거룩한 책의 교육적 유용함을 강조하기 위한 논구의 수단일 뿐이다. **축자영감**이라는 **특수한** 학설을 이 구절들에서 결코 끌어낼 수 없다. 그런 주장은 엉뚱한 것이다.

베드로후서 1장 19-22절의 텍스트는 다음과 같다: "또 우리에게 더 확실한 예언이 있어 어두운 데 비취는 등불과 같으니 날이 새어 샛별이 너희 마음에 떠오르기까지 너희가 이것을 주의하는 것이 가하니라. 먼저 알 것은 경의 모든 예언은 사사로이 풀 것이 아니니 예언은 언제든지 사람의 뜻으로 낸 것이 아니요 오직 성령의 감동하심을 입은 사람들이 하나님께 받아 말한 것임이니라." 위에서 다룬 구절과는 달리 여기에서 "예언"은 다분히 **원시 기독교적** 문서들을 가리키는 것으로 여겨진다. 베드로후서에 있는 바울의 글들에 대한 지적벧후3:15 이하 참조이 이를 뒷받침한다. 이로써 베드로후서는 원시 기독교의 문서들이 유대교의 거룩한 책과 대등하게 여겨지는 과정이 시작되었음을 알려 준다.

위의 두 텍스트 중 어느 것도 거룩한 책의 "완벽한 무오류성 및 무모순성"에 대해 말하고 있지 않다. "성령의 감동하심을 입은 사람들이 하나님께 받아 말한 것"은 성경이 그 세부에 이르기까지 완벽하게 오류 및 모순이 없다는 주장이 아니다. 디모데후서 3장 14-17절과 베드로후서 1장 19-22절이 의도하는 바는 훗날의 축자영감이론의 목표설정과 단순히 동일하지 않다. 이 신약성경의 텍스트들은 수 세기 후에 다른 역사적 맥락에서 발전된 영감이론을 뒷받침하기 위하여 그렇게 비약적인 방식으로 독차지 되어서는 안된다. 이 두 가지 "주요 근거"로부터 근본주의적인 특징의 그리스도인들이 기꺼이 끌어 내고자 하는 것은, 매우 사변적인 해석을 통해서만 끌어 낼 수 있다. 이는 석의釋義라기 보다 첨의添義이다.

요점 정리: 훗날의 축자영감이론은 성경 속에 견고한 근거를 가지지

못한다. 신·구약의 여러 곳에서 성경의 완벽한 무오류 및 무모순성이 중요하다는 것을 분명하게 강조하고, 또 왜 그런지 설명한다면, 그런 이론이 성립할 수 있었을 것이다. 두 가지 "주요 근거" 조차도 필요한 근거를 대지 못하기 때문에, 다시 한 번 강조할 수 밖에 없다: 축자영감설을 위한 분명한 성경적 근거는 단 하나도 없다.

6.2 초대교회에서의 발전

신약의 정경화와 관련되어 초대교회에서 성경의 영감설이 발전되기 시작하였다. 이 때 성경의 무오류 및 무모순성에 대해서도 처음으로 이야기되었다. 다른 신학자들 외에도 특히 오리게네스주후 185-253와 어거스틴주후 354-430이 이 견해를 대변하였다. 그들의 입장을 더 잘 평가할 수 있기 위해서 그 진술의 맥락, 그리고 그 진술이 편입되어 있는 바, 신학적인 전체이해가 고려되어야 한다. 이 때 다음의 세 가지 관점이 특히 중요하다:

(1) 오리게네스와 어거스틴이 성경의 무오류 및 무모순성을 언급하는 맥락이 커다란 문제가 있다. **오리게네스는 교회가 알레고리적 성경해석을 하기를 원한다.**161) 그의 의견에 따르면 그런 해석을 통해서만 성경의 무오류 및 무모순성에 대해서 말할 수 있다. 오리게네스는 알레고리적 성경해석이 수백년간 교회에서 통용되는 데에 결정적으로 기여하였다. 그러나 이 해석방법은 셀 수 없이 많은 매우 자의적인 성경해석들을 초래하였다. 성경 텍스트가 이 방식을 통해 매우 빈번하게 곡해

---

161) "알레고리적" 성경해석은 성경 텍스트에서 문법적인 의미를 훨씬 넘어서는 숨겨진 영적 의미를 찾는다. 예를 들면: 알레고리적 성경해석은 선한 사마리아인 비유(눅 10:28-35)에서 예루살렘을 본래 인간이 하나님과 함께 있었던 것으로, 여리고를 불신세계로 이해한다. 여행자를 습격하는 강도들은 인간을 해하고 강탈하는 죄들을 가리킨다. 선한 사마리아인은 예수 그리스도이다. 그가 습격당한 자를 데려다 놓는 여관은 기독 교회이다.

되었다. 그렇기 때문에 알레고리적 해석방법은 오늘날 사용되지 않는다. **어거스틴**은 성경의 무오류 및 무모순성에 대해서 말할 때 그리스적·헬레니즘적 영향 하에 그리스적 완전성 및 조화의 사고 있었다.162)

(2) 성경에 오류 및 모순이 없다는 명제는 초대교회에서 **개별 신학자들**의 의견 개진의 정도의 선에 머물러 있었다. 그들의 의견은 구속력이 있는 교회의 가르침으로 끌어 올려지지 **않았다**. 이 신학자들의 의견이 초대교회의 **신앙고백**이나 **공의회의 결의**에 수용되었더라면, 구속력이 있는 교회의 가르침이 되었을 것이다. 그러나 그렇게 되지 않았다.

(3) 오리게네스의 경우나 어거스틴의 경우 모두 성경의 영감에 대한 말이 훗날의 축자영감설과는 근본적으로 다른 신학적 전체이해 속에 편입되어 있다:

- 전체 초대교회가 그렇듯이 오리게네스와 어거스틴도 "계시"를 일차적으로 성경이 아니라, 예수 그리스도 안에서의 하나님의 계시로 이해한다. 즉 오리게네스와 어거스틴은 훗날의 축자영감설의 대변자들이 그랬던 것처럼 "계시"와 "성경 텍스트"를 같게 생각하지 않는다.
- 초대교회에는 아직 "**오직 성경**sola scriptura"이 없었다. 즉 성경의 영감에 대한 진술이, 훗날의 축자영감설의 경우처럼, 교회적 전통과 아직 경쟁관계에 있지 않았다. 초대교회에 있어서 교회의 전통은 훗날 17, 18세기의 신교적 정통주의에서보다 훨씬 높은 가치를 지니고 있었다.
- 초대교회는 아직 **광범하고** 세부적인 영감이론을 발전시키지 않았다. 오리게네스와 어거스틴도 마찬가지다.
- 오리게네스와 어거스틴의 성경의 영감에 대한 진술은 일차적으로 성경의 **방어**를 위한 것이 아니다. 그래서 무오류 및 무모순성의 측면은,

---

162) 이에 대해서는 Küng, *Unfehlbar*, 118이하를 참조.

나중의 축자영감설과는 달리, 관심의 중심에 있지 않다.

17, 18세기의 신교적 정통주의에서 처음으로 발전된163) 훗날의 영감설과 초대교회의 신학 사이의 이러한 차이들이 시야에서 사라져서는 안된다. 이 차이들은 신교적 정통주의의 영감이론을 초대교회에 있었던 영감에 대한 진술들의 "조직적인 계승 발전"으로 보는 것을 불가능하게 만든다. 신교적 정통주의는 매우 제한적으로만 초대교회와 연관될 수 있다. 그들의 영감 및 계시이해의 전체적 체계는, 초대교회에서는 없었던, 기독교 역사상 뭔가 새로운 것이다.

6.3 신교적 정통주의의 시각

루터1483-1546는 동시대의 모든 신학자들과 마찬가지로 성경의 영감을 전제하였다. 그러나 그는 상세한 영감이론을 집필할 필요를 느끼지 않았다. "영감"이라는 주제의 폭넓은 논의는 그에게서 발견되지 않는다. 다른 종교개혁자들멜란히톤, 쯔빙글리, 칼빈에게서도 그것은 마찬가지이다. 17, 18세기에 이르러서야 영감이해의 역사에 새로운 시기가 시작된다. 신교적 정통주의가 기독교의 역사상 처음으로 **광범하고 세부적인** 영감이론을 발전시켰다. 이 이론에서 처음으로 성경의 완벽한 무오류 및 무모순성이 **중심적인** 문제가 된다. 이 영감이론의 결정적인 진술은 다음과 같다: 성경의 모든 단어는 성령께서 영감하셨다. 그래서 성경은 오류나 모순을 가질 수 없다. 이 영감이론은 "**계시**"에 대한 새로운 이해와 밀접하게 관련되어 있었다: 신교적 정통주의에서 최초로 성경의 텍스트가 결정적인 하나님의 계시로 여겨졌다. 이로써 근본적인 고유의 계시사건인 예수 그리스도 안에서의 하나님의 계시는 시야에서 사라졌다.164)

---

163) 다음 절을 참조.

왜 하필 17세기에 이와 같이 새로운 영감 및 계시이해가 생겼을까? 두 가지 이유가 결정적인 역할을 한다: 첫 번째 이유는 종교개혁과의 연관 속에서 생긴 기독교의 고백적 분열이었다.165) 트리엔트 공의회 1545-1563에서 카톨릭 교회는 루터의 "오직 성경"을 거부하였다. 공의회는 성경만이 아니라 교회의 **전통**도 기독교 신앙과 가르침의 근간이라고 선언하였다. 그 때부터 신교 교회들은 종교개혁적 "오직 성경"을 **방어해야** 할 과제 앞에 서게 되었다. 그들은 특히 축자영감설을 통하여 그 일을 하였다. 그 이전의 수백년 간에는 성경의 역할이 종교개혁 시기만큼 그렇게 논쟁거리가 아니었다. 그래서 초대교회에서나 중세에는 성경의 영감을 그렇게 집중적으로 다룰 필연성도 없었다.

새로운 영감 및 계시이해의 두 번째 이유는 새로 기초된 프로테스탄트 교회 뿐 아니라 카톨릭 교회에도 큰 염려를 끼쳤던 발전, **천문학적** 세계상像의 변화에 있었다. **코페르니쿠스**는 지구가 태양의 주위를 돌며 동시에 자전한다는 것1543년에 일반에게 알려짐을 발견하였다. 이는 지구가 그 때까지의 전체 인류사를 통해 생각했던 것처럼 고정되어 있는 세계의 중점이 아니라는 것을 의미했다. 갈릴레이1564-1643, 케플러 1571-1630, **뉴튼**1642-1727은 코페르니쿠스의 발견을 결정적으로 심화시켰다. 당시의 사람들과 교회에 이 "주장들"은 쇼크였다. 교회는 사람들이 종교적인 지주를 잃을까 걱정하였다. 교회는 특히 새로운 학문적 "명제들"이 성경의 권위를 뒤흔들까 걱정하였는데, 이는 성경에 그와 같은 것들이 나와 있지 않기 때문이었다. 교회 측에서는 일단 새로운 인식들을 거부하였다. 심지어는 그 대변자들에 대하여 조치를 취하는 일도 부분적으로 행해졌다.

---

164) 신교적 정통주의의 새로운 계시이해에 대해서는 95쪽 이하를 참조.
165) 아우크스부르크 화의(1555) 이후에 두 가지의 기독교적 고백이 정치적으로 법적으로 인정되었다.

카톨릭 교회는 태양이 행성계의 중심이라고 가르치는 책들을 오랜 세월 동안 금서목록에 올렸다. 갈릴레이는 재판을 받았다.1633 그는 사형의 위협을 통해 그의 학설의 철회를 요구 받았고, 철회 후에도 평생 가택연금 상태에 있었다. 루터와 멜란히톤과 칼빈도 코페르니쿠스의 "새 천문학"을 거부하였다. 그것은 그들의 눈에 성경과 양립할 수 없어 보였다. 그러나 종교개혁자들은 새 천문학의 대변인들에 대항하여 아무 조치도 취하지 않았다. 하지만 새로운 인식들이 관철되기까지는 신교 대학비텐베르크, 라이프찌히, 예나, 기센, 로스톡, 그라이프스발트, 쾨니히스베르크, 튀빙엔, 슈트라스부르크에서 조차 수십년이 걸렸다. 구교 대학에서는 그런 전환이 훨씬 더 나중에 이루어졌다. 18세기 초에야 비로소 새로운 인식들이 유럽에서 일반적으로 인정되었다. 방향전환의 과정이 약 150년이 걸린 것이다.

성경 및 세계상과 관련된 커다란 불안을 초래한 이 상황에서 신교적 정통주의는 그들의 계시 및 영감이해를 발전시켰다. 고백적 학문적 변화의 시기에 성경의 확고한 권위가 세워져야 했고, 성경이 비판에 의해 영향을 받지 않게 해야 했다. 성경을 둘러싸고 보호용 "영감의 벽"이 세워졌다. 새로운 영감설은 적어도 그것의 커다란 부분이, 위협적으로 느껴진 발전들에 대한 **반응**이었다. 그것은 성경을 **방어**하는 데 사용되었다. 예전의 영감에 대한 초대교회의 진술들도 "이교적" 공격들에 대한 성경의 방어를 위한 것이기는 했다. 그러나 방어의 필요가 그렇게 전면에 부각되지는 않았었다. 초대교회는, 17, 18세기의 교회가 자연과학적 인식들로부터 위협 받았던 만큼, 그렇게 당대의 "이방종교"로부터 위협 받는다고 느끼지 않았다. 오히려 초대교회가 "이교적" 세계를

기독교화했던 것이다. 초대교회 당시에는 비교될 만큼 세계상을 뒤흔
드는 일도 없었다.

새로운 천문학에 대한 교회의 저항은 공평하게 판단되어야 한다. 새로
운 천문학의 많은 대변자들이 새로운 자연과학적 인식들을 인생 및 세
계의 기계적 이해와 결합시켰다는 것을 고려하면, 이 저항이 아주 부당
하지만은 않았다. 인생 및 세계에 대한 이러한 전체해석은 새로운 자연
과학적 인식을 훨씬 넘어서 버렸고, 이 인식을 통해 결코 검증되지도
않았다. 그럼에도 불구하고 이 기계적 세계상은 우월한 것인 양 제시되
었다. 교회의 저항은 천문학적 인식의 세계관적 과대해석 때문에 불붙
기도 했다. 예를 들어 갈릴레이와 뉴튼의 기계적 인간 및 세계이해는
실제로 성경과, 그리고 **전체로서의** 인생에 대한 이해와 맞서는 것이다.
갈릴레이와 뉴튼의 시각은 자연과학의 일방적인 인과적·도구적 세계
관의 발전에 중대한 기여를 하였고, 자연과학은 오랜 시간 여기에서 벗
어날 수 없었다. 이 일방적 시각은 19세기에, 그리고 무엇보다 20세기
에 자연과 인간의 생활근간에 부분적으로는 되돌이킬 수 없는 파괴를
초래했다. 즉 **양쪽**에서 일방성과 편견이 큰 역할을 하였다. 자연과학적
인식들이 인생에 대한 교조적인 전체해석과 부당하게 뒤섞이는 것을
당시에는 양쪽 중 어느 쪽에서도 알아채지 못했다.

6.4 기독교적 근본주의의 시각

20세기의 근본주의적 영감이론은 신교적 정통주의의 영감이론과
본질적으로 매우 흡사하게 논리를 편다. 전자는 후자를 계승하고 있
다.[166] 이는 모든 이런 종류의 영감이론들의 공동의 뿌리에 위협받고
있다는 느낌이 있다는 것을, 따라서 안전함에 대한 욕구가 있다는 것을

말해준다. 이러한 생성의 근거가 각각의 영감이론에 특성을 부여한다. **근본주의적** 영감이론에서는 코페르니쿠스, 갈릴레이, 케플러, 뉴튼은 더 이상 문제가 되지 않는다. 이제 위협이 되는 것은 현대적 성서학, 현대적 진화론, 현대적 자유주의이다. 이 위험들에 대항하여 오류와 모순을 모두 배제하는 성경의 영감이 강조되는 것이다.

위에 열거한 발전들에 대한 근본주의의 저항도 공평하게 판단되어야 한다. 17/18세기의 교회의 저항처럼, 20세기의 근본주의의 저항도 결코 부당하지만은 않다. 현대적 성서학이나 현대적 진화론이나 현대적 자유주의가 자기 고유의 인식영역을 훨씬 넘어서는 세계관적 내지 이데올로기적 **신조**들과 뒤섞이는 곳에서는 비판이 필요하다. 현대적 성서학167)과 초기의 진화론과 신학적 자유주의168)가 자꾸 세계관적 신조들과 결합되었던 것은 재론의 여지가 없다. 많은 자연과학자들이 진화론을 무신론적 전제들의 환영받는 "증거"로서 사용하였다. 학문적 인식들의 이러한 과대평가와 세계관적 도구화는 그동안 현격하게 줄어들었다. 그것은 오늘날의 학문의 현주소와 더 이상 걸맞지 않는다. 오늘날의 학문이론에서는 학문이 인생에 대한 전체적인 해석을 할 수 없다는 점에서 폭넓은 의견일치가 이루어져 있다. 어떤 종교적인 견해나 무신론적인 견해도 학문적으로 증명되거나 반증될 수 없다. 그러므로 학문이 세계관적인 목적으로 이용되었던 시절에 내놓은 예전의 과장들에 대하여 오늘날에는 더 이상 과장된 반응으로 대답하지 말아야 할 것

---

166) 하지만 오늘날 다수의 근본주의 신학자들은 성령께서 성경의 기록자들에게 단어들을 "**받아쓰게 했다**"는 관념을 거부한다. 그런 관념은 적어도 신교적 정통주의의 말기에는 일반적으로 대변되었다. 그러나 이 차이는 훨씬 중요한 공통점들과 비교하여 볼 때 별 것 아니다. 오늘날의 근본주의 신학자들도 하나님께서 성경의 단어들을 선택하시고 결정하셨다고 생각한다.
167) 8장을 참조.
168) 8장 6절을 참조.

이다. 신교적 근본주의는 자신이 적대적인 자세에 어느 정도 사로잡혀 있는지 질문해야 한다. 그 적대성은 20세기 초에는 피부에 와 닿는 것이었지만, 오늘날의 학문이론상으로는 극복되었다고 여겨질 수 있는 것이다.

근본주의적 영감이론에 대하여 다음의 것들이 지적되어야 한다: 성경은 어떤 이론을 통한 정당화가 필요하지 않다. 성경은 스스로 정당화한다. 성경은 이론을 통해서 "보호"할 필요가 없고, 또 그렇게 할 수도 없다. 성경은 성령의 힘으로, 그리고 그 내용의 힘으로 작용할 뿐, 그 내용의 생성을 다른 이론의 힘으로 작용하지 않는다. 그리스도인들은 영감이론이 아니라, 하나님을 믿는다. 성경의 영감에 대한 믿음이 예수 그리스도에 대한 믿음보다 앞으로 밀려 나와서는 안된다. 다 차치해 두고서: "영감"이 정확하게 무엇이며 어떻게 일어나는지 우리 중 누가 말할 수 있는가? 영감의 과정에 대하여 우리는 아무것도 정확하게 아는 것이 없다. 그것은 우리가 비밀로서 존중해야만 하는 비밀일 뿐이다. 성경의 영감에 대해 힘주어 강조하는 그리스도인에게 중요한 것은 영감이 아니라, 대개 성경의 **무오류성**이다. 영감에 대한 사고는 결국 목적을 위한 수단에 불과하다. 영감에 대한 사고는 자기의 성경에 대한 이해를 보호하려는 목적을 위해 사용된다. 영감에 대한 사고의 이와 같은 **도구화**는 비근본주의적 신학 측으로부터 마땅히 거부된다.

17/18세기의 영감이론과 그것을 계승하는 근본주의적 이론은 성경의 책들이 **단독의** 저자에 의해 씌어졌으며, 그는 자기가 기록한 책을 오늘날 우리가 보는 모습대로 완성하였다는 생각에서 출발한다. 그러나 이 생각은 많은 책들의 경우에 맞지 않는다. 그들의 마지막 모습이 갖추어 지기까지에는 수십년 또는 수백년에 걸친, 많은 사람이 참여한

완성과정이 있었다. 구약시대의 오리엔트에는 아직 우리가 생각하는 식의 "**저자著者 문학**"이 없었다. 그것은 오히려 **익명의 전통문학**이었다.169) 이는 헬레니즘의 영향 하에 주전 3세기부터 점차 변하기 시작했다. 그러나 우리는 신약에서도 현대적인 의미의 "저자 문학"을 아직 전제할 수 없다.

백 년 전처럼 오늘날에도 근본주의적 신학은 성경의 많은 책들이 긴 생성과정을 거쳤으며, 그 기간동안 수정 보완되었다는 것을 부정한다. 그러나 현대적 성서학은 성경의 많은 책들이 긴 생성과정 내지 저작과정을 거쳤다는 많은 근거있는 징후들을 발견하였기 때문에, 예를 들면 모세오경, 역사서, 대부분의 선지서, 시편, 욥기 대학의 성서학자들 사이에서는 오래 전부터 의견일치가 이루어져 있다. 이 의견일치에 몇십년 전 이래로 구교의 성서학자들과 많은 자유교회의 성서학자들이 합류하였다. 책들의 생성과정의 많은 측면들이 더 이상 확실하게 재구성되지 않고, 그래서 대립적으로 논쟁이 되고 있기는 하다. 그러나 그런 생성과정을 근본적으로 받아들여야 한다는 점에는 변화가 없다.

성경의 영감에 대한 이야기는 정당하며 좋은 의미가 있다. 그러나 그것은 위험도 가지고 있다. 다음의 관점들은 정당하다: 성경의 영감에 대한 지적은, 성령이 성경의 생성에 있어서 결정적인 요소였다는 것에 대해, 우리가 성경 속에서 실제로 하나님을 발견할 수 있다는 것에 대해, 그리고 우리의 삶에 중요하고 귀한 영향이 성경으로부터 나온다는 것딤후3:14-17을 참조에 대해 우리의 신뢰를 강화한다. 성경의 영감에 대

---

169) 이 중요한 관점을 나는 이 책의 범위 내에서 더 자세히 다룰 수 없다.
170) 10장 뒤의 부설을 참조.

한 이야기의 위험은, 우리가 우리의 원하는 것과 잘 맞고 우리가 가지고 있는 성서상像을 가장 잘 방어할 수 있는 바로 그 영감이론을 마련한다는 데에 있다. 그 외에도 영감의 일방적인 강조는 성경에 나오는 모든 것을 똑같이 중요하게 여기는 의무감을 불러 일으킬 수 있다.170)

각 그리스도인은 이런 경향이 자기에게서 얼마나 큰 역할을 하는지 스스로 물어야 한다. 영감되었기 때문에 성경이 완벽하게 오류와 모순이 없다는 주장이 주제가 될 때에는 특히 그러하다. 성경의 텍스트 자체는 이 주장을 입증해 주지 않는다. "진실"은 "무오류성"과 같은 것이 아니다. 연애편지나 반가운 소식, 또는 가슴 철렁한 소식의 진실성과 영향력, 약속이나 법정판결의 유효성 등은 그 텍스트가 완벽하게 오류가 없느냐 그렇지 않으냐에 달려 있지 않다. 비근본주의적 신학은 성경의 무오류성의 고착으로부터 자신을 풀어 내었고, 그러한 주장 뒤에 있는 동기에 대하여 당연히 매우 문제가 크다고 여긴다.

비근본주의적 신학에서 성경의 **계시의** 질에 대해 언급할 때면, 이는 방대한 텍스트의 모든 세세한 부분을 가리키는 것이 아니라, 그 **메시지** 전체를 가리켜 하는 말이다. 이는 어느 책의 **메시지**가 텍스트의 세부사항으로부터 완전히 분리될 수 있다는 것을 주장하는 것이 아니다. 책의 메시지는 여러가지 각도에서 정확한 단어선택이나 특정 구문의 간명함과 당연히 관련되어 있다. "너는 간음하지 말라"라는 말과 "본래 간음하지 않는 것이 좋다"는 말은 -나는 이 예를 근본주의적인 방향을 가진 책에서 읽었다- 실제로 차이가 난다. 그러나 이 예에서는 **특별하게 간명한 텍스트**, 즉 십계명이 관건임이 고려되어야 한다. **여기서는** 당연히 정확한 문장서술이 문제가 된다. 그러나 성경 전체에서 모든 텍스트가 십계명에서 처럼 각각의 개별적인 문장서술이 문제가 된다고 주장한다면, 그것은 과장일 것이다. 여호수아, 사사기, 사무엘, 열왕기, 역대기, 에스라, 느헤미야 등을 생각해보라. 그 외에도 위의 예를 사용한 저자에게 구약에 십계명의 **두 가지** 판본이출20:2-17과 신5:6-21 있음이 지적되어야 하겠다. 이 두 판본은 결코 그 모든 세부가 일치하지는 않는다. 거기에는 뚜렷한 차이들이 있다. 그저 안식일 계명의 서로 다른 근거를 비교해보라. 신약에는 두 가지 판본의 주기도문마6:9-13과 눅11:2-5, 복 있는 사람에 대한 두 가지 판본마5:3-11과 눅6:20-23, 성찬에 대한 네 개의 판본이마26:26-29; 막14:22-25; 눅22:14-20; 고전11:23-27 있다. 이 모든 경우에 세부적인 차이들 뿐 만 아니라, 뚜렷한 차이들이 있다. 그렇게 중심적인 텍스트에 상이한 판본들이 있다면, 우리가 무슨 권리로 성경의 메시지가 전체 텍스트의 각각의 세세한 부분에 달려 있다고 주장하려 하겠는가? 이런 류의 주장들은 법칙성의 경계를 넘어서는 것이다.[171]

부설: 유대교, 이슬람교, 기독교적 특수 종파에서의 거룩한 책의 절대적 권위

정통 유대교와 이슬람교는 그들의 거룩한 책에 대한 모든 상대화를 거부하는데, 이는 그 책을 신과 비교할 경우에도 마찬가지이다. 두 종교는 그들의 거룩한 책에 **절대적** 권위를 부여한다. 신과 거룩한 책의 범주적 구분은 불가능하다. 토라 내지 코란은 유대교 내지 이슬람교에서 신의 말씀으로, 결국 신의 **결정적인** 계시로 여겨진다. 토라 내지 코란의 모든 단어가 신으로부터 유래하기 때문에, 유대 정통적 내지 이슬람적 확신에 따르면, 각각의 거룩한 책이 **완전하다는** 것, 즉 오류와 모

---
[171] 성경의 "일점 일획"에 대한 지적은(마5:18) 반론이 되지 못한다. 이에 대해서는 10장 뒤의 부설을 참조.

순이 없다는 것은 지당한 것이다. 그들의 거룩한 책에 대한 비판과 의심은 거부된다. 그것은 죄와 불신앙의 표현에 지나지 않는다. 토라 내지 코란에 대한 비판과 의심은 신에 대한 비판과 의심이다. 그러므로 서양의 대학에서 흔히 볼 수 있는 **역사적·비판적 거룩한 책 대하기** 역시 불가능하다.

토라에 대한 유대 정통적 이해와 코란에 대한 이슬람적 이해는, 각각의 거룩한 책의 절대적 권위와 무오류성에 관한 한, 신교적 근본주의의 성경이해와 일치한다. 근본주의적 방향의 기독교 신학자는 이 공통점이 화제가 되는 것을 조심스럽게 피하고 그 대신에 남아 있는 차이들을 강조한다. 실제로 차이가 있다. 그러나 그것이 성경에 대한 기독교적 근본주의의 견해와 코란에 대한 이슬람적 견해 사이에 분명한 구조적 유사성이 있다는 사실을 변화시키지는 않는다. 이 구조적 유사성은 스스로 말한다. 그것을 부정하는 것은 무의미한 일이다.172)

하필 기독교적 **특수 종파들**(여호와의 증인, 신사도 교회 등)이 근본주의적 성경이해를 대변한다는 것도 시사하는 바가 크다. 이 종파들은 성경의 완벽한 무오류 및 무모순성을 강조함에도, 성경의 **해석**에 있어서는 매우 상이한 결과들에 이르고 있다. 근본주의적 성경이해가 믿음의 하나 됨을 결코 보증하지 못한다는 것이 여기에서 드러난다. 기본적인 신앙의 문제에서 조차 의견을 좁히는데 소용이 없다면, 가장 작은 세세한 부분에 이르기까지 성경이 오류가 없다고 강조하는 것이 대체 무엇이란 말인가? "오류가 없는 성경"을 가지고 있으면서도 성경의 해석에 그렇게 엄청난 차이가 가능하다면, 이것이 축자영감설에 무엇을 의미하

---

172) "구조적 유사성"은 당연히 내용적인 일치를 뜻하지 않는다. 코란과 성경은 내용이 다르다. 그러나 두 경우에 있어서 각각의 거룩한 책은 권위와 완전성에 관한 한, 매우 비슷한 역할 내지 기능이 부여된다. 무슬림이 그렇게 열정적으로 코란의 무오류성을 방어하듯이, 기독교적 근본주의자도 성경의 무오류성을 방어한다.

는가? 성경이해에 있어서 하필이면 기독교적 특수 종파들이 신교적 근본주의에게 가장 가까이 있다는 사실이 신교적 근본주의에게 무엇을 의미하는가?

7. 성경 속의 문학적 이야기

역사적이지 **않고** 문학적인 성격의 이야기가 비유와 환상을 제외하고 성경 안에 있는가? 어느 것이 그런 이야기들인가? 이 질문은 오로지 성경 스스로가 대답할 수 있다. 어느 교회 지도층도, 어느 학문적인 신학도, 어느 기독교적 신앙집단도 자기의 입맛에 따라 이 질문을 결정할 수 없다. 그렇지 않으면 우리는 우리 자신을 성경의 주님으로 만들 것이다. 우리가 이 잘못된 길을 피하려고 한다면, 우리는 오직 가능한 한 사려 깊은 관찰과 가능한 한 선입견 없는 학습자세를 통해서 성경에 그런 이야기 형식이 있는지, 있다면 어느 것인지 **발견해** 낼 수 있다. 이 때 우리는 비역사적인 이야기들에 대한 보편적인 가치절하를 하지 않도록 주의해야 한다. 이야기들을 "고안품"으로 경시한다면, 그것에 대해 적합한 판단을 내리지 못하는 것이다. 문학적 이야기를 통해 하나님 체험, 인생 체험, 그리고 현실에 대한 관찰이 매우 많이 표현될 수 있다. 그런 이야기들이 성경에 있다면, 그것도 역시 순전한 하나님 체험, 기도, 그리고 성령으로부터 유래하는 것이다. 그렇다면 그 이야기들은 "고안품"으로 경시되어서는 안된다. 이는 영적인 작용과 기도에 대한 멸시가 될 것이다. 성경 속의 이야기가 역사적 사실의 보도이거나 아니면 "고안품"이라는 식의 양자택일은 파괴적이며 성경에 대한 적합한 판단이 아니다.

---

173) 이에 관해서는 8장 1절을 참조.

문학적 이야기가 역사적 사건에 대해 보도하는 이야기보다 **근본적으로** 덜 중요하고 덜 가치있다고 생각하는 사람은 선입견을 가지고 있는 것이다. 역사와 비교하여 상징을 **보편적으로** 가치절하시키는 것도 "고작 상징" 대개는 상징의 의미에 적절하게 가치를 부여하는 능력이 부족하다는 표시이다. 창조주께서도 그의 창조에 상징적인 차원을 두셨다. 상징적 내지 문학적 텍스트가 현실에 대하여, 그리고 하나님에 대하여 역사적 방향의 텍스트보다 더 중요하고 더 깊은 것을 말하는 것이 얼마든지 가능하다.

과거형으로 되어 있다는 이유 하나 때문에 모든 이야기가 반드시 **역사적**이어야 하는가? 어떻게 우리가 그것을 그렇게 확실히 안다고 말하려 하는가? 성경의 고향같은 곳이기도 한 고대 오리엔트의 이야기문화를 우리가 알고 있는가? 성경 속에 역사적 질문에 대해 관심이 없는 이야기의 형식이 있다면즉 이야기된 사건이 역사적으로 있었던 일인지 아닌지가 별로 문제가 되지 않는 그런 형식, 그것은 **성서학**이 그렇게 만든 것이 아니라 **성경**에 그런 것이 있는 것이다. 그 경우 우리는 성서학에 불만을 터뜨려서는 안되고, (성경이 우리가 가졌던 생각과 일치하지 않으므로) 성경에 대해 불만을 터뜨려야 한다. 물론 성경을 있는 그대로 받아들이는 것이 더 낫다. 성경 속에 있는 **역사적** 방향의 이야기들도 오늘날 우리가 알고 있는 것과 같은 역사텍스트가 아니다. 구약의 역사서들은 현대적인 의미의 역사서술이 아니다. 고대 오리엔트의 사람들은 오늘날 우리가 가지고 있는 "역사" 이해를 가지고 있지 않았다. 구약 역사서의 기록자들은 현대적인 사가가 아니었다.

18세기와 19세기의 유럽에서 엄격히 "사실"에 집중하는 역사관찰이 발생하였다. 이런 역사관찰은 **현대적** 세계의 산물이다.173) 자연과학과 기술과 의학의 승리의 행진도 그 세계에 속해 있다. 그들 모두는 "사실"에 대해 질문하였는데, 그들의 철저성은 고대에는 없던 것이었다. 이는 마찬가지로 18세기와 19세기에 발생한 저널리즘과 범죄 수사학에도 해당된다. 모든 신문기사, 모든 현장 보도, 모든 범죄영화가 "사실"에 대해 질문하는 현대적인 태도를 강화하였다. 이런 사고 방법이 그 사이 우리 속에 깊이 자리를 잡아서 -우리가 아는 다른 방법이 거의 없다-, 현대적 발전이 있기 오래 **전**에 씌어진 이야기들을 좀처럼 그 고유의 방식에 따라서 이해하지 못한다.

"사실"에 대한 현대의 집중은, 우리가 다시금 더 분명하게 의식하고 있듯이, 인생에 대하여 포괄적으로 적합하게 판단하는 것을 어렵게 한다. 그것은 17/18세기에 생겨 19세기에 소위 "실증주의"를 낳은 **경험적**, **합리적** 사고와 연관되어 있다. 실증주의가 즐겨 쓰는 말은 "사실Fakten", "사실Tatsache", "객관성" 등의 단어들이다. "사실"이라는 단어는 19세기에야 비로소 실증주의와의 연관 속에서 우리가 알고 있는 뜻을 가지게 되었다. 그 이전에는 그런 식의 사실적 사고가 없었기 때문에 독일어에 아직 그에 상응하는 단어가 없었다. 오늘날의 대학에서는 합리주의와 실증주의가 대체적으로 극복되었다. 이 철학적 방향들은 두 가지 사항을 과소평가하였다: 1. "사실"이나 "객관성"의 개념으로는 파악되지 않는 현실의 차원이 있다. 감정과 상징과 은유와 환상과 꿈과 잠재의식의 영역들을 생각해보라. 외적인 현실 뿐 아니라, 내적인 불가시적인 현실도 있다. 여기에는 "사실"이나 "객관성"의 개념이 어울리지 않는다. 그 외에도 **가능한** 것 역시 현실에 속한다. 사실의 현실 뿐 아니라 "**가능의 현실**"도 있는 것이다. 2. 사실 "그 자체"란 없다. 각각의 사실에는 그 사실의 **연관관계**가 속해 있다. 오직 연관관계로부터 그 사실의 **의미**가 생기는 것이다. 이 연관관계를 인식하는 것은 **감지**와 **해석**의 문제이다.

"사실", "객관적" 등의 단어가 신교적 근본주의의 즐겨 쓰는 말이 된 것은 우연이 아니다. 여기에 신교적 근본주의에 끼친 합리주의와 실증주의의 영향이 드러난다. 근본주의적 그룹들은 대개 이 영향을 의식하지 못하거나 인정하지 않는다. 근본주의는 합리주의적 수단으로 합리주의와 싸운다. 신교적 근본주의는 성경의 무오류성을 들어 **합리적으로** 파악할 수 있는, 성경이 하나님의 말씀이라는 **객관적인** 증거를 가지고 싶어 한다. 그러나 그런 객관적 증거는 존재하지 않는다. 그리고 그것은 좋은 일이다. 성경은 그 내용을 통해서, 그리고 성령의 능력을 통해서 하나님의 말씀임이 **드러난다**.

우리는 하나님께서 문학적인 이야기들을 통해서 우리에게 말씀하실 수 없다고 걱정할 필요가 없다. 성경의 문학적, 상징적 텍스트들은 역사적 텍스트와 **마찬가지로** 하나님의 말씀이다. 진리는 역사적 진실의 형식으로만 있는 것이 아니다. 물론 성경의 하나님이 특히 **역사**를 통해 일하시며, 역사 속에서 자기를 계시하신다는 것은 옳다. 성경 메시지의 역사와의 연관은 근본적이며 제거 불가능하다. 성경 메시지는 이스라엘의 역사, 예수의 역사, 원시 기독교의 역사와 분리될 수 없다. 그러나 이 중요한 사안이 성경 속의 언어형식 및 이야기 방식의 다양성과 풍부함에 대해 우리의 눈을 가려서는 안된다.

나는 이 절을 끝내면서 얼마전에 경험한 한 가지 예를 이야기하고 싶다. 나는 근본주의적 특징의 교회에서 설교를 하도록 초청받은 일이 있다. 나는 주제로 "욥"을 골랐다. 설교 후에 교회 대표자는 내게 설교 원고를 달라고 부탁하였다. 그는 그것을 교회 회보에 인쇄하려 하였다.

그런데 그 후에 그 인쇄된 원고 때문에 교회 대표자에게 격앙된 전화가 빗발쳤다. 전화를 한 사람들이 그에게 "신앙을 배반했느냐"고 물었다. 그 질문의 원인은 다음과 같았다: 내 원고에는 욥기의 인물들이 역사적 인물들이 아니라 문학적인 인물들이라는 문장들이 몇개 있었다. 나는 누군가를 도발하지 않기 위해서 설교 중에 이 문장들을 빼 놓았었다. 원고를 넘겨 줄 때에 나는 이 문장들을 더 이상 생각하지 않았었다. 교회 대표자도 내 원고를 다시 읽지는 않았다. 전화를 한 사람들에게는 그런 문장이 들어 있는 원고의 인쇄가 -원고의 다른 내용은 부차적인 것이 되어 버렸다- 교회 대표자에게 **"신앙을"** 버렸느냐는 질문을 할 충분한 이유가 되었다. 이 교회 대표자는 70세였고, 수십년간 기독교 전도의 일을 하고 있었다. 아무도 그가 예수 그리스도를 믿는다는 것을 의심하지 않았다. 그러나 그 사실이 전화한 이들을 안심시키지 못했다. 이들에게는 예수 그리스도에 대한 신앙이, 욥이 역사적 인물이라는 것도 함께 믿지 않으면, 온전한 신앙이 아니었다. 이로써 예수 그리스도에 대한 신앙은 매우 심각하게 일그러졌다. 그러나 그 그리스도인들은 그것을 의식하지 못했다. 그들은 하나님께 대한 순종의 마음으로 그렇게 행동하는 것이며, 그렇게 해서 교회 대표자의 태도가 무엇인지 들어야 한다고 확신하고 있었다. 기독교 신앙의 이런 왜곡은 그저 슬픈 마음으로 인식할 수 있을 뿐이다. 나는 나를 계속 신뢰해 주었던 그 교회 대표자에게 긴 전화통화를 통하여, 왜 내가 현대적 성서학 전체와 더불어 욥이 역사적 인물이 아니라 문학적 인물이라고 생각하는지[174] 설명하였다. 내 논지는 그를 숙고하도록 만들었다. 그것들은 그가 모르고 있던 것들이었다. 우리는 이 문제가 구원에 결정적인 문제가 **아니라는** 데에 기쁜 마음으로 일치를 보았다. 얼마 후에 그 교회 대표자는 나를

---

174) 이에 대해서는 2부 9장을 참조.

다시금 설교해 주도록 초청하였다. 나는 매우 기뻐하였고 그 초청에 응했다. 나의 두 번째 방문 때 아무도 어떤 식으로든 욥의 문제에 대해 내게 이야기하지 않았다.

8. 현대적 성서학의 생성과 발전

8.1 전제들

오늘날 대학에서 가르쳐지는 성서학은 현대의 산물이다. 이 성서학에 대해서 견해를 표명하는 사람은 직접적이든 간접적이든 현대에 대해서도 견해를 밝히게 된다. 그래서 현대적 성서학을 대하는 것 배후에는 언제나 두 가지 질문이 상존하고 있다: 나는 현대에 대해 어떤 태도를 취하는가? 현대에 대하여 어떤 태도를 취하는 것이 적절한가? 이 두 가지 질문을 설명하기 위하여 우리는 다시금 두 가지 질문을 해야 한다: 현대의 "현대성"의 본질은 무엇인가? 그리고: 어떻게 현대에 도달하게 되었는가? 끝에 언급한 두 질문을 건너 뛰고서는 현대적 성서학을 이해할 수 없고 그것에 대한 스스로의 반응 조차도 이해할 수 없다. 그래서 나는 현대라는 시대의 생성, 그리고 이와 관련하여 현대적 성서학의 생성을 개괄하려 한다. 아울러 나는, 일방적인 상투성에 빠지지 않고 현실적인 "현대성" 개념을 가지려 한다면 지나쳐서는 안되는 관점들을 강조할 것이다. 나는 선명성을 위해 근본적으로 중요한 관점들을 번호를 붙여 드러내겠다.

(1) **역사적 변천의 가속화**: "현대적 세계"는 긴 시간동안 생성되었다. 그것은 15세기에서 19세기에 이른다. 15세기에 유럽은 아직 이 세상을 주도하는 지역에 속해 있지 않았다. 터기 · 오스만 제국에 비교하여, 인도의 모굴제국에 비교하여, 중국에 비교하여 유럽은 정치적 비중

이 작았고 문명 수준이 낮았다. 이것이 15세기부터 변하였다. 이 때부터 유럽에는 삶의 세계와 인간의 사고를 깊이 변화시키는 "현대화 과정"이 시작되었다. 오늘날의 역사학자들의 일치하는 의견에 따르면, 이는 신석기 시대의 인간의 정착생활 이후 인류역사상 가장 큰 변화라고 한다. 현대화 과정의 시작에는 무엇보다도 서로 밀접하게 연관된 두 가지 원인이 있었다: 한편으로 점점 더 짧아지는 시간적 간격을 두고 잇따른, 매우 지대한 결과를 초래한 발견과 발명이 있었다. 다른 한편으로 경제적, 정신적, 사회경제적 변화들이 있었다. 이것이 무슨 뜻인지 두 측면에 대한 간단한 조망을 통해 알아 보겠다:

발명과 발견에 있어서는 기계적인 시계, 안경, 나침반, 서적 인쇄술의 발명과 아메리카의 발견, 지구가 태양 주위를 도는 것의 발견, 군사적 기술의 발명화약, 총, 유탄, 대포, 망원경, 현미경, 천체 망원경의 발달, 인체의 혈액순환, 뢴트겐 선, 마취의 발견, 기계, 모터와 터빈, 증기선, 공장, 실험실의 발전, 전기의 발견, 전구, 철도, 사진, 전보, 전화, 자동차, 라디오의 발명을 생각해보라.

두 번째 측면과 관련하여서는 다음과 같은 변화들이 있다: 십자군 전쟁 12,13세기의 결과로 서양과 오리엔트의 무역이 활발해졌다. 그 때문에 유럽에서는 소위 "초기 자본주의"와 현대적 은행체계의 첫 단초들이 발전하였다. 아메리카의 발견 이후 대규모의 금이 중부 및 남 아메리카로부터 포르투갈과 스페인으로 수송되기 시작하였다. 이는 두 나라를 경제적으로 왕성하게 해주었다. 포르투갈과 스페인은 중부 및 남 아메리카를 분할하고 유럽의 국가로서 최초로 **세계 강국**이 되었다. 나중에 네덜란드와 영국과 프랑스가 그 뒤를 따랐다. 아메리카의 발견으로 세계를 포괄하는 원양 항해가 발달하였다. 큰 위험을 안고 있는 이 항해와 여기에 맞물린 장거리 무역은 현대적 보험체계의 생성을 촉진시켰다. 종교개혁은 서양의 기독교를 갈라 놓았고 비교적 통일되어 있었던 중세의 문화를 종결시켰다. 카톨릭, 루터교, 칼빈주의 교회, 영국 국교회, 미국에서: 감리교, 침례교 등과 같은 다수의 고백들과 교회가 생겼다. 나중의 종교전쟁들특히 삼십년전쟁은 공적으로 교회의 권력손실을 초래하였다. 철학은 신학에 맞서 독립하였다. 인쇄술의 발명과 종교개혁의 결과로 중요한 교육적 자극이 주어졌다. 그것은 여러 중간 단계들을 거쳐 일반적 교육의 의무를 동반한 현대적 학교체계로 이어졌다. 인류 역사상 처음으로 사회의 모든 어린이들이여자 아이도 수년동안의 학교교육을 받게 되었다.

18세기와 19세기에 첫 헌법과 민주주의가 생겼다. 이것들은 인권 문안의 작성, 관용의 사상, 개인의 종교적 자유에 기초를 둔 것이다. "신하"가 "시민"이 되었다. 프랑스 혁명1789과 함께 군주와 귀족이 권력을 장악했던 시대가 끝나기 시작했다. "계몽주의"는 많은 사람들의 사고를 변화시켰다. 그것의 좌우명은 다음과 같았다: "네 자신의 오성을 사용할 용기를 가지라! 다른 사람이 네 대신 생각하게 하지말라! 스스로 생각하라! 성년이 되라!" 이로써 인간은 새롭게 **주체**가 되었고, 인간의 **주체성**이 발견되었다. 자연과학과 기술은 예상치 못했던 비약을 하였다. 산업화는 유럽의 모습을 바꾸어 놓았다. 이전에 없었던 도시화가 이루어졌다. 수천년간 대부분의 사람들은 시골에서 살았다. 19세기 후반부터 산업국가에서는 사람들의 다수가 도시에서 살았다. 자급자족하던 이제까지의 대가족은 "소비"에 의존하면서 중요한 기능들을 국가와 사회에 넘겨 주어야 했던예를 들면, 자녀의 직업교육 현대적 소가족으로 변하였다. 유럽인들은 세계를 정복하고 그것을 신민지의 형태로 나누어 가졌다. "민족국가"의 사상이 생겼다. 처음으로 당과 노조가 생겼다. 신문이 처음으로 발행되었다. "언론"은 중요한 정보 및 토론의 장이 되었다. 사람들은 차례차례 선거권을 얻었다. 인류역사상 처음으로 그들은 다스리는 자들을 정해진 절차에 따라 선택하고 또 그들을 끌어내렸다. 많은 후퇴의 경험에도 불구하고 주권재민의 사상이 관철되었다. "정부의 모든 권력은 국민으로부터 나온다" 정부, 의회, 사법부 사이의 "권력분립"이 이루어졌다. 교회와 국가의 분리, 세속화의 과정, 직업세계 내지 사회적 서비스의 증가하는 전문화, 사회적 영역들의 현대적 "민간 사회"로의 세분화 등도 중요한 결과들을 가져왔다.

이 모든 발견들과 변화들은 함께 **역사적 변천의 가속화**를 가져다 주었다. 그런 규모의 가속화는 인류역사상 아직 없었다. 물론 역사적 변천은 언제나 있었다. 그러나 그것은 그때까지 아주 느리게 진행되었다. 한 사람의 일생동안 그것을 감지하기는 어려웠다. 그래서 그것은 "현대 이전의" 시대에는 중요한 주제가 아니었다.175) 역사적 변천은 "현대"에 이르러서야 비로소 간과할 수 없을 만큼 그렇게 분명하게 눈에 띤다. 그것은 처음으로 중요한 주제가 되었고, 그렇게 오늘에까지 이르고 있다. 현대에는 많은 사람들이, 역사적 변천이 얼마나 깊숙이 인간의 삶에 손을 뻗치는지 의식하고 있다. 15세기와 19세기 사이에 유럽에서 일어난 변화의 규모를 그 이전 시대의 비슷한 시간 동안 일어난 변화와 비교해보면, 그 엄청난 차이를 부인할 수 없다. 물론 모든 역사적 변천 속에서도 유지되어 온 인간의 중심적 측면들이 있다: 인간은

---

175) 이와 관련하여 청년의 나쁜 행태에 대한 고대인들의 한탄이 혼동의 계기가 되어서는 안된다. 이 고대의 텍스트는 오랜 시간에 걸친 역사적 변천을 문제삼는 것이 아니라, 세대간의 갈등을 문제삼고 있다. 이 갈등은 당연히 고대에도 있었는데, 이는 부분적으로 오늘날의 상황과 놀랄만큼 유사하여 우리의 웃음을 자아낸다. 그러나 그런 고대의 텍스트를 근거로 15세기부터 유럽에서 진행된 역사적으로 독특한 현대화 과정을 부정할 수는 없다.

모든 시간을 통틀어 사랑받고 싶어하고 존중받고 싶어하며, 공포와 염려와 동경 등을 가진다. 그러나 이 측면들이, 역사적 변천이 현대 사회에 어떤 새로운 의미가 있는지 바라보는 시야를 흐려 놓아서는 안된다.

(2) 과거에 대한 인간의 변화된 관계: 역사적 변천의 가속화는 과거에 대한 인간의 관계를 변화시켰다. 수천년 동안 과거 내지 **전통**은 인간의 삶을 지탱하는 근간이었다. 과거 안에는 여러 세대의 인생의 경험이 축적되어 있었다. 과거는 인간에게 유용하다고 입증된 것들을 가르쳐 주었다. 과거와 현재는 밀접하게 관련되어 있었다. 지금까지의 전체 역사 속에서 인간은 과거 내지 전통의 빛에 비추어 현재를 해석하고 극복하였다. 과거는 가장 높은 권위를 가졌었다. 과거의 시간과 과거의 세대에 대한 현재의 우월의식이란 존재하지 않았다. 정 반대로 전통은 주어진 삶의 틀이요, 교육과 관습과 지혜에서 규범 역할을 한다. 전통이 깊을 수록 그에대한 경외심도 컸다. "시대에 뒤떨어진" 또는 "유행이 지난"이라는 말이 고대에는 존재하지 않았고, 부정적으로 채색된 "전통적인", "전래의", "진부한" 등의 말들도 없었다. "오늘날의 인식 수준에 못 미친다"는 관용적 표현 역시 고대에는 생각할 수 없는 것이었다. 그런 개념과 어투는 현대에 이르러서야 생성될 수 있었다.

점점 빨라지는 변천 때문에 인간은 새로운 경험을 하게 되었다: 전통은 더 이상 언제나 도움이 되는 것이 아니다. 그것은 새로운 것에 적응함에 있어서 인간을 가로막거나 무능하게 만들 수도 있다. 너무 과거의 것을 붙드는 사람은 새로운 발전의 뒤로 처진다. 그래서 현대적 인간은 예전처럼 그렇게 과거를 기준으로 삼을 수 없다. 새로운 가능성을 가지고 있는 미래가 중요해졌다. 전통은 더 이상 **당연한** 권위가 아니다. 그것은 더 이상 **보편적**이거나 **의심의 여지가 없는** 것이 아니다. 전통과 그 보호막의 손실을 극복하는 것은 인간에게 결코 쉬운 일이 아니었다. 인간은 그 손실 때문에 고통스러웠다. 그러나 변천은 멈추어지지 않았다. 그리고 지금까지 없었던 새로운 가능성들이 열렸다. 개별 인간이 증가하는 변천을 경험한 결과는 다음과 같다: 변천은 더 이상 무시될 수 없다.

보수적인 신학자, 설교자, 교회지도자들은 현대적 변천을 쇠락과 "하나님께 대한 배교"로 낙인찍으려 하였다. 그러나 그들이 현대화과정을 일차적으로 인간의 죄로부터 도출해내는 것은 매우 어려웠다. 이런 식의 판단은 분명 지나치게 싸잡아 한 것이었다.176) 현대적 발전이 실제로 인간으로 하여금 자기를 과대평가하고 불손하게 만들수 있기는 하다. 그러나 이것은 현대적 발전의 **원인**이 아니라, 가능한 **결과들** 중 하나이다. 과거에 대한 인간의 관계를 변화시킨 역사적 변천의 가속화의 결과로 현대가 있게 된 것이다.

과거에 대한 인간의 변화된 태도는 **이야기형식**의 변천에 반영된다. 18세기에 이르기까지는 신화, 동화, 영웅설화, 전설, 병의 원인에 대한 이야기, 우화 등이 이야기의 주도적 형식이었다. 이 이야기형식들은 이제 전면에서 사라진다. 이 형식들 속에서는 과거와 현재가 현대적 삶의 경험과 더 이상 맞지 않는 방식으로 연관된다. 그것들은 역사적 변천을 아직 고려할 필요가 없었던 시대에 생긴 것들이다. 이 형식들 속에서는 이 세상이 변치 않고 그대로 있을 것인 양 이야기한다. 19세기부터는 역사적인 **재현**, **현장 보도**, 현대적 **소설** 등이 점점 더 중요해진다.

(3) **역사적 사고의 생성**: 역사적인 변천의 가속화와 이를 통해 변화된 인간의 과거에 대한 태도는 **"역사적 사고"**의 생성을 위한 결정적인 전제조건이었다. 그것은 18, 19세기에 유럽에서 생겼다.177) 누구나 "피

---

176) 보수적인 그리스도인 그룹들은 현대적인 발전에 대하여 자꾸 그 원인을 인간의 죄로 돌리는 식으로 반응하였다. 그러나 안경과 인쇄술과 사진의 발명이 죄의 표현인가? 민주주의로의 발전, 인권에 대한 문안작성, 선거권이 죄의 표현인가?

부로" 느꼈던 역사적 변천의 강렬한 경험을 통하여, 사람들은 **인간의 삶의 모든 세계가 역사적으로 구속되어** 있음을 인식하게 되었다. 이 인식은 새로운 것이었다. 그것은 시대를 구분짓는 의미를 가진 것이었다. 그것과 함께 역사적 사고가 시작된다. 고대에도 중요한 역사가들헤로도투스, 투키디데스, 요세푸스, 타키투스 등이 있기는 하였다. 그러나 고대에는 현대적 의미의 역사적 사고는 없었다.

고대의 역사서술은격조높은 예들이 보여주듯 경이로울 만큼 높은 수준이었다. 그것은 제대로 인정을 받아 마땅하다. 고대 민족들의 지혜를 과소평가하지 않도록 주의해야 한다. 그 중 히타이트, 이스라엘, 그리스, 로마 사람들의 역사서술은 가장 발전되어 있었다.178) 그들의 역사이해는 사건들의 단순한 나열연대기적 역사이해을 훨씬 넘어서는 것이었다. 고대의 역사가들은 사건의 복잡한 경과들을 묘사하였다. 그들은 이야기 흐름의 주와 종을 구분하였고 사건들을 납득이 가게끔 연결시켰다. 그들의 작품에는 의식적으로 견해를 분명히 한 서술과 근본적인 평가로서의 추론이 담겨 있다. 저자들은 다양한 양식적 수단과 문학적 기술을 가지고 있었다. 그리스와 로마의 역사서술에서는 많은 전문용어들이 등장한다. 이스라엘의 역사서술에서는 이미 역사가 세계사로서 보편적으로 이해되고 있다. 고대 역사서술의 그러한 특징을 접하면서 다음과 같은 질문을 하게 된다: 현대적 역사서술이 그에 비해 무엇이 근본적으로 새롭다는 것인가? 이 질문은 분명하게 대답될 수 있다: 고대의 어느 역사서술가에게서도 인간의 삶의 세계가 넓은 의미에서 역사적으로 구

---

177) 이 때 이후로 대학에서 "역사"학과가 자립적인 학문으로 자리잡는다. 얼마 후에 대학에 설치된 "고고학"의 경우도 유사하다.
178) 이에 대해, 그리고 앞으로 나오는 주제에 대해서는 Cancik, Art. Geschichtsschreibung을 참조.

속되어 있다는 인식이 발견되지 않는다. 고대에는 아직 **현실의 역사적 이해**라는 것이 없었다. 그런 이해가 아직 있을 수가 없었다. 그것을 가지기 위해서는 고대와 중세에는 아직 없었던 역사에 대한 경험이 필요하다. 포괄적인 현대화 과정을 통하여 비로소 정치, 경제, 기술, 인간의 언어와 사고, 철학, 도덕과 종교, 전체적인 현실이해 등 삶의 **모든** 영역이 변천의 위력 밑에 있다는 인식이 생긴 것이다.[179]

"근대"의 역사적 사고 속에서는 역사적 변천의 **규모** 뿐만 아니라, 그것의 **비역전성**반복불가능성, 즉 역사적 사건들의 **일회성**이 주제가 된다. 중요한 발견이나 발명이 있게 되면, 뭔가 새로운 것이 시작되었다. 서적인쇄와 마취와 증기선 등의 새로운 가능성은 무시할 수 없게 되었다. 각각의 발견이나 사회적 변화가 제대로 영향을 끼치기까지 시간이 걸리기는 했지만, 사람들은 결코 그 발견 **이전**의 세계로 돌아갈 수 없었다. 서적인쇄나 마취 등이 아직 없었던 시대는 되돌릴 수 없게 지나가 버렸다. 그래서 사람들은 현재와 과거 사이에서 예전보다 더 큰 간격을 느꼈다. 소위 **"역사적인 골"**이 생겼다. 과거는 이제 더 깊은 의미에서 "과거사"가 되었다. 과거는 그리도 많은 것들이 아직 없었던 시대가 되었다.

인간은 과거와의 간격이 더 커짐으로 인해 과거가 가진 특징부여와 구속의 위력으로부터 이전보다 더 많이 벗어나는 것이 가능했다. 전통이 거침없이 위세를 떨치는 곳에서는 새로운 것이 생기기 어렵다. 그러

---

[179] 이는 예를 들어 고대에는 아직 역사의 발전의 사고가 없었던 것에서 드러난다. "발전"이라는 개념은 있었으나, 역사의 중심개념으로서는 아직 아니었다. 여기에 도달하는 것은 현대적 사회가 전통을 중시하는 사회로부터 벗어나 "발전"했던 것을 경험하고나서의 일이다. 오늘날 사람들은 묻는다: 기사(騎士)신분, 관용의 사고, 국가사회주의 등이 어떻게 "발전"했었는가? 사람들은 지역적, 국제적 "발전"에 대하여 이야기한다. "발전(개발)도상국가", "발전(개발)정책" 등의 말도 생각해보라.

나 전통의 역사성이 인식되는 곳에서는 다른 선택을 생각해 보는 것이 가능해진다. 그런 견지에서 역사적 사고는 자유롭게 하는 힘으로 드러났다. 역사적 사고는 인간을 멸시하는 지배형태가 더 이상 "자연스러운 필연"으로 여겨지지 않도록 하였고, 여자 아이들이 더 이상 학교교육에서 제외되지 않게 하였다. 역사적 사고는 과거와 유래의 힘을 상대화시켰다. 그것은 새로운 것이 생길 수 있는 여지를 넓혔다. 역사적 사고의 이와 같은 문화적 업적은 적절한 평가를 받아야 마땅하다. 현대적인 역사적 사고의 업적을 보수적인 동기에서 가능한 한 깎아 내리려 한다면, 그것은 현실적이지 못하다. 역사적 사고 자체는 현대적인 "합리주의"와 관계가 없다. 오히려 **너무 적게** 역사적으로 사고하는 것이 현대적 합리주의의 약점에 속한다. 합리주의에서 이성은 확고부동하고 "객관적인" 것으로 여겨진다. 그러나 이성은 그렇지 못하다. 언어와 함께 사고와 이성도 역사적 변천 아래에 놓여 있다.

(4) **"학문"에 대한 새로운 이해의 생성**: 위에서 간략하게 설명한 역사적 변천과 연관되어 현대적인 학문이해가 유럽에서 생성되었다. 이 새로운 이해 속에서 전통은 탁월했던 우세함을 잃어버렸다. 전통은 변천이 빨라진 시대를 맞아 역사적 변천이 느렸던 시대에서와 같이 똑같은 역할, 똑같은 도움을 주는 일을 더 이상 할 수 없다. 전통의 자리에 **경험**과 **이성**이라는 두 가지 새로운 권위가 들어섰다. 다른 무엇이 급하게 변하는 세계에서 상이한 정치적 종교적 확신에도 불구하고 모든 사람의 존중을 받을 수 있는 권위가 되겠는가? "경험"과 "이성"은 누구나 아는 것이다. 그래서 그것들은 인간들 사이에서 **이해의 수단**이 될 수 있는 것이다.

경험에 대해서 말하자면, 그것은 현대의 세계에서 새로운 역할을 담당한다.180) 역사적 변천은 무엇보다도 변화된 새로운 경험들 속에서 눈에 띤다. 그래서 점점 더 자주 다음과 같은 질문이 제기된다: 그 전통적인 대답들이 새로운 경험과 어울리나요? 이 대답들이 예전의 경험들과 관련해서만 맞는 것 아닌가요? 변천하는 사회에서 경험은 **방향잡기**의 **시금석**으로서의 과제를 떠맡는다. 그래서 새로운 학문이해에 있어서 **경험적 실험적** 방법이 전형적이다. 이것들은 고대에는 알려지지 않은 것들이었다. 고대에는 실험실도, 여론조사도, 통계적 평가절차도 없었다. 새로운 학문이해에 있어서는 **검토할 수 있는 방법**과 그것의 지속적인 개선이 중요해진다.

경험 외에도 **이성**이 새로운 방식으로 중요해졌다. 그것의 도움으로 역사적 변천이 분석되고, 실현되고, 극복될 수 있었다. 이성은 현대화 과정을 거부했던 사회 그룹들에게 맞서는 중요한 수단이 되었다. 그 거부에는 상이한 이유들이 있었다. 현대화 과정을 그 때까지 누렸던 특권의 위협으로 생각하는 사람들이 있었다. 다른 사람들은 더 이상 태생만으로 계층구분이 이루어지지 않는 유동적인 사회형태에 적응하는 것을 어려워 하였다. 이는 무엇보다도 전통을 의식하고 있는 보수적 사회 그룹들에게 해당하는 이야기였다. 그러나 현대화 과정을 비판하는 사람들 중에는 다른 이들보다 현대적 발전의 **어두운 면**을 더 분명하게 인식했던 사람들도 있었다.181) 즉 현대화 과정에 대한 상이한 반응 배후에는 상이한 이유들이 있었다. 이 갈등의 상황에서 이성은 정치적 자의성과 미신 및 선입견의 힘에 대항하는 중요한 시금석이 되었다. 이성의 도움으로 역사적 설득력을 잃은 지배형태와 특권이 극복되었다. 인간의 **평등권**을 촉진시키기 위해서도 이성이 강조되었다.182)

(5) **현대적 학문의 중심개념으로서의 "비판"**: 18, 19세기에 "비판"

---

180) 물론 고대에서도 인간의 경험이 근본적인 역할을 하였다. 하지만 그 방식이 달랐다. 고대에서 경험은 대개 전통을 입증했다.
181) 이 어두운 면에 대해서는 7절을 참조.

개념은 현대적 학문의 중심개념이 되었다. 사람들은 그 때까지의 학문의 형태를 가리켜 "**전前비판적**"이라고 칭하기도 했다. 이 새로운 표현이 의미하는 것이 무엇인가? "비판"이라는 단어는 그리스어 "구분하다 krinein"에서 유래하였다. 현대적 학문의 언어사용에 있어서 "비판"은 다름아닌 역사적 사고에 기초한 조심스러운, 방법적으로 검토가능한 구분하기를 의미한다. 여기에서는 가속되는 역사적 변천 때문에 필수적인 것이 된 **시대의 구분**이 우선적으로 생각된다. 텍스트나 문서의 "비판적" 해석이란, 그것을 "역사적으로", 즉 그 텍스트나 문서가 생성된 시대의 맥으로부터 해석하는 것이다. 이는 자기 시대의 상황을 이전의 시대와 문화에서 유래한 텍스트에 "순진하게" 투사해 넣지 않는 것을 의미한다.

 과거의 텍스트가 우리에게 넘어 오기까지의 전승과정을 연구하는 것도 "비판적" 텍스트해석에 속한다: 원본인가, 아니면 사본인가? 사본의 양이 얼마나 되는가? 누가 누구를 위해 무슨 의도로 그것을 만들었는가? 그 외에도 자기 자신의 전제들, 문제제기, 사용한 방법들을 드러내어 검증이 가능하도록 하는 것도 "비판적인" 연구작업에 속한다. 이런 식으로 유명한 저자들호머, 플라톤, 아리스토텔레스, 어거스틴, 루터 등의 첫 "비판적" 판본들이 만들어졌다. 그런 판본에서는 동원할 수 있는 모든 초고, 사본, 그리고 여타의 정보출처가 고려되고, 또 독자들에게 알려진다. "비판적"이라는 말 대신에 "역사적 · 비판적" 판본이라는 말을 쓸 수도 있다.

 "비판"이라는 단어의 사용과 관련하여 양 기독교 "진영"의 성공적인 대화를 거의 불가능하게 만드는 깊은 오해가 있다. 이 오해는 "비판"이라는 단어의 학문적인 사용이 **나중**에서야 일상화된 오늘날의 언어사용

---

182) 이는 무엇보다 현대적인 인문, 사회, 문화학에서 그렇다.

과 다르기 때문에 생긴다. 학문적 전문분야 바깥에는 이 차이가 거의 알려져 있지 않다. 일상에서 "비판"이란 "비판받는 사람"을 향한 일종의 **공격**을 의미한다. 즉 "비판"은 **평가절하**와 관련되어 있다. "비판"이라는 단어의 학문적인 사용에 있어서는 그렇지가 **않다**. 여기서 "비판"이란 다름아닌 조심스러운, 방법적으로 검토가능한 **구분**을 의미한다. **이런** 의미에서의 "비판"은 조사한 대상에 대한 적절한 가치존중을 포함하는 것이다. 즉 "비판적 조사"나 "비판적 주해"는 조사 내지 주해된 문서에 대한 비난공격, 평가절하을 뜻하지 않는다. "비판적" 내지 "역사적·비판적" 칸트 간행본 또는 횔덜린 간행본에서는 칸트나 횔덜린이 비판받는 것이 아니라, 그 작품들의 텍스트가 조심스럽게 조사되고 각각의 역사적 맥락에서 주해되는 것이다.

8.2 현대적 성서학의 생성

대학의 신학은 위에서 기술한 현대화 과정을 무시할 수 없었다. 사람들은 기독교 신앙을 새로운 학문이해의 틀 속에서도 말하려고 하였다. 그러기 위해서는 대화가 가능해야 했다. 즉 학문적으로 걸음을 맞추어야 했다. 이 노력을 "시대정신에 대한 적응"이라고 싸잡아 혹평해서는 안된다. 물론, 삶의 모든 영역이 그렇듯이, 그러한 적응도 한 몫을 했다. 그러나 일차적으로는 뭔가 더 중요한 것이 걸려 있었다. 현대화 과정을 **진지하게** 받아들이고 그 의미를 제대로 평가하는 것이 그것이었다.

현대적 **성서학**은 우연히 **신교** 신학 내에서 생긴 것이 아니다. 여기에 조건들이 가장 잘 갖추어져 있었다. 신교 신학에서는 전통이 구교 신학에서와 같은 역할을 하지 않았다. 프로테스탄티즘에서는 교육과 그에 대한 책임이 처음서부터 커다란 위치를 차지했다. 루터를 통하여 사람들은 성경이 교회의 전통 **위**에 있으며, 후자는 경우에 따라서 성경에 의해 비판되어야 한다는 것을 알고 있었다.

그러나 새로 생성된 **모든** 고백교회들은 "**고백의 시대**"약 1550-1650를 지나면서 자기의 특색을 강화하고 자신을 다른 교회들과 경계지으려 하였다. 이 시대에 루터교회에도 루터적 **전통**이 생겼다. 이는 예배형식과 교회적 관습에서 뿐 아니라, 무엇보다도 **교회적 가르침**에서 드러난다. 그것도 전통의 표현이 되었다. 고백의 시대에는 성경해석이 고백에 따라 조정되었다. 사람들은 성경을 구교적으로, 루터적으로, 혹은 칼빈적으로 해석하였다. 성경 텍스트는 그 과정에서 성급하게 교조적으로 끌어 들여졌다. 성경 텍스트의 해석이 어느 결과에 도달해야 하는지는 애초부터 정해져 있었다. 어떤 시각에서 보면 성경은 각 교회의 고백적 가르침이라는 건물에 갇혀 있었다. 어떠한 교회적 상황에서 역사적 사고가 신교 신학에 받아들여졌는지 제대로 느끼기 위해서는 이 배경을 아는 것이 중요하다.

막 생성되고 있었던 역사적 사고는 성경 텍스트가 다른 시대와 문화로부터 유래했다는 의식을 강화하였다. 이는 질문을 불러 일으켰다: 저자들이 당대의 독자들에게 말하려고 했던 성경 텍스트의 **근원적** 의미가 오늘날의 교회적 가르침에 따른 해석과 상응하는가? 이 집요한 질문과 함께 현대적 성서학은 시작된다. 이미 루터도 성경의 이름으로 교회의 전통을 의심한 바 있었다. 여기에 모종의 유사성이 있어서 사람들은 루터 뒤를 따르거나 그 유사성을 근거로 내세울 수 있었다. 그러나 이제 전통에 대한 질문은 루터가 아직 알지 못했던 현대적인 역사적 사고의 맥락 속에 서 있었다. 루터에게서와는 달리 이제는 성경의 사고방식과 언어형식이, 거기에다 성경적 문서들 및 성경 전체의 생성까지도 연구 대상이 된 것이다. 교회적 가르침은 이제까지 그런 주제에 대해서

신경을 쓰지 않았었다. 그것들이 시야에 있지 않았던 것이다. "신교적 정통주의"가 신교 교회를 특징짓던 약 이백년 간약 1580-1780, 단 한 권의 신학저서도 "성경의 생성"을 주제로 씌어지지 않았다. 정경은 오로지 완성된 형태로서만 관심의 대상이 되었다. 종교개혁자들도 이 주제에는 별다른 관심을 가지지 않았었다. 이는 역사적 사고의 등장과 함께 달라졌다. 이제 성경 텍스트의 근원적 의미를 연구하는 것이 신학의 중요한, 포기불가능한 과제라는 인식이 신교 신학에서 관철되었다. 성경은 당대의 시점에서 이해되어야 한다. 그래야 의미 적절하게 현재와 관련될 수 있는 것이다.

18세기의 마지막 20년 동안, 대학에 성경 텍스트를 그 생성의 연관관계 속에서 연구하는 것을 과제로 하는 분과와 교수진이 없다는 것이 점점 더 문제로 인식되었다. 그러한 "성서학적" 교수진을 요구하는 목소리들이 갈수록 커졌다. 그러한 교수진은 교의학의 교수진으로부터 독립적이어야만 의미가 있다는 것도 분명했다. 교의학이나 교회적 가르침이 성경 텍스트의 역사적 연구가 내놓을 결과를 미리 규정할 수 없는 것이다. 교회적 가르침이 성경 연구를 조종하고 후견하려 하는 한, 교회는 스스로를 성경 위에 군림하는 주主로, 그리고 학문 위에 군림하는 주로 만드는 것이다. 성경 텍스트의 근원적 의미는 교회의 교의적 가르침이나 관심과 맞지 않아서 마음에 들지 않아도 존중되어야 한다.

19세기 초에 이러한 새로운 "성서학"이 대학에 자립적 학과로서 도입되었다. 그것은 다시금 자립적인 분과 "구약학"과 "신약학"으로 나뉘어졌다. 이 "현대적" 성서학의 과제는 성경 텍스트의 **근원적인** 의미를 연구하고 그것을 나중의 변경된 해석과 구분하는 것이었다. 이는 오늘날까지 그대로 머물러 있다 현대적 성서학의 목표는 예나 지금이나 다음과 같다: 성경은 오늘날의 교회들이나 기독교 그룹들의 관심과 맞지 않는

1부 원리적 관점들 · 165

낯설고 다루기 까다로운 말이라 하더라도, 자기 자신의 본래의 말을 할 수 있어야 한다. 그래서 현대적 성서학은 일차적으로 전통비판적이고, 교회비판적이고, 교의비판적이고, 경건성비판적이고, 또한 자기비판적이다.183) 이러한 태도는 성경 텍스트를 **위한** 것이며 그렇기 때문에 **긍정적인** 의도를 가진 것이다. 성서학의 해석학자는, 어느 측이든 간에 사안과 관련없는 모든 이해관계와 맞서서 성경 텍스트를 옹호하는 대변인으로 자기 자신을 이해하고 있다. 이 목표에 도달하기 위한 결정적인 발걸음이 성경을 우선 그 시대로부터 이해하는 것을 배우는 것이다.

19세기가 지나는 동안 새로 설치된 교수진과 분과에서 새로운 방법들을 발전시켰다. 이 방법들은 현대적인 역사적 사고와 새로운 학문이해를 기초로 하고 있다.184) 그것의 통칭으로서 "역사적 · 비판적 방법들"이라는 말이 자리를 잡았다. 이것은 많은 방법들을 포괄하고 있다.185) 이 명칭에서 형용사 "비판적"은 성경에 대한 비판을 의미하는 것이 **아니다**.186) 오히려 이 형용사는 그 방법들이 현대적인 역사적 학문적 사고에 기초하고 있음을 표현할 뿐이다. 전문용어 "성서비판"과 "정경비판"도 성경 내지 정경에 대한 비판을 의미하지 않는다. 그것이 의미하는 바는 방법적인 면을 숙고한 성경 내지 정경의 연구이다.187) 이와 관련된 오해들이 거의 극복 불가능하기 때문에, "성서비판"이라는 말은 그리스도인들 사이의 학문적이지 않은 대화에서 가능하면 피하는 것이 좋을 듯하다. 그 말은 "성서학"이라는 말로 대체할 수 있다.

---

183) 성서학자는 자기 자신의 이제까지의 의견과 근원적인 역사적 상태가 상응하지 않음을 보여주는 징후들이 쌓일 경우, 그것을 포기할 줄 알도록 연습을 해야 한다.
184) 1절을 참조.
185) 이 책의 범위 안에서 개개의 방법들을 소개하고 해설하는 것은 가능하지 않다.
186) 1절(다섯번 째 항)을 참조.
187) 이는 "본문비판", "문학비판", "형식비판", "편집비판" 등의 전문용어의 경우도 마찬가지이다. 이것들은 본문이나 형식이나 편집에 대한 비판을 의미하는 것이 아니라, 이 측면들의 조심스러운, 방법적으로 검토 가능한 분석을 의미한다.

두 개념은 똑같은 것을 뜻한다.

새로운 성서학적 방법들의 발전은 긴 시간을 요했다. 성서학은 새로운 방법들을 적절히 사용하는 것도 배워야 했다. 이 학습과정에는 "얼킴과 설킴"도 있었다. 새로운 땅에 들어서면 그러기 마련이다. 성서학의 발전 및 학습과정은 오늘날까지 아직 완결되지 않았다. 성서학에서 발전시킨 방법들은 다른 학문들, 특히 인문과학에서 통상적으로 쓰이는 방법들과 대개 일치한다. 즉 현대적 성서학은 원칙적으로 고대와 고대 문학 연구에서도 사용되는 것과 같은 방법을 사용한다. 이는 성경에 대한 불손함이 아니다. 이는 오히려 성경의 역사적인 차원을 신중하게 고려하는 것이다. 유대인들과 그리스도인들의 거룩한 책으로서의 성경의 독특한 영적인 역할이 이를 통해 부정되지도 간과되지도 않는다.

누구든 성경을 위해 "방법적인 특별대우"를 요구하고 "보통의 세속적인" 방법을 쓰기를 꺼린다면, 이는 성경을 위하는 일도 기독교를 위하는 일도 아니라는 것이 현대적 성서학의 근본적인 확신이다. 그러한 특별대우는 역사적인 현실과 일상에 대한 성경의 깊은 연관을 제대로 평가하지 못하게 한다. 올바로 이해한다면, 성경 연구에 있어서 "보통의 세속적인" 방법을 쓰는 것에는 성경에 대한 **존중**이 들어 있다: 성경은 특별대우를 필요로 하지 않는다. 성경의 특별함은, 성경을 처음부터 "보호"하거나 성경에게 예외적인 권리를 부여하지 **않고**, 통상적인 시험에 내맡기는 것을 통해서 오히려 분명해진다. 성경은 그것을 이겨낸다. 방법적인 특별대우는 성경을 고립시킨다. 다른 한편, 역사적 방법들만으로 성경의 풍부함을 다 알 수 없다는 사실이 늘 의식되어야 한다. 역사적 방법들, 보다 원칙적으로 표현해서: 학문적인 방법들은 성경의 이해에 있어서 중요한 첫 번째 걸음에 지나지 않는다. 성경을 통한 하나님의 일하심은 학문적 연구의 선을 벗어난다. 성경의 인간적·

역사적 측면과 하나님께로부터 나오는 성경의 영적인 질은 하나를 이룬다. 양자가 서로 배타적인 관계에 있어서는 안된다.

기독교적 성서학자가 한 성경 텍스트를 가능한 한 편견없이 조심스럽게 연구하고 그 텍스트의 근원적인 의미를 정리한 후에 이 텍스트가 말하는 바와 관련하여 **내용에 대한** 비판을 해도 되는가?188) 기독교적 이해에 의하면 그는 자기의 권위로 그것을 할 수 없다. 그는 다른 모든 그리스도인들과 마찬가지로 오로지 성경보다 **위에 있는** 권위를 통해서만 그 일을 할 수 있다. 이는 **오직 예수 그리스도의 권위이다.**189) 예수 그리스도에게로 방향 잡힌 성경에 대한 **내용비판**은 역사적 사고가 아니라 예수 그리스도의 권위에 기초를 두고 있다. 마틴 루터도 예수 그리스도를 근거삼아 성경 텍스트와 문서에 대한 내용비판을 했었다. 역사적 사고는 내용비판의 근거로서 **부적합**하다. 성경의 역사적인 연구의 관건은 성경의 내용에 대한 비판이 아니라 그 근원적 의미의 **이해**이다. 성서학자가 성경 텍스트의 설득력있는 관찰을 근거로 특정한 성경의 이야기들이 역사적 성격을 가지지 않는다거나 성경의 역사이야기가 현대적인 의미의 역사보도가 아니라는 확신에 도달하더라도, 그것은 성경에 대한 비판이 아니다. 이 인식들은 성경 텍스트를 그 말하려는 의도에 맞게 이해하기 위하여 중요하다. 성서학자가 어느 성경 텍스트의 역사적 혹은 지리적 언급이 맞지 않는다는 결과를 얻어내더라도, 그것은 성경에 대한 비판이 **아니라** 하나의 **확언**이다. 이런 종류의 언급이 실제로 맞지 않는다면, 그 사실을 지적하는 것이 성서학의 의무이다.

---

188) 그런 비판을 학문적 신학에서 "내용비판"이라고 부른다. 이 경우 "비판"이라는 단어는 실제로 오늘날의 일상에서 사용되는 의미를 지닌다(1절 다섯 번째 항목을 참조).
189) 이에 관한 상세한 사항은 4장을 참조. 철학적, 정치적, 심리적(등등의) 이데올로기를 위해 이루어지는 성경에 대한 "내용비판"은 기독교적 이해에 의하면 "내용비판"이라는 명칭이 부적절하다.

아니면 현실 앞에서 눈을 감아야 한다는 말인가? 성경에 잘못 언급된 것을 지적하는 것을 "성경에 대한 비판"으로 여기는 이는, 그 가지고 있는 성경상像이 오류를 허용하지 않는, 오직 그런 사람 뿐이다. 학문적 신학에 있어서 성경에 오류도 있다는 사실은 이미 오래 전에 아무도 불편하게 느끼지 않는 당연한 것이 되었다. 그 사실은 성경에 대한 존중에 있어서, 성경의 질에 있어서, 구원과 관련하여 결정적인 것들의 믿음직함에 있어서 아무런 변화도 주지 않는다. 성령께서 그 원하시는 때에 원하시는 장소에서 성경 텍스트에 실어 주실 수 있는 능력도 이 관점에 종속되어 있지 않다.

8.3 고대 오리엔트의 발견

성서학의 계속되는 발전은 19세기에 있었던 **고대 오리엔트의 발견**을 통해 크게 촉진되었다. 그리로 이끌어준 결정적인 걸음은 세계에서 가장 오래된 두 문자체계, 즉 이집트의 상형문자와 메소포타미아의 설형문자의 판독이었다.[190] 19세기에 이르기까지 아무도 이 문자체계를 풀 실마리를 잡지 못했다. 그것이 문자들인지, 장식이나 상징은 아닌지 하는 것도 확실하지 않았다.[191] 수년간의 집중적인 노력 끝에 1822년에 상형문자가, 1847년에는 고대 페르시아의 설형문자가 판독되었다. 조금 뒤인 50년대부터는 앗시리아·바벨로니아의 설형문자 대부분을 번역할 수 있었다.[192] 1870년대에는 그때까지 알려지지 않았던 언어로 쓰인 설형문자로 된 텍스트가 발견되었다. 그것은 그때가지 존재가

---

[190] "메소포타미아"란 유프라테스와 티그리스 강 유역을 가리킨다. 이는 오늘날의 이라크의 영토에 해당한다.
[191] 상형문자도 설형문자도 이미 기원 전부터 더 이상 사용되지 않았다. 기원 전 5세기부터 페르시아 제국의 영토가 오리엔트 전체로 확대되었다. 이 제국에서 공적인 목적으로 설형문자가 더 이상 쓰이지 않았다. 알렉산더 대제의 정복전쟁 이후로는 오리엔트와 이집트에 그리스의 말과 문자가 퍼졌다.

알려지지 않았던 수메르의 언어였다. 이 언어도 해독될 수 있었다. 그것을 아는 지식은 메소포타미아의 남동부예를 들면 우르의 옛 문화를 연구함에 있어서 필수적이라는 것이 드러났다. 마지막으로 역시 19세기에 나바테아의 문자를 해독하는 것이 성공하였다. 이로써 언어의 장벽이 극복되었다. 그것은 계속되는 연구를 위해 완전히 새로운 시작의 토대를 마련해 주었다. 이 새로운 토대 위에 이집트학, 앗시리아학, 고대 오리엔트학, 셈족학 등의 학문이 발달하였다.

첫 시도들 이후에 이집트와 메소포타미아에서 1840년대에 체계적인 **발굴작업들**이 시작되었다. 1847년에는 니느웨가, 1851년에는 바빌론이 어디인지 확인되었다.193) 니느웨에서는 산헤립의 궁전과 아수르바니팔우리말 성경의 오스납발-역주의 도서관이, 바빌론에서는 느부갓네살의 궁전이 발견되었다. 발굴의 성과는 궁전, 성전, 집, 거리, 도시의 벽, 도시의 대문, 관개시설, 석상, 부조浮彫, 비문, 도기, 동전, 장신구, 무기, 도구 뿐만 아니라, 설형문자가 씌어진 수만 개의 점토판이 빛을 보게 했다. 아수르바니팔의 도서관에서만 글이 씌어진 30,000개 이상의 점토판이 발견되었다. 이 세상 어디에서도 그렇게 오래된 텍스트들이 그렇게 대량으로 발견된 바가 없다. 서양이 오리엔트와 이집트의 옛 문화의 덕을 얼마나 많이 보고 있는지 점점 더 분명해졌다.194) 발굴된

---

192) 상형문자와 앗시리아·바벨로니아의 설형문자는 그림으로 된 문자이다. 그것들은 이미 기원 전 4000년부터 발전되었다. 그에 반해 고대 페르시아의 설형문자는 음절문자이다. 이는 나중의 표음문자로 이행하는 중간단계이다. 표음문자는 알파베트의 존재를 전제한다. 알파베트도 마찬가지로 오리엔트에서 기원 전 1500년 이후에 아마도 가나안에서 생겼다(갑작스러운 "발명품"으로서가 아니라, 긴 세월을 거치면서). 페니키아인들이 알파베트의 발전을 어느 정도 완결시켰다. 그리스인들은 그들로부터 알파베트를 넘겨 받아 유럽에 중개하였다.
193) 니느웨는 앗시리아인들의 수도였다. 그들의 본래의 지배지역은 메소포타미아의 북서쪽 부분이었다. 니느웨는 오늘날의 도시 모술에 아주 가까이 놓여 있었다. 바빌론은 바빌로니아인들의 수도였다. 그들은 메소포타미아의 남쪽 부분에서 살았다. 바빌론은 오늘날의 수도 바그다드에서 남쪽으로 약 30km 지점에 놓여 있었다.

물건들과 발견된 텍스트들은 정치, 종교, 행정, 경제, 건축, 문학, 예술, 학문 등 삶의 모든 영역과 관련되어 있었다. 이는 당시 사람들의 삶을 완전히 새로운 시선으로 들여다 보는 것을 가능하게 했다. 이리하여 비로소 당시 사람들의 삶이 현대 유럽인의 삶과 비교하여 얼마나 달랐는지 현실적인 그림을 그릴 수 있었다.

옛 오리엔트와 옛 이집트의 텍스트들에는 **성경 텍스트**와 관련된 것들이나 유사한 것들이 많이 있었다. 여기에서 성경의 많은 모티브와 주제가창조, 홍수, 법, 지혜의 말, 제의, 이름 등 성경적 전승들보다 더 오래된 상태로 메소포타미아와 이집트에 이미 있었다는 것이 드러났다. 이 인식은 새로운 것이었다. 그것은 그것에 상응하는 사고전환의 과정을 요구하였다. 19세기에 이르기까지 성경은 보존된 가장 오래된 책이라고 생각되었다. 그런데 이제 성경의 가장 오래된 텍스트보다 훨씬 오래된 텍스트들이 많이 발견되었다. 다른 한편 성경 텍스트가 주어진 주제를 종종 아주 자립적인 방식으로 제시한다는 것이 드러났다. 여기에 이스라엘적 신앙의 특별한 성격이 표현된다. 그러나 고대 오리엔트와 이집트의 전승들과의 연관관계는 부정될 수 없었다.195) 새로 생긴 원전들로부터 이스라엘의 옛 이웃 민족들이 자신을 어떻게 이해했고 또 표현했는지 알아낼 수 있었다. 이제까지는 오로지 성경을 통해, 즉 이스라

---

194) 유럽은 옛 오리엔트와 옛 이집트의 덕을 보고 있는데, 이는 바퀴, 도기, 문자, 알파벳, 곡물 및 포도농사 등의 "발명" 뿐 아니라, 동물의 길들이기와 사육, 관개기술의 기초적인 발전, 그리고 법, 건축, 문학, 예술, 학문(무엇보다 수학, 천문학, 역학(曆學), 의학)의 영역에도 해당된다.

195) 1872년에 글이 적혀 있는 점토판에서 바빌로니아의 홍수이야기가 발견되었다. 나중에 알게 되었듯이 그 이야기의 뿌리는 수메르 시대까지 거슬러 올라간다. 그 때까지 사람들은 성경의 홍수이야기가 유일한 것이라고 생각했었다. 그러나 바빌로니아의 홍수이야기는 성경의 홍수이야기와, 부분적으로는 세부적인 사항에 이르기까지, 놀랄만한 내용적 유사성을 보인다. 하지만 두 홍수이야기의 비교는 성경이야기의 고유한 특성을 보여주기도 한다. 중요한 차이들도 있다. 그것은 독특한 이스라엘적 신(神)이해에 기인한다. 예를 들면, 성경의 홍수이야기만 하나님의 약속(언약)으로 끝난다.

엘의 관점에서만 그들을 알고 있었다. 새로운 시각으로 인해 새로운 개별지식 뿐만 아니라, 시야 및 새로운 인지의 근본적인 확대가 이루어졌다. 그리하여 비로소 성경이 얼마나 고대 오리엔트 세계에 깊이 뿌리내리고 있는지 추론할 수 있었다.

    19세기에는 **성지**에 대한 최초의 학문적 탐사도 시작되었다. 십자군 전쟁 후에 어려운 여행조건에도 불구하고 여행자들이 계속 성지를 방문하기는 했었다. 그러나 그들은 대개 알려져 있는 순례의 목적지에 다녀오는 것에만 집중하였다. "팔레스티나"19세기에 그 땅은 그렇게 불렸다에는 십자군 전쟁 이래로, 아니 심지어는 고대로부터 유럽인들이 가 보지 않은 큰 지역들이 있었다. 성경상의 많은 장소들이 유세비우스의 장소 목록에서 마지막으로 언급된 바 있다.196) 성지가 19세기에는 터기의 지배 하에 있던 오스만 제국의 한 부분이었지만, 그리고 거기에 대부분 무슬림들이 살고 있었지만, 유럽의 학자들이 그 땅을 체계적으로 연구하기 시작하였다. 팔레스티나가 처음으로 측량되었다. 이는 보다 정확한 지도를 만들기 위한 전제조건이었다. 예루살렘에서 1867년에 처음으로 발굴이 이루어졌다. 이 시간 이후로 성지의 연구에 매진하는 학회들이 발족하였다: "Palestine Exploration Found", "Deutscher Verein zur Erforschung Palästinas", "Ecole biblique et archéologique française" 등.

    요점 정리: 19세기에 고대 오리엔트와 고대 이집트의 학문적 발견 뿐만 아니라 성지의 학문적 발견도 이루어졌다. 이 시간 이후로 오늘에 이르기까지 새로운 인식들에 있어서, 그리고 고대 오리엔트 및 성경의

---

196) 카에사레아의 주교이자 교회사의 첫 저자인 유세비우스(주후 265-339)의 "지명사전(Onomastikon)"은 성경에 언급된 많은 장소를 가능한 한 많이 목록으로 만들고 또 위치를 확인하고자 했던 인상깊은 시도이다.

세계에 대한 통찰에 있어서 어떤 소득들이 있었는지 대략이라도 짐작하는 사람이 있다면, 그는 이 **현대적인 연구작업**의 의미를 과소평가하거나 언급없이 지나쳐 버리는 것을 부당하다고 여길 것이다. 고대 오리엔트에 대한 우리의 지식은 대부분 지난 200년 동안 얻어진 것이다. 종교개혁자들도 신교적 정통주의 및 경건주의의 수호자들도 고대 오리엔트 및 성지의 발견을 경험하지 못했다. 그들은 이 시간 **이전에** 살았다. 새로 해독된 많은 원전자료들과 그로부터 얻어진 역추론, 그리고 종교사적 비교들이 그들에게는 아직 주어지지 않았다. 이 사실이 그들의 의미를 축소시키지는 않는다. 그러나 연구사적으로 이 상황은 고려되어야지 간과되어서는 안된다. 종교개혁자들과 위에 언급한 수호자들이 역사적 변천을, 그리고 성경의 세계에 대한 역사적 거리를 의식했었다고 전제할 수 없는 것이다. 그런 의식은 나중에 생성되었고 현대적 성서학의 조건적 틀이 되었다.

8.4 현대적 성서학의 계속적 발전

20세기에 현대적 성서학은 널리 인정을 받았다. 현대적 성서학은 이 시간에도 계속 발전하였고 변화하였다. 본서의 틀 안에서 역사적·비판적 성서학의 역사를 세부적으로 다루는 것은 요구되지 않는다. 나는 그것이 인정받는 과정을 **다섯 가지** 관점에서 분명하게 드러내는 것에서 그치겠다. 이어서 나는 무엇보다 지난 수십년간 성서학에서 일어난 변화와 오늘날의 토론상황에 대해 윤곽을 스케치해 보겠다.

(1) 현대적 성서학은 **대학에서** 20세기 초에는 **신교**의 학과에 관한 한 어느 **대학**에서나 인정받았다. 이 인정은 오늘에까지 이어지고 있다. 역사적·비판적 성서학의 존재권은 신교 대학신학 내에서 20세기의 어느 시점에도 근본적으로 부정되지 않았다. 현대적 성서학의 많은 가

지들 중 어느 쪽에서도 역사적·비판적 방법들을 다시 포기하려 하지 않는다. 이는 현대적 성서학의 보수적 대변자들의 경우도 마찬가지이다. 그렇기 때문에 신교 대학신학 내에서는 역사적·비판적 방법들에 대한 **만장일치의 수용**을 말해도 과언이 아니다. 이 지속적인 동의는 주목할 만하다. 그렇게 많은 전문가들이 그렇게 긴 시간 동안 역사적·비판적 방법이 정당하며 대체불가능하다는 확신을 가지고 있다는 사실은 무시될 수도 없고, 중요하지 않다고 생각될 수도 없는 일이다. 어쨌든 이 방법으로 오랫동안 작업하고 있고 또 그것을 가장 잘 아는 사람들이 그 방법에 동의하고 있다.

(2) 신교 국가교회의 **지도자들**도 역사적·비판적 방법의 정당성과 의미를 인정하였다. 이 인정도 19세기 이후로 오늘에까지 이어지고 있다. 이미 19세기에 교회지도부는 현대적 성서학의 방법들이 목사교육에 있어서 고정적 구성요소가 될 것을 지지하였다. 오늘날의 교회지도부의 생각에 따르면, 이 결정이 원칙적으로 적절했었음이 입증되었다. 독일 신교 연합EKD에서 오늘날 토론되는 신학자교육의 개혁에 대한 제안들 중 어느 것도 역사적·비판적 성서학의 포기를 지지하지 않는다. 이러한 만장일치적 인정도 주목할 만하다.

(3) **카톨릭 교회**도 마찬가지로 20세기 후반에 현대적 성서학에 자기를 개방하였다. 카톨릭 교회도 이제 역사적·비판적 방법을 정당하고 대체 불가능하다고 판단한다.197) 이로써 역사적·비판적 성서학은 서양 기독교의 모든 큰 고백집단들에게 인정받는다. 카톨릭 세계교회 측의 인정은 그 경계를 넘어서서 중부 및 남아메리카, 아프리카, 아시아의 카톨릭교인들에게도 의미를 가지는 것이다.

(4) 1960년대 이후 독일에서는 **교사양성교육**이 학문적 기초 위에 세

---

197) 이에 대해서는 다음 절을 참조.

워졌다.198) 이것은 고등학교 교사의 경우에는 이미 19세기 이후로 적용되는 이야기이다. 이제는 학문적 지향이 교사양성교육 전체로 확산되었다. 이는 학문에 의해 이끌려 가는 학습 및 교육의 사회에서는 피할 수 없는 것이다. 그 후로 초등학교, 중등 내지 실업학교, 특수학교에서 종교과목을 가르치는 교사들도 교사양성교육을 받는 동안 성서학의 역사적·비판적 방법을 배운다. 이는 **기독교적 사회사업 담당자**Diakon의 양성교육에 있어서도 마찬가지이다. 그들의 교육이 수십년 전부터 국가적으로 인정된 대학에서 이루어진다.

(5) **큰 규모의 신교 자유교회들도** 제법 오래 전부터 역사적·비판적 성서학을 긍정적으로 평가한다. 로이틀링엔에 있는 감리교 신학교와 엘스탈베를린 근처에 있는 침례교 신학교도 대학들에서 통상적으로 볼 수 있는 것과 똑같은 성서학적 방법을 쓰고 있다. 두 신학교는 학생들의 개인적인 신앙과 선교적 능력에 큰 가치를 두고 있다. 이 두 학교의 경험이 보여주듯이, 그 가치설정은 역사적·비판적 성서학에 대한 긍정과 모순관계에 있지 않다.

현대적 성서학에 대한 이 인정의 역사는 스스로를 지지해준다. 여기에서 중요한 것은 현대적 성서학이 그 작업방식에 있어서 일련의 일방성들을 극복하는데 성공했다는 것이다. 현대적 성서학의 역사 속에는 많은 일방성과 선입견이 있었다. 그러나 이는 다른 방식으로 **그 이전의 성경해석의 역사에도 적용된다**.199) 현대적 성서학은 오랜 시간 동안 무엇보다도 이성에 대해 과대평가를 하는 특징을 지니고 있었다. 여기에는 현대의 시작과 함께 전통에 비하여 이성의 역할의 가치가 크게 상승했던 사실이 반영되고 있다. 이성의 과대평가는 합리주의와 실증

---

198) 소위 "전문교사"의 양성교육에 있어서는 아직도 예외가 있다.
199) 현대적 성서학의 생성 이전에도 성경해석에 많은 일방성이 있었다. 그러므로 "옛날이 더 좋았다"고 말할 수 없다. 이는 "보수적 낭만주의"에 지나지 않을 것이다.

주의가 무엇보다 역사주의라는 형태로, 그리고 거기에다 회의주의도 무엇보다도 역사적 회의라는 형태로 19, 20세기의 성서학에 막대한 영향을 끼치는 결과를 가져왔다. 그 외의 철학적, 세계관적, 이데올로기적 고착화도 시간의 흐름 속에서 더해졌다. 이는 되돌아 보아 솔직하게 인정하고 비판적으로 고찰해야 할 점이다.

그런데 이런 회고에 있어서는 다음 사항을 주의해야 한다: 세계관적 이데올로기적 편견이 대학 신학에만 있는 것은 아니다. 이것은 사회와 교회의 **모든** 영역에서 일어난다. 어느 그리스도인 집단도 그런 위험에 면역되어 있지 않다. 이런 종류의 일방성은 대개 그 상황 속에 들어 있을 때보다 지나고 나서야 더 쉽게 인식된다. 성서학의 반대자도 나름의 편견과 일방성, 철학적, 세계관적, 이데올로기적 협소함을 가지고 있다. 자유주의적 이데올로기 뿐만 아니라 보수적인 이데올로기도 있는 것이다. 이런 일에는 각자가 자기 집 대문 앞부터 쓸고, 독선적으로 남을 가리킬 것이 아니라 자기 눈의 들보부터 빼는 것이 가장 좋다. 이런 종류의 논쟁에 있어서는 대화에 참여하는 **모든** 이가 자기비판 및 자기 수정의 준비성과 능력을 함양하는 것이 중요하다.

오늘날의 성서학은 전반적으로 자기비판적이고 겸손하게 되었다. 이는 기뻐할 만한 긍정적인 발전이다. 오래전에 "계몽 위에 계몽"이 이루어졌다. 오늘날에는 어느 누구도 역사적·비판적 방법이 중립적이라거나 전제가 없다거나 전적으로 "객관적"이라고 주장하지 않는다. 모든 방법은 각자의 시각과 인식을 이끌어내는 관심과 강점과 약점과 "맹점"을 가지고 있다. 전제가 없는 중립적인 학문은 없다. 그래서 사람들은 자기의 전제와 선先이해를 가능한 한 자신과 타인에게 열어 놓고 검토가 되도록 해야 한다. 그렇지 않으면 자기의 전제는 **선입견**이 되고 만다. 특히 학문적 인식의 **발견** 및 **사용**에 있어서는 학문 외적인 관심과 요소들이 큰 역할을 한다. 학문적 연구작업도 언제나 현실의 이런 저런 **측면들**만을 파악할 수 있을 뿐이고, 그것도 특정 시각에서 파악하는 것에 지나지 않는다. 이에 대해서 오늘날 대학에서는 폭넓은 의견일치가 이루어져 있다. 이런 통찰들을 통해서 합리주의와 실증주의가 극복되었다. 그래서 역사적·비판적 방법에 대한 토론은 **오늘날의 성서학**과 연관하여 이루어져야 한다. 오늘날의 성서학은 더 이상 그것이 출발하던 시절과 아무 유보없이 마구 비교될 수 없다. 성서학의 과거에 붙들려 지난 수십년간의 변화를 고려하지 않거나 과소평가하는 사람은 오늘날의 상황과는 관계없는 말만 하게 된다.200)

대학교에 법적으로 기반을 두고 자리잡은 **연구와 교수의 자유**는 교회와 신학에 문제를 일으키기도 한다. 다른 한편으로 대학에서의 가르침의 자유는 커다란 장점을 가지고 있다. 대학에서 강의하는 어느 누구도 다른 이가 하고 싶어하는 말을 자기 입으로 할 필요가 없는데, 이는 자기에게 급여를 주는 사람이 하고 싶어 하는 말에 있어서도 마찬가지다. 이 점은 중요하다. 사고의 자유와 자유로운 의견개진의 권리는 귀중한 재산이다. 이는 신학교에도 적용된다. 교회지도부가 대학에서의 가르침의 자유의 장점과 단점을 신중하게 저울질하는 것은 잘 하는 일이다. 이 고려의 과정은 신교에서도 구교에서도 대학교의 신학과를 포기하지 **않는** 결과를 낳았다. 나는 이 결정이 옳다고 여긴다. 다른 모든 결정은 커다란 학문적 전통의 포기를 의미할 것이다. 대학에서의 가르침의 자유의 틀 속에서 일방적이고 극단적인 명제와 이론이 지속적으로 나타날 수 있다. 그러나 바로 이것이 종종 학문적 토론을 진전시킨다. 하지

---

200) 유감스럽게도 아주 많은 보수적인 기독교 저작자들이 그러하다. 그들은 충분한 정보를 가지고 있지 않은 대부분의 독자들을 대상으로 현대적 성서학이라는 적대자상(像)을 그려내는 데에 관심을 두고 있다.

만 대학에서의 가르침의 자유를 계속 신학적 극단주의와 연결시키는 것은 그릇된 것일 것이다. 나는 이 책에서 동료교수들 사이에서 특히 논쟁거리가 되는 신학자들을 거론하지 않겠다. 그렇게 한다면 내가 그들에게 너무 큰 비중을 두는 것이 될 것이다. 나는, 과장된 일방성을 피하면서 교회지도부 및 개 교회와 신뢰에 찬 공동작업을 하려는 다수의 성서학자에게 내 시선을 돌린다. 한편으로 신학과에서 얻어 낸 학문적 질이 경솔하게 포기되어서는 안된다. 다른 한편으로 학문적 신학과 기독교적 실제가 서로서로 다가가는 것이 필수적이다. **양측이 만남과 상호존중**을 필요로 한다.

현대적 성서학이 폭넓은 인정을 받는 것과 예전의 일방성을 극복했음에도 불구하고 지난 수십년간 대학에서 역사적·비판적 성서학에 대한 **강한 불쾌감**이 있었다. 이는 역사적·비판적 성서학을 **지지하는** 사람들의 불쾌감이다. 이 불쾌감은 근거가 있는 것이고 진지하게 받아들여져야 하는 것이다. 이는 특히 다음의 **세 가지** 관점과 관련이 있다:

(1) 오늘날의 성경의 독자가 성경 텍스트의 역사적 성격을 존중하도록 만들기 위해, 성경의 해석에 있어서 성경 텍스트와 독자 사이에 거리감을 조성하는 것만으로는 충분하지 않다. 성경 텍스트는 현대의 독자에게 다가와 말을 걸고자 한다. 성경 텍스트의 목표는 거리가 아니라 가까움이다. 이 가까움이란 역사적 간격의 무시를 전제로 하지는 않는다. 그러나 성경 텍스트에 대한 독자의 개인적인 관련성, 즉 성경 텍스트의 **현재적 관련성**이 결정적인 관건이라는 것이 그것 때문에 변하지 않는다. 성경의 현재적 의미가 발현되기 위해서는 역사적·비판적 방법만으로는 충분하지 않다. 성경에 대한 다른 접근방식과 성경을 다루는 다른 방법이 필요하다.

(2) 성서학의 방법과 작업영역의 계속적인 전문화는 대학에서의 연구 및 가르침이 자기 자신에게 열중하는 경향을 강화시킨다. 많은 그리스도인들이 대학의 성서학에서 이루어지는 "행위"와 그리스도인 생활이나 교회 생활 사이의 거리가 엄청나게 크다고 느낀다. 이 간극은 스스로 줄어들지 않는다. 의견교환과 선입견 제거와 실제적인 프로젝트의 공동작업을 위해 서로 만날 기회가 마련되어야 한다. 성서학적 질문 제기와 인식들을 더 많은 독자와 청자에게 전달하는 것을 목적으로 하는 일련의 잡지, 서적, 교회의 성인교육 프로그램들이 있기는 하다. 그러나 아직 할 일이 많다. 간극은 여전히 크고, 신학적 전문용어와 개방적인 독자 및 청자에게 필요한 평이한 용어 사이의 간극도 그러하다.

(3) 범세계적인 교회 간의 접촉을 통해 역사적·비판적 성서학이 유럽의 정신사에서 자라난 유럽적·서양적 현상임이 분명해졌다. 이것이 그 의미를 축소시키지는 않으나, 그 유효성을 제한한다. 우리는 이 유럽적 전통을 가치있고 중요한 기여로써 기독교의 범세계적인 대화에 들고 나갈 수 있다. 이는 무엇보다 유럽에서 생성된 현대성이 세계적으로 확산되고 있기 때문이다. 그러나 유럽이 세계의 중심은 아니다. 유럽의 신학자들은 비유럽적 전통으로부터, 그리고 비학문적인 성서 대하기 방식으로부터 많은 것을 배울 수 있다.

역사적·비판적 방법 외에 다른 성경해석 방법에도 말할 수 있는 여지를 내어주는 성서학만이 오늘날의 범세계적인 경험의 맥락에 잘 어울린다. 그래서 지난 수십년 동안 성경 텍스트의 **현재적 관련성**을 드러낼 수 있는 새로운 학문적 방법의 모색이 강화되었다.201) 성경에 대한 비학문적인 접근방식도 주목과 인정을 받을 만하다. 우리는 기도하

---

201) 나는 오늘날의 현대적 성서학에서 역사적·비판적 방법 외에 점차 더 중요한 역할을 하는 새로운 성경 접근방식을 여기에서 더 자세히 다룰 수 없다. 그것은 이 책의 틀을 깨게 될 것이다.

면서, 묵상하면서, 노래하면서, 연주하면서, 그림 그리면서, 춤추면서, 놀이하면서 성경 텍스트에 접근함으로써, 성경의 메시지에 깊이 얽혀 들 수 있다. 이들 중 어느 접근방식도 다른 것을 배제해서는 안된다. 이 모든 성경 접근방식은 각기 귀중한 가능성들을 지니고 있다. 이 공동성 속에서 현대적 성서학은 다른 여러 방법들과 나란히 함께 있는 **또 하나의 방법**에 지나지 않는다. 물론 현대적 성서학은 성경 텍스트의 **근원적 의미**를 드러냄을 통해 다른 접근방식들을 위해 중요한 봉사를 할 수 있다. 그리하여 그 근원적 의미가, 어떤 형태가 되었든 주목을 받고 그에 합당한 효력을 발휘하게 되는 것이다. 역사적 · 비판적 방법은 오늘날 교회에서든 대학에서든 독점적인 요구를 할 수 없다. 그것은 다른 강조점과 다른 시각을 가진 다른 방법들과 접근방식을 통해 보완되고 상대화되어야 한다. 이와 같은 인식은 오늘날 대학에서 대부분 인정되고 있다. 그러나 역사적 · 비판적 방법이 신학이나 종교교육학 교육에서 **중요한, 대체 불가능한** 과제를 가지고 있다는 사실은 여전히 유효하다.

8.5 카톨릭 교회에서의 발전

카톨릭 교회 내에서의 성서학의 발전은 매우 중요하다. 현대적 성서학의 적대자라면 누구에게나 이 발전을 살펴 보도록 추천할 만 하다. 카톨릭 신학자교육에 있어서 현대적 성서학의 방법은 신교적 근본주의가 가지고 있는 것과 비슷한 이유에서 오랜 시간 동안 허용되지 않았다. 성경에 관한 교황의 첫 교서1893는 새로운 성서학적 방법을 거부하였다. 그리고 수십년을 그렇게 머물렀다. 교황의 세 번째 교서1943가 성서학에 처음으로 작은 틈을 열어주었다. 그것은 카톨릭 성서학자에게 성경의 상이한 텍스트 장르를 각각의 특성에 따라 관찰하는 것을 의무로 부여하였다. 두 번째 바티칸 공의회1962-1965에서 카톨릭 교회는 현대적 성서학의 방법에 자신을 훨씬 많이 개방하였다. 그 때부터 신·구교의 성경 해석자들은 넓은 영역에서 같은 방법으로 작업한다. 연구작업에 있어서 성서학자의 고백의 역할은 갈수록 작아진다. 바로 성서학이 고백들 사이의 접근과 화해를 촉진시켰다. 유대교와의 화해과정도 비슷하다. 여기에서도 현대적 성서학은 새로운 지평을, 그리고 그와 맞물려 접근의 가능성을 열었다.

카톨릭 교회 내에서 성서학적 방법을 인정하는 역사는 1993년에 교황청 성서위원회의 교서를 통해 완결되었다. 교황 요한 바오로 2세가 칭찬했던 이 교서에서, 유럽 및 비유럽 국가 출신의 구교 성서학자들로서 교황으로부터 임명된 19명의 위원회 구성원들은 역사적·비판적 성경해석에 대하여 모든 단계를 망라하는 **전적인 인정**을 선언하였다. 이 학문적인 성경 대하기 방식은 교황청 성서위원회에 받아들여졌을 뿐 아니라, 교회를 위해 중요하고 "필수적"이라고 칭하여졌다.202) 이 문건을 공식적으로 수령受領하는 자리에서 교황은 성경해석의 "역사적·비판적 초석"에 대해 말하였다.203) 교황청 성서위원회는 그 교서에서 성경에 대한 모든 종류의 근본주의적 견해를 거부하고 그 성경이해를 교회에게 "위험하다"고 칭했다.204) 교황청 성서위원회의 위원이기도 한 로타 루퍼트Lothar Ruppert는 교서의 이해를 돕고자 쓴 도입글에서, 교황청 성서위원회가 역사적·비판적 성서학에 대해 그토록 분명하게 긍정적인 입장을 취하는 것이 왜 가능하게 되었는지 설명하는데, 이는 흥미롭다. 그는 두 가지 이유를 댄다: 1. 역사적·비판적 성서학은 오

---

202) 약 70페이지 정도되는 이 교서의 텍스트는 독일어로 번역되어 있다. Die Interpretation der Bibel in der Kirche. Das Dokument der Päpstlichen Bibelkommission vom 23. 4. 1993 mit einer Einführung von Lothar Ruppert und einer Würdigung durch Hans-Josef Klauk. Stuttgarter Bibelstudien 161, Stuttgart 1995, 93-168.
203) 윗글 60.
204) 윗글 122-125.

늘날 예전보다 개방적이고 덜 교조적이다. 그것은 자기 것 외에 다른 방법들도 허용한다. 2. 카톨릭 교회는 "진리"가 "오류 없음"과 동일시 되는 전통적인 형식의 영감설을 포기했다. 루퍼트는 옛 영감설은 영감과 역사와 진리에 대해 지나치게 좁은 이해를 가지고 있었다.205)

이로써 카톨릭 교회는 신교적 근본주의가 오늘날까지 성공하지 못한 것을 100여 년의 학습과정을 통해 성공했다. 카톨릭 교회는 현대적 성서학을 사안에 따라 공평하게 판단하고 긍정적으로 통합시키는 것을 배웠다. 교황청 성서위원회는 교서에서 성서학의 **오늘날의** 상태에 집중하고, 지금까지의 역사를 문제삼아 머물러 있지 않는다. 교서의 시선은 **앞을** 향하고 있다. 교황청 성서위원회는 성서학의 예전 시기로부터 무엇인가 인용하여 적대자상을 그려내고 성서학을 이 적대자상에 묶는 시도를 포기한다. 교서의 어조는 객관적이고 개방적이다. 위원회는 또한 역사적·비판적 방법의 한계를 지적하고 이 방법의 모든 독점적 요구를 거부한다. 그러나 이것이 이 방법의 긍정적 가능성을 바라보고 존중하는 것을 방해하지 않는다.

카톨릭 교회는 현대적 성서학의 현 위치 규정의 이전상태로 더 이상 돌아갈 수 없다. 교황청 성서위원회의 교서는 신교의 성경해석에 배타적인 모든 시도의 근거를 없애버렸다. 그런 시도가 근본주의적 문건에서는 여전히 발견된다. 신·구교의 신학은 오늘날 성서학적 방법에 대한 평가에서 전반적으로 일치한다.206) 이는 의미있고 기쁜 발전이다.

성서학의 반대자는 이 지점에서 너무 단순하게 생각하지 말아야 할 것이다. 이 커다란 보수적인 교회의 100년간의 학습과정이 진정 논거

---

205) 윗글 41-44와 129-133을 참조.
206) 이는 위에서 언급한 교황청 성서위원회의 교서에서 뿐 아니라, 구교의 가장 중요한 사전 "Lexikon für Theologie und Kirche"(3판 1993-2001)의 해당 항목에서도 나타난다. 그 외에도 이 근본적인 동의는 학문적인 주석서, 성경해석과 관련된 전문서적과 전문잡지에도 반영된다.

가 되지 못하는가? 천천히 힘겹게 이루어진 카톨릭 교회의 변화를 한 동작에 밀쳐버릴 수 있는가? 카톨릭 교회와 바티칸과 교황이 너무 "자유주의적"이며 "합리주의"에 희생되었다고 비방하고자 하겠는가? 이 학습과정에 대하여 그저 "현대적 시대정신에 대한 적응"이라고 말하는 것은 가능하지 않다. 이런 식의 문구는 카톨릭 교회가 얻은 통찰에 어울리지 않는다.

8.6 미국의 상황에 대하여

미국의 기독교와 유럽의 기독교 사이에는 커다란 차이가 있다. 유럽에서의 기독 교회의 역사는 미국에서와는 다르게 흘렀다. 대부분의 유럽국가에는 독일도 마찬가지 20세기에 이르기까지 **국민교회**에서 분리된 **국가교회**가 있었다. 두 교회는 국가와 긴밀하게 공동으로 일하였고 또 일하고 있다. 두 교회는 여러모로 국가의 친절한 태도의 덕을 보았고 또 보고 있다. 예를 들어 독일의 신·구 교회는 국가를 통하여 "교회세"를 징수할 수 있는 "공법公法단체"이다.

그에 반해 미국에서는 건국이래로 헌법1792에 뿌리를 내린 교회와 국가의 **분리**가 있었다. 미국의 모든 교회는 "자유교회"였고, 그것은 지금도 그러하다. 미국에는 국가교회도 국민교회도 없기 때문에, 교회의 전통과 제도가 유럽에서와 같은 역할을 하지 못한다. 그리고 미국에서는 유럽보다 신교가 우세하다.국민의 2/3가 신교에 속한다 그래서 미국에서는 예로부터 **성경**이 중심적인 역할을 한다. 독일에서와는 달리 미국의 신교 내에서는 루터교가 주도적이지 않다. 미국에서 가장 큰 프로테스탄트 교회는 우리에게는 잘 알려지지 않은 감리교와 침례교이다. 미국의 교회는 국가적으로 정비된 조세수입으로부터 재정을 충당하지 않기 때문에 "자유 경쟁 시장"에서 이겨야 한다. 그런 이유로 미국에서의 기독교적 생활은 여러 관점에서 유럽에서보다 활력적이다.

유럽적인 전통에서 자라 난 미국의 교회들카톨릭 교회, 루터교, 개혁교회, 장로교, 회중교회은 유럽에 있는 "형제"들과 똑같이 현대적 성서학의 방법으로 작업한다.207) 그러나 미국에 있는 여타의 교회와 기독교적 단체에서는 현대적 성서학이 엄격하게 거절된다.

국가와 교회의 분리 때문에 **국립대학**에 오랜 시간 동안 신학과가 개설되지 않았다는 것이 미국의 특징적 현상 중의 하나이다. 불과 몇 년 전부터 모종의 변화가 시작되었다. 미국에서 설교자와 목사의 양성교육은 대부분 각각의 교회들교단이 끌어가는 신학교 또는 사립대학 "Divinity Schools"에서 이루어진다. **국립**대학에서는 오랜 시간 동안 오직 종교학을 공부할 수 있을 뿐이었다. 즉 미국에는 유럽 대학의 신학부가 지난 수백년 간 거쳐 온 긴 경험의 과정이 없다. 그 외에도 미국의 국립학교에는 **종교과목 수업이 없다**. 그래서 종교과목 교사의 학문적 양성교육도 없다. 이는 많은 미국의 그리스도인이 "요람에서 무덤까지" 자기가 속한 자유교회의 생각들만 듣게 되는 결과를 가져온다. 그가 속한 곳이 근본주의적 특징의 자유교회일 경우, 그는 유년기부터 현대적 성서학에 대하여 부정적인 말과 경고하는 말만 듣게 된다. 유소년기에 그런 것이 머리에 각인된 상태로, 나중에 어떻게 이 주제에 대한 객관적 대화가 이루어지겠는가? 이는 대개의 경우 이미 심리적인 이유에서 가망이 없다. 선입견이 굳게 자리잡고 있어서 몇 번의 만남으로는 아무런 변화도 가능하지 않다. 그러나 현대적 성서학은 미국에서도 반대자의 영향을 받지 **않고** 자란 **사람들**에게서 개방적인 반응과 동의를 얻고 있다.

---

207) 그러나 미국의 루터교는 현대적 성서학 때문에 분열이 있다.

8.7 총정리

이제까지 논의한 것의 총정리는 내 생각으로는 오로지 다음의 이중적 측면으로 표현될 수 있을 뿐이다: 1. 역사적·비판적 성서학은 정당성을 가지고 있으며 크게 쓸모가 있다. 이 방법에 대한 일반적인 거부와 정죄는 그 사안에 있어서 부당하며 그리스도인들의 하나됨에 짐이 된다. 2. 역사적·비판적 성서학의 효력범위는 제한되어 있다. 그 작업 방식은 지속적인 검토와 보완을 필요로 한다. 독점적인 요구나 성경에 대한 다른 접근방식의 평가절하를 통해 나타나는 역사적·비판적 방법의 과대평가 및 일방적인 선호도 마찬가지로 부당하며 그리스도인들의 하나됨에 짐이 된다. 즉 기독교 공동체는 양측성서학의 반대자측과 지지자측으로부터 위협받을 수 있다. 양측은 기독교 안에 벌어진 틈을 극복하거나 아니면 적어도 그것을 제한하는데 각자가 할 수 있는 몫을 담당해야 할 요청 앞에 서 있다.

이 장을 끝내면서 나는 더욱 근본적인 정리를 하고 싶다. 그것은 현대적 성서학의 권리와 한계의 주제를 넘어서는 것이다. 여기에서의 관건은 현대성 **전체**의 권리와 한계이다. 현대적 사회의 이제까지의 발전은 어떻게 평가될 수 있는가? 내 견해로는 다음의 대답이 두루 동의를 얻을 수 있을 것같다: 현대적 사회의 이제까지의 발전은 오늘날의 시각에서 일방적으로 긍정적인 평가를 받을 수 **없다**. 그러기에는 현대 사회의 문제와 위험이 너무 심각한 것으로 드러났다. 8장의 앞 쪽 네 절에서 나는 현대성의 존중받아 마땅한 측면들을 지적했다. 이제 현대성의 어두운 면, 그 댓가와 희생이 언급되어야 하겠다:

유럽의 상승은 아메리카의 발견1492과 함께 시작되었다. **정복**이 이 발견을 뒤따랐다. 우리가 "발견"이라고 일컫는 것이 중부 및 남아메리카의 아즈텍, 잉카, 마야의 사람들에게는 파괴와 멸절을 의미했다. 그들의 언어는 탄압되었다. 그 자리에 스페인어와 포르투갈어가 들어 섰다. 북아메리카에서는 인디안 족속의 대부분이 멸절되었다. 생존자들은 고향을 떠나 "보호구역"으로 쫓겨났다. 그들은 이러한 강탈에 대한 적절한 배상을 오늘날까지 받지 못하고 있다. 미국 남부에 있는 주들의 복지는 오직 수만명의 아프리카인들이 그들의 고향으로부터 끌려왔고 그들이 항해에서 살아남았을 경우, 기독교를 신봉하는 백인의 농장에서 노예로서 강제노동을 하였기 때문에 가능했던 것이다. 본래 아메리카에서 살았던 사람들과 그리로 끌려갔던 사람들에게 아메리카는 "무한한 가능성의 땅"이 아니라 무한한 굴욕의 땅이었다. 유럽의 "진보"는 이 세상의 대부분의 나라들에게 강요된 퇴보를 가져다 주었다. 그들은 식민지가 되었다. 이 나라들의 경제는 자체의 구조는 고려되지 않은 채 식민 정권의 이해에 맞추어졌다. 그들 중 많은 나라들이 오늘에 이르기까지 그 결과 때문에 시달리고 있다. 현대적 세계와 함께, 그리고 그것을 통하여 소위 "제3세계"가 생겼다. 유럽의 성공이야기는 이 나라들의 수난이야기가 없이는 존재하지 않는다. "진보"는 오직 다른 이들의 희생을 댓가로 존재하였다.

자연에 대한 인간의 학문적·기술적 권력장악도 현대적 세계에 속해 있다. 자연에 대한 인간의 지배는 매우 양가적兩價的인 것으로 드러났다. 그것은 대기권과 기후의 장해 "온실효과", 오존층의 구멍, 극지방과 빙하의 용해, 우림의 벌목, 많은 동식물의 멸종 등 자연과 인간에 대한 중대한 위협을 초래하였다. 자연이, 그리고 결국에는 인류의 생활터전이 그토록 손상되는 일이 예전에는 없었다. 현대적 세계에는 "가장 진보된" 국가들이 서로를 학살한 세계대전이 속해 있고, 아우슈비츠와 히로시마, 원자탄과 중성자탄, 생물학적 화학적 대량살상무기가 속해 있다. 현대적 세계에는 시장과 이윤과 성장의 법칙을 끼고 있는 자본주의가 속해 있다. 범죄율은 현대적 세계에서 줄지 않았다. 살인, 쳐죽임, 고문, 강간, 아동학대는 예전처럼 번성한다. 전쟁을 방지할 방법을 현대적 세계는 발견하지 못했다. 자연과학과 기술로 각인된 현대에서는 이성의 역할이 일방적으로 변화하였다. 지혜를 얻는 데에 사용되는, 무엇보다 듣고 받아들이는 기관器官이208) 사용-지향적인 지식을 둘러싼 도구적·기술적 이성이 되어버렸다. 이 이성은 권력과 지배를 위해 봉사한다. "아는 것이 힘이다" 임마누엘 칸트1724-1804에 의하면 이성은 인간이 제기하는 질문에 대답하도록 자연을 "강요한다"209)

현대적 세계의 꿈은 실현되지 않았다. 『인류의 교육』고트홀트 에프라임 레싱, 1870은 성공하지 못했다. 이성에 대한, 사물의 "조작 가능성"에 대한, "진보"에 대한 믿음은 잘못된 추론임이 드러났다. 이성, 학문, 기술이 우리에게 더 나은 세계를 가져다 주리라는 확신은 오늘날 더 이상 찾아보기 어렵다. 인간 이성의 한계와 무력함이 너무나도 분명하게 드러났다. 오늘날에도 아직 "진보를 믿는" 사람, 혹은 자기를 "합리주의자"로 생각하는 사람은, 그가 학습에 대한 저항력이 있는 것은 아닌지 질문을 받을 채비를 해야 한다. 현재의 철학적 토론에서 합리주의는, "비판적 합리주의"의 형태에 있어서도, 더 이상 의미있는 역할을 하지 못한다.210) 오늘날에는 다시금 이성을 **과소평가**하지 말도록 주의가 환기되어야 한다. 비이성과 비합리주의로는 현재와 미래의 문제와 도전들을 전혀 극복할 수 없다.

위에서 언급된 지적들은 현대에 대한 "현대주의적" 시각이 오늘날 더 이상 가능하지 않음을 충분히 증거한다. "현대주의적"이라는 말은

---

208) "이성(Vernunft)"은 "듣다(vernehmen)"에서 유래한다.
209) "순수이성비판" 2판의 서문.
210) 개괄서 "Grundlagen der Gegenwartsphilosophie"(Gloy 2006)에는 현대철학의 열가지 주요 방향들이 소개되어 있다. "비판적 합리주의"는 그 가운데 더 이상 나타나지 않는다.

현대적 발전을 일방적으로 긍정적으로 평가하는, 즉 진보에 대한 믿음을 가지고 현대성의 이면을 감지하지 못하는 시각을 의미한다. 그런 "현대주의"는 19, 20세기에 여러 모양으로 대변되었다. 그것은 20세기의 70년대, 80년대에 거의 대부분 와해되었다. 19세기와 20세기 초의 자유주의 신학은 이 현대주의의 대변자였다. 그 신학은 자신을 현대의 문화적 유산이라고 생각했다. 이 신학은 진보에 대한 믿음과 연합하여 현대적 발전 속에서 하나님 나라에 접근하는 과정을 보았다. 자유주의적 현대주의에 대한 근본주의의 비판은 정당하다. 근본주의는 항시 현대적 시대정신에 대한 무비판적 적응에 대항하고, 종교적 특성을 띤 진보에 대한 믿음에 대항하는 반대운동으로서 자기 자신을 생각했다. 근본주의적 신학자들은 성경적 의미의 하나님의 계시가 더 이상 필요하지 않다고 여기는 "이성신앙"을 거부했는데, 이는 정당한 일이었다. 이성과 현재를 절대화하고 계시와 과거의 척도로 삼는 것을 그들은 중대한 실수로 여겼는데, 이는 정당한 일이었다.

자유주의 신학의 현대주의는 1차 세계대전1914-1918을 통해 크게 흔들렸다. 베르덩의 전투1916는 아무리 좋게 보려고 해도 하나님 나라에 "접근하는 과정"으로 더 이상 해석될 수 없었다. 중요한 신학자들이 1차 세계대전 후에 자유주의 신학을 신랄하게 비판했다. 신학에 현대주의적 경향이 계속 유지되었던 곳에서, 그 경향은 파시즘 및 2차 세계대전1939-1945의 경험을 통하여, 그리고 "성장의 한계", 증가하는 환경파괴, 전 지구적 빈곤, 전 지구적 테러리즘의 경험을 통하여, 단순히 의문시되는 선을 넘어섰다. 이 경험들은 대다수의 신학자들로 하여금 현대성에 대한 비판적 관계를 가지게 만들었다. 근본주의가 태동할 때에 목도하였던, 19세기와 20세기 초의 자유주의 신학과 같은 종류의 현대주의는 오늘날 거의 찾아볼 수 없다.

기독교 신앙과 기독교 신학은 그들의 선지자적 요소를 잃어서는 안 된다. 이 요소가, 우리가 국민과 세계시민으로서 함께 일하고 함께 책임질 자세가 잘 갖추어져 있다 하더라도, 우리 그리스도인들을 **모든** 사회형식과 **모든** 시대정신에 대하여 비판적 거리를 가지게 만든다. 어느 사회도, 어느 시대정신도 하나님의 나라와 상응하지 않는다. 어느 세기가 되었든, 어느 사회적 발전도 일괄적으로 하나님 나라에 "접근하는 과정"으로 평가될 수 없다. 그래서 전환을 촉구하는 선지자적 외침은 어느 시대에도 불필요하지 않다. 기독교는 국가와 사회에 "하나님의 나라, 하나님의 계명과 의"바르멘 신학 선언의 다섯번째 강령를 제시할 사명을 가지고 있다.

그러나 자유주의적 현대주의의 대안이 근본주의적인 **반현대주의**는 아니다. 이 반현대주의는 자유주의적 현대주의와 똑같이 일방적이다. 각자의 일방성 속에서 양자는 구조적 유사성을 보인다. 양자는 방향은 정반대이지만, 똑같이 눈을 가리는 일을 하고 있다. 그런 의미에서 현대주의와 반현대주의는 지속적인 논쟁 속에 빠져 있는 "원수같은 형제들"이다. 이 형제간의 싸움에 동참하는 것은 아무런 의미가 없다. 얻을 것이 없다. 학문적 신학은 현대주의와 비현대주의 중 하나를 택하는 잘못된 대안을 극복하였다. 현대성과 비판적으로 맞서는 데 있어서는 망상도 적대자상도 도움이 되지 않는다. 조심스러운 세분화가 단순한 일괄화보다 낫다.

현대성은 적어도 **두** 얼굴을 가지고 있다. 그것은 존중과 동의를 얻는 것이 마땅한 가치있는 측면을 가지고 있다. 그리고 그것은 문제가 있는 위험한 측면을 가지고 있기 때문에, 조심성과 비판이 요구된다. 이는 근본주의적 사고에 있어서 일종의 "붉은 천투우사의-역주"과 같은 "계몽주의"에도 마찬가지로 적용된다. 계몽주의를 일괄적으로 "합리주의"와 "하나님께 대한 배교"로 여긴다면, 이는 그것을 적합하게 판단하는 것이 아니다. 계몽주의에도 가치있는 측면들이 있다: 미성숙으로부터 벗어나게 하는 독려, 객체목적을 위한 수단가 되어서는 안되는 인간의 주체성과 품격에 대한 존중이 그것이다. 미신과 관련하여서도 계몽주의는 큰 업적을 세웠다. 수백년간 수천명의 여인들을 희생시켰던 "마녀사냥"의 종결은 계몽주의의 덕이다. 그리고 "기독교적인 서양"에서 수백년간 통상화되어 있던 국가적 차원의 고문방법의 폐기도 마찬가지다. 현대성과 계몽주의에는 비싼 값을 치르고 얻어낸 것들, 우리가 쉽사리 다시 포기할 수 없는 것들이 있다. 거기에는 종교적인 관용 내지 개인적인 종교의 자유가 포함된다. 이것은 종교전쟁의 경험, 특히 중부 유럽 인구의 거의 절반을 희생시킨 30년전쟁의 경험에서 생긴 것이다. 그렇기 때문에 우리가 현대적 성서학에 대해 일괄적인 전면적 의혹을 품는 것도 역시 적절하지 않다. 현대적 성서학의 결정적인 생성의 기초는 합리주의도 자유주의적 현대주의도 아니고, 가속화된 역사적 변천과 거기에서 생긴 역사적 사고이다. 물론 이 역사적 사고는 일방적으로 잘못 사용될 수 있다. 그러나 남용은 올바른 사용에 대해 반대할 논거가 되지 못한다. 실제적으로 역사적 사고는 현대가 힘들게 얻어낸 귀중한 것 중 하나이다. 우리는 성서학을 일괄적으로 거부하고 정죄함으로써가 아니라, 올바르게 책임의식을 가지고 그것을 사용함으로써 성서학의 남용을 극복하는 것이다.

2부
선별된 초점들

9. 구약의 예: 욥기

9.1 욥기의 비역사적 성격

욥기는 질적인 수준이 높은 책이다. 그것은 개별 요소들에 이르기까지 신중하게 씌어졌다. 욥기의 텍스트에는 이 책의 등장인물들이 역사적인 인물이 아니라 문학적인 인물이라는 **많은** 징후들이 있다. 성서학자들 사이에서는 이에 대하여 수십년 전부터 의견일치를 보고 있다. 나는 아래에서 그런 견해를 가지게 만든 관점들을 소개하겠다.

(1) 욥기는 다음과 같이 시작한다: "우스 땅에 욥이라 이름하는 사람이 있었는데."1:1 여기 뿐 아니라, 욥기 전체에서도 욥이 언제 살았는지에 대한 정보는 나와 있지 않다. 그러한 시대적인 언급은 역사적인 인물의 경우 성경에서 종종 발견된다: "여로보암이 왕이 된지 15년이라." "헤롯왕 때에" 등. 욥의 **조상**에 대한 언급도 없다. 그런 족보계보도, 系譜 圖는 성경에서 중요한 인물의 경우 마찬가지로 자주 발견된다.211) 욥이 살았던 시간도 욥의 출신도 언급되지 않은 것은 주목할 만하며, 그냥 지나칠 수 없다. 게다가 **지리적인** 언급이 정확한 추리를 가능케 하지 않는다. "우스 땅"은 성경에서 자주 언급되는 이스라엘의 이웃 지역이 아니다.212) 우리는 욥기에서 이 땅이 "동방"에 있다는 것을 알 수 있을

---

211) 아브라함의 족보(창11:10-32), 모세의 족보(출6:14-26), 다윗의 족보(룻4:18-22) 등을 참조.
212) 다음의 지명들은 반대의 경우이다: 애굽, 시내, 네게브, 에돔, 모압, 암몬, 바산, 베니게, 레바논, 수리아, 메소포타미아. 이 지역들에 비해 우리는 "우스 땅"에 대해 아는 것이 없다시피 하다.

뿐이다.1:3 213) "욥"이라는 이름은 고대 오리엔트에서는 흔한 것이었다. 기원 2000년 이래로 그 이름은 이집트와 가나안과 우가리트와 마리와 시리아와 메소포타미아와 아라비아에서 발견된다. 이 이름은 "범세계적 이름"이었다.

요점 정리: 주인공 욥은 1절에서, 그리고 욥기가 전개되는 동안 구체적인 역사적 특성을 보이지 않는다. 욥은 언젠가 동방 어느 곳에선가 살았다. 우리는 욥기의 첫 문장이 역사적 인물의 묘사와 특별히 잘 맞는다고 말할 수 없다. 그것은 오히려 문학적 이야기에 잘 맞는다. 그 다음의 구절들이 이를 분명하게 해준다.

(2) 욥은 하나님께 복을 많이 받은 사람으로 묘사된다. 이는 **숫자의 언급**을 통해 이루어진다: "그 소생은 남자가 일곱이요 여자가 셋이며 그 소유물은 양이 칠천이요 약대가 삼천이요 소가 오백 겨리요 암나귀가 오백이며 종도 많이 있었으니 이 사람은 동방 사람 중에 가장 큰 자라."1:2이하 이 인용문에는 여섯 개의 숫자가 세 개의 쌍으로 언급된다. 세 쌍 모두 합해서 **십 단위의 수십**, 만, 천를 이룬다. 눈길을 끄는 이 모습을 어떻게 해석해야 할 것인가? 역사적인 우연인가, 아니면 문학적인 형상화인가? 이 질문을 검토해 보는 것은 유익한 일이다.

우선 몇가지 정보가 필수적이다. 고대의 사람은 숫자에 대해서 현대인과는 다른 관계를 가지고 있었다. 우리 사회는 산업과 기술이라는 특징이 강하다. 일터에서 정확한 헤아림, 측량, 계산이 요구된다. 그래서 현대인은 수에 대해 양적이고 기술적인 관계를 가진다.ㄴ 산업사회 이전의 인간은 수에 대해 **질적인 관계**를 가지고 있었다. 순수한 수와 양

---

213) "우스 땅"은 구약에서 두 군데에서 더 언급된다(렘25:20; 애4:21). 여기에서도 우리는 더 정확한 것은 아무것도 알 수 없다. 본래 "우스"라는 말은 족속의 명칭이었다(창 10:23, 22:21; 대상1:17, 42).

을 넘어서서, 그에게는 무엇보다 숫자의 의미가 중요하였다. 그래서 산업사회 이전의 세계에서 **숫자의 상징**은 오늘날보다 훨씬 큰 역할을 하였다. 고대에서 숫자가 언급될 때 우리는 우리가 익숙해져 있는 것보다 훨씬 더 많이 상징적인 차원을 고려해야 한다. 고대 오리엔트에서도 우리처럼 숫자가 열개 단위십진법로 정리되었다. 그래서 **십 단위**의 수는 신적인 세계질서의 표현으로 여겨졌다.

숫자 "십" 자체도 **완전성**과 **전체성**의 표현으로 여겨졌다 (열 손가락과 발가락을 상기하라). 열 가지 재앙 이후에 바로는 히브리인들을 내보냈다.출7-12장 그들은 열흘 째 되는 날 유월절 양을 잡았다.출12:3 그들은 하나님께 십계명을 받았다.출20:1-17; 신5:6-21 헌물로서 "십분의 일"이 정해졌다.레27:30, 32 대 속죄일이 티슈리월月 10일이다. 앞선 열흘은 회개의 날들이다. 소돔과 고모라의 멸망을 막기 위해 열 명의 의인이면 족했다.창18:32 유대교에서 예배를 드리기 위해서는 열 명의 남자가 필요하다. 신약에서 우리는 열 처녀의 비유를 발견한다.마25:1-13 1에서 십, 백, 천, 만으로의 상승은 커다란 증가의 표현이다.삼상18:7; 시144:13; 사60:22; 집회서47:6; 눅19:16을 참조 반대의 경우는 몰락과 급격한 영락零落의 표시이다.사5:10; 암5:3을 참조

무엇보다 "천"이나 "만"같이 큰 수는 성경에서 매우 자주 상징적 의미로 쓰인다: "사울의 죽인 자는 천천이요 다윗은 만만이로다."삼상18:7 삼손이 "일천명을" 죽였다.삿15:15 하나님께서 "천대까지" 은혜를 베푸신다.출20:6; 신5:10, 7:9이하 하나님께서 질문을 하시면, 사람은 "천 마디에 한 마디도 대답하지" 못한다.욥9:3 요한 계시록에는 "천년왕국"에 대한 이야기가 나온다.계20:2이하; 214) "그리스도 안에서 일만 스승이

---

214) "오 내게 천 개의 혀와 천 개의 입이 있다면"(EKG 330).(독일 찬송가-역주)

있으되.고전4:15 "깨달은 마음으로 다섯 마디 말을 하는 것이 일만 마디 방언으로 말하는 것보다 나으니라."고전14:19 "천 번 천", "수천 번", "만 번 만" 등의 관용구는 고대 오리엔트에서 속담같은 특성이 있었다.시 68:17; 단7:10; 계5:11, 9:16을 참조 당연히 고대에도 숫자를 사용하는, 상징적이지 않은 "보통"의 방법이 있었다. 이는 무엇보다 일상에서, 장사를 함에 있어서, 정치에서 그러하였다. 그러나 수의 상징적 측면은 우리 시대보다 훨씬 더 비중이 있었다. 이는 특히 이야기와 **종교적인** 텍스트에 적용된다.

이런 정보들을 가지고 있으면 욥기 1장 2절 이하를 다른 눈으로 보게 된다. 거기에 있는 십 단위의 수가 상징적인 수 일 가능성이 **심각하게 고려되어야 한다**. 이는 무엇보다 이 숫자들의 상징적인 이해가 의미가 있기 때문이다. 이 숫자들은 욥의 행복의 **완전성**을 표현하는데, 이 표현방식은 당대의 독자라면 누구든지 이해할 수 있는 것이었다. 그런데 결정적인 것은 이 숫자들을 상징적으로 이해해야 할 다른 이유들이 더 있다는 것이다:

자녀가 많은 것은 고대에 축복으로 여겨졌다. 그것은 오늘날과 달리 부모에게 명망 뿐 아니라 경제적인 유리함을 가져다 주었다. 이 점에 있어서 고대의 가부장적 사회에서는 단순히 자녀의 수가 아니라, 무엇보다 **아들**의 수가 관건이었다. 오리엔트 전 지역에서 일곱 아들과 세 딸은 **이상적인 경우**였다.그에 반해 일곱 딸과 세 아들은 전혀 이상적이지 못했다 욥기의 저자는 자기가 언급한 아들과 딸의 수를 독자들이 그렇게 이해하리라고 전제할 수 있었다. 고대 오리엔트에는 주인공이 일곱 아들과 세 딸을 가진 일련의 이야기들이 있다. 이는 잘 알려진 오리엔트적 **이야기 모티브**이다. 215) 여기에 두 번째 관점이 부가된다. 욥은 "동방 사람 중에 가장 큰 자"였다.1:3 이는 욥이 그 지역에서 가장 부유하고 가장 명망있는 사람이었다는 뜻이다. 이 언급은, 이 이야기를 역사적인 것으로 이해하고자 한다면, 우연의 요소를 극단으로 몰아간다. **하필이면** 동방에서 가장 부유한 사람이 이상적인 수의 아들과 딸을 가지고 있다! **이것이 웬 우연인가!** 세번째 관점도 주의해야 한다. "가장 큰"1:3과 같은 최상급의 표현은 고대 오리엔트의 이야기에 자주 나타난다. 이는 전형적인 오리엔트적 이야기방식이다: "그는 나라 안의 모든 부자들보다 더 부유했다." "그녀는 왕국의 모든 여인들보다 아름다왔다" "그는 사방 어디를 둘러보아도 가장 지혜로운 사람이었다." "어느 누구도 그 사람 만큼 잔인하지 않았다" 등등.216) 이 세가지 관점은 공동으로 욥의 자녀의 수를 상징적으로 이해해야 함을 **명백하게** 말해주고 있다. 욥의 자녀의 수를 역사적인 언급으로 이해하고자 하는 사람은 위에 언급한 관점들의 중요도를 떨어뜨려야 한다. 그리고 그는 극단적인 역사적 우연들을 고려해야 한다. 역사적 해석은 결국 추천할 만 하지 못하다.

   욥의 **가축**과 관련된 숫자의 쌍들은 위에서 얻은 인상이 옳다는 것을 뒷받침한다. 스텝지역에서 중요한 동물들양, 염소, 약대은 모두 합해 **하필이면** 만 마리이다. 경작지역에서 키우는 전형적인 동물들소, 나귀 내지 암나귀은 모두 합해 **하필이면** 천 마리이다.217) 이로써 "우연"은 한 술을 더 뜬다.218) 그 외에도 작은 가축과 약대의 비율이 "우연히" 아들과 딸

---

215) 룻기에는 모압 출신의 며느리가 나오미에게 "일곱 아들보다 귀한 자부"임을 말하는 대목이 있다(룻 4: 15).
216) 욥기의 틀을 구성하는 이야기(1:1-2:10, 42:10-17)에는 이런 종류의 최상급 표현이 더 나온다: "그와 같이 … 자가 세상에 없느니라"(1:8, 2:3). "전국 중에 욥의 딸들처럼 아리따운 여자가 없었더라"(42:15). 하필이면 그 지역에서 가장 부유한 사람이 이상적인 수의 아들과 딸 뿐 만 아니라, 전국에서 가장 아름다운 세 여인을 딸로 두고 있기도 하다! 이것이 얼마나 극단적인 "역사적" 우연들이 될지 분명히 생각하라! 그 외에도 질문을 제기할 수 있다: 누가 도대체 여인의 아름다움의 정도를 정하는가? 누가 욥의 세 딸의 아름다움을 전국의 모든 다른 여인들과 비교하였는가?
217) 작은 가축(양, 염소)과 약대는 전형적인 유목민들의 동물이다. 소와 나귀 내지 암나

의 비율7대3과 같다. 숫자의 상징적인 해석에 대해 최종적인 뒷받침을 해주는 것은 욥 이야기의 종결부이다. 욥의 회복 후에 **다시금 정확하게 똑같은 수**의 아들과 딸이 태어난다.42:12 이하를 참조 고대 오리엔트의 이상적인 자녀 수가 욥에게서는 **두 번 성취된다!** 이런 종류의 우연은 역사적 현실에서는 알려져 있지 않다. 그러나 문학적인 이야기에서는 잘 알려져 있다. 게다가 욥의 **모든** 가축 수는 그의 회복 후에 정확하게 **두배**가 된다.42:12 이하를 참조 몇 절 뒤에 숫자가 마지막으로 언급된다: 욥은 회복된 후 140년70년을 두번을 살았다.42:16을 참조 7이라는 숫자는 고대 오리엔트에서 **완전성과 완성**의 수로 여겨졌다.219) "우연"이 한 번 더 일어난 것이다! 욥기의 틀을 구성하는 이야기 전체에 보통의 숫자는 **단 하나도 없다**. 여기에는 극단적인 우연들이 **집합**되어 있는 것에서 그치지 않는다. 욥기의 틀을 구성하는 이야기에 나오는 숫자들은 **다름아닌** 순수한 "우연"으로만 이루어져 있다. 이는 선입견이 없는 모든 독자에게 상징적인 해석을 하도록 지시하는 분명한 표시이다. 무엇보다도 고대의 수의 상징성을 고려한다면 말이다.

(3) 욥기의 틀을 구성하는 이야기의 세 번째 장면에서는 욥에게 닥

귀는 정착하여 사는 농부들의 전형적인 동물이다. 욥은 가축 수의 언급을 통해 반(半)유목민으로 묘사된다. 반유목민은 경작지의 가장자리에 산다. 고대 오리엔트에서는 암나귀가 숫나귀와 비교하여 더 많은 가치를 가지고 있었다. 암나귀는 더 온순하고 젖을 생산하며 새끼를 낳는다. 독자는 물론 욥이 숫나귀도 많이 소유했었다고 생각해도 좋다. 하지만 이야기 하는 자는 특별히 설득력이 있는 지적을 하려고 한다. 그래서 그는 암나귀를 언급하는 것이다.

218) 욥의 가축 수를 반올림이나 반내림을 한 것으로 여기면, 우연의 요소가 훨씬 줄어들 것이라는 공상을 해서는 안된다. 즉 욥이 하필이면 "대략" 그만큼의 작은 가축과 하필이면 "대략" 그만큼의 약대를 소유하여, 하필이면 모두 합해 "대략" 만 마리가 되었다는 말인가? 또 그가 하필이면 "대략" 그만큼의 소와 하필이면 "대략" 그만큼의 암나귀를 소유하여, 하필이면 모두 합해 "대략" 천 마리가 되었다는 말인가?

219) 무지개가 일곱 색을 가지고 있다. 음계가 일곱 음을 가지고 있다. 달의 변화시간이 대강 7일이 걸린다(삭, 상현, 보름, 하현). 고대의 셈에 따르면 일곱 개의 행성이 있다(해와 달도 포함된다). 안식일은 일곱번째 날이다. 베드로는 예수께 형제를 "일곱번" 용서하면 충분한지 묻는다. 예수는 "일흔번씩 일곱번" 용서하라고 대답한다(마18:21 이하를 참조.).

치는 **네가지 재난**이 이야기된다. 1:13-19 이 재난들 탓에 욥은 모든 가축과 거의 모든 종들과 모든 자녀들을 잃는다. 이 재난들도 역사적 사건이 아니라 문학적인 사건이다. 그 이유는 다음과 같다:

- 네 재난 모두 **단 하루**에 일어난다.
- 각 재난마다 더도 아니고 덜도 아닌 **단 한 명**의 생존자가 있다.
- 네 명의 생존자는 욥에게 즉시 보고를 할 수 있을 만큼 다치지 않은 상태이다.
- 네 명 중 세 명의 생존자가 앞서 도착한 사람이 아직 이야기하고 있을 **바로 그때** 도착한다. 더 일찍도 아니고 더 나중도 아니다. 욥에게 미칠 수 있는 가장 큰 영향이라는 관점에서 볼 때, 보고자들은 **최적의 간격**으로 도착한다.
- 고대 오리엔트에서는 **한 명**의 생존자가 있는 재난의 이야기가 종종 있다. 그는 무슨 일이 있었는지 보고할 수 있다. 이는 오리엔트의 이야기 예술의 인기있는 **모티브**이다.
- 네 재난 모두 **총체적** 성격이 있다. 욥은 예외없이 보고자를 제외한 모든 사람과 모든 동물들을 잃는다.
- 네 개의 재난에 있어서 **절반**은 자연재해이고 **절반**은 인간이 만든 재난이다. 매번 ("우연히") 자연재해가 인간이 원인이 된 재난을 뒤따른다.
- 하필이면 마지막 재난이 가장 심각하다. 여기에서 욥의 모든 아들과 딸이 한꺼번에 죽는다. 이를 통해 ("우연히") 이야기의 **고조의 원칙**이 성립된다.
- 마지막 재난은 하필이면 욥의 모든 자녀들이 함께 향연으로 모이는 날들 중 하루에 일어난다. 1:4을 참조 그것도 하필이면 ("우연히")

맏아들이 초대할 차례가 되는 날이었다.220

위에 열거한 관점들을 모두 고려하면, 다시금 현기증 나는 역사적 "우연의 확률"이 그 결과로 나온다. 그에 반해 욥기가 문학적인 이야기라면, 이 모든 것이 쉽게 이해된다. 1장 13-19절은 1장 2절 이하가 주는 분명한 인상이 맞다는 것을 뒷받침해준다.

(4) 욥이 자기의 부와 종과 자녀, 그리고 자기의 건강 마저도 잃은 후에,2:7-10 세 친구의 방문을 받는다. 그들의 이름은 엘리바스와 빌닷과 소발이다.2:11이하 이 친구들은 고통 중의 욥을 도우려 한다. 그러나 그들과의 대화는 논쟁으로 발전한다. 이 논쟁은 예술적으로 구성되어 있다. 그것은 세 부분4-14, 15-21, 22-27장으로 되어 있고, 각 부분은 다시금 세 개의 대결로 이루어진다. 여기에서 말하는 사람의 순서는 언제나 똑같다. 먼저 엘리바스가 말한다. 그리고 욥이 대답한다. 그 후 빌닷이 말하고, 욥이 대답한다. 마지막으로 소발이 말하고, 욥이 대답한다. 즉, 욥은 각각의 친구가 하는 말에 대해 대답하고 있다. 그 다음에야 비로소 다음 친구가 말하기 시작한다. 예술적 구성 뿐 아니라 말하는 이의 엄격한 차례도 (두 친구가 연속으로 말하는 경우가 전혀 없다; 아무도 다른 이의 말을 막지 않는다; 중간에 끼어드는 말도 없다) 실제로 있었을 법한 대화와 어울리지 않는다. 그 외에도 모든 말이 **시적인**리듬에 맞추어진 언어로 되어있다. 어느 누구도 고통 중에 그런 예술적 히브리어로 대화할 수 없다. 언쟁하는 것은 고사하고 말이다. 각각 세 번의 대결이 들어있는 세 부분으로 이루어진 여러 사람 간의 대화, 말하는 사

---

220) 우리는 함께 향연으로 모이는 순서가 언제나 장자의 집에서 시작되었다고 생각할 수 있다. 이는 일련의 향연이 방금 끝났음을 의미한다. 즉 욥은 얼마 전에 그의 자녀들이 혹시라도 저질렀을 죄를 속죄하려고 번제를 드렸다(1:5을 참조). 새로운 향연의 시작에 맞추어 그의 자녀들이 죽는 **자연재해**가 발생하였기에 그 충격은 그에게 더욱 컸을 것이다.

람의 순서는 언제나 똑같고, 중간에 단 한번도 끼어드는 말이 없고, 지속적으로 리듬에 맞추어진 언어로 하는 대화를 독자 여러분은 언제 마지막으로 경험하였는가? 그런 식으로 진행되는 대화를 독자 여러분은 진정 현실적인 대화로 상상할 수 있는가? 욥과 그의 친구들이 대화에 앞서 이런 식의 대화규칙에 합의를 보았다는 실마리는 찾을 수 없다. 이는 상황에 맞지도 않는 것이다. 이 논쟁을 "사실적으로" 이해할 경우에도 질문이 생긴다: 누가 이 분량이 많은 논쟁을 "속기로 받아 적었는가"? 욥이 그 많은 긴 말들을 나중에, 그저 짧게 요약하는 것이 아니라, **직접화법**으로 기록할 수 있을 만큼 그렇게 정확하게 기억할 수 있었는가? 그렇게 하는 것은 속도 때문에 가능하지도 않았겠지만, 대화를 받아 적는 사람이 동석해 있었다는 것도 기록되어 있지 않다. 그것도 상황에 맞지 않는 것이다.

(5) 욥의 첫번째 및 마지막 한탄은 논쟁부분을 싸고 있다. 3장과 29-31장을 참조 이 두번의 한탄도 분량이 제법 크다. 누가 그것을 "속기로 받아적었는가"? 욥이 자기 자신의 한탄을 기록하였는가? 즉석에서, 아니면 나중에 회상하면서? 훨씬 더 어려운 것은 욥에게 하신 하나님의 말씀과 관련된 상황이다. 그것은 매우 분량이 크다. 38-41장을 참조 욥이 이 긴 말씀을 그렇게 정확하게 기억할 수 있었는가? 그가 모든 단어에 대해 확실함이 있었던 것이 아니라면, **하나님**이 하신 말씀을 한 단어 한 단어 재현해도 되는 것인가? 욥기를 역사적인 이야기로 이해한다면, 이 모든 것이 그 누구도 설득력있는 대답을 할 수 없는 어려운 질문들이다. 욥기가 역사적 기록이 아니라 문학 작품이라면, 이 모든 문제는 사라진다.

욥과 친구들의 말 다음에 하나님이 하시는 말씀이 나온다는 상황이 벌써 **모든** 말이 문학적 성격을 지닌다는 것을 반증한다. 욥기에 나오는 말은 모두 같은 이야기의 층에 놓여 있다. 그래서 하나님도 대화에 참여한 여럿 중의 하나가 된다. 하나님이 하시는 말씀이 욥기를 마감하는 절정이기는 하다. 그러나 그것은 다른 말들과 나란히 놓인 또 하나의 말일 뿐이다. **실제로** 하나님께서 **하신** 말씀이라면, 그것이 사람의 말과 훨씬 분명하게 구분되었어야 하지 않겠는가? 심각하게 생각해 보라! 하늘과 땅의 창조자가 그렇게 길게 **개인적으로** 욥에게 말씀하셨다면, 욥기의 대부분을 **인간의** 말에 할애할 수 있는가? 이 경우 모든 인간의 말이 희미해지고 사소해지지 않겠는가? 모든 생명의 근원이신 이가 그렇게 직접적으로 말씀하셨다면, 죽을 죄인이 이야기한 것에 누가 관심을 갖겠는가?

(6) **하나님과 사탄의 대화**1:6-12, 2:1-6는 성경이 "천상에서 나누어지는 담소"를 보여주는 **유일한 경우**이다. 고대의 다른 종교에서는 신들 사이에서 이루어지는 천상의 담소가 종종 있다. 그러나 성경은 "저 세상으로부터 오는 현장보도"에 대하여 아주 삼가는 태도를 보인다. 성경은 초월로 넘어가는 한계에 대해 조심스럽다. 하나님께서는 "가까이 가지 못할 빛"딤전6:16 가운데 거하신다. 우리가 하나님과 사탄의 대화를 저 세상으로부터 직접 전달된 것이 아니라, 욥기의 저자가 우리에게 중요한 것을 드러내기 위해 쓴 문학적인 대화로 이해한다면, 이는 성경이 초월에 대해 삼가는 태도를 가지는 것과 잘 어울린다. 저자는 이 "천상의 담소"를 환상을 통해사6:1이하를 참조 알게 되었다고 주장하지 않는다. 그 외에도 이 대화의 문학적인 이해를 다음의 두가지 근거가 뒷받침한다:

- 우리가 하나님과 사탄의 대화를 "사실적" 대화라고 생각한다면, 우리는 성경 전체 메시지와는 맞지 않는 이상한 하나님상像을 가지게 된

다. 하나님이 "이유없이" 잔인한 실험을 하도록 사탄에게 "부추김을 받아" 만큼2:3을 참조 그렇게 의지가 약하신가? 하나님께서 사탄의 힘에 밀리시는가? 하나님이 그가 도발하도록 내버려두시고 곧 이어 자신을 비난하시는가? 어쨌든 이 "실험" 때문에 관련없는 많은 사람이 죽었다. 그저 욥을 "시험"하기 위하여. 이 무슨 "신적인 도덕"인가! 이 무슨 잔인한 신인가! 모든 것을 아는 하나님이 이 섬뜩한 실험이 어떻게 끝날지 미리 알지 못했다는 말인가? 왜 그는 이 실험에 의존되어 있는가? 하나님이 실제로, 마치 인간처럼 이 실험의 결과를 우선 "기다려야" 하는가?221)

- 우리가 진정 하늘에서도 땅에서와 같이 똑같은 **방식으로**, 땅 위의 문법과 문장논리로, 의문문과 대답문장과 요구문장으로 대화가 이루어진다고 생각해야 하는가? 하나님과 사탄은 하늘에서 히브리어로 대화하셨는가? 그것이 아니라면, 무슨 언어로 하셨는가? 누가 욥기의 저자에게 하늘의 언어를 번역해 주었는가? 하나님께서 오리엔트의 왕들이 지상에서 행하곤 했듯이 하늘에서 "회의"를 주관하시는가? 우리가 하늘을 그렇게 지상처럼 상상해야 하겠는가?

우리가 하나님과 사탄의 대화를, 욥기의 저자가 우리에게 중요한 통찰을 전해주기 위해 쓴 문학적인 대화로 이해한다면, 이 문제들도 사라진다.222)

---

221) 또 다른 관점에서도, 하나님은 이 대화에서 인간적이고 무지한 분으로 묘사된다. 그것은 이미 그가 사탄에게 하는 질문에서 드러난다: "네가 어디서 왔느냐?"(1:7, 2:2) "네가 내 종 욥을 유의하여 보았느냐?"(1:8, 2:2) 모든 것을 아는 하나님이 이렇게 인간적인 방식으로 "문의해야" 하는가?

222) 욥기의 저자에게는 무엇보다도 인간이 하나님을 믿는 동기가 관건이다. 하나님과 사탄의 대화에서 중심에 서 있는 것은 사탄이 하나님께 했던 질문이다: "욥이 어찌 까닭없이 여호와를 경외하리이까?"(1:9) 이것의 의미는 다음과 같다: 믿는 자가 하나님을 믿는 것은 믿음을 통해 얻게 되는 장점들(복, 가정의 행복, 복지) 때문이 아닌가? 아

(7) 이로써 나는 욥기의 비역사적 성격의 가장 중요한 실마리들을 언급했다. 이는 다른 것들을 통해서 보완될 수 있을 것이다. 욥기의 비역사적 성격은 **종교사적인 비교**를 통해서도 입증된다. "고통받는 의인"의 주제는 성경에만 나오는 것이 아니다. "왜 좋은 사람이 잘 지내지 못하는가?"는 태고적부터 인간을 움직이는 질문이다. 오리엔트와 이집트에서는 이 질문을 다루는 텍스트가 여러 개 보존되어 있다. 예를 들어 한 바빌로니아의 텍스트에서는 —욥기와 비슷하게— 고통당하는 한 사람이 건강한 사람과 이 질문을 놓고 **대화**를 한다. 고통당하는 자는 자기의 무죄를 주장한다. 건강한 자는 그에게 겸손히 회개하며 신들에게 나아갈 것을 충고한다. 이 고대 오리엔트의 텍스트들도 마찬가지로 **문학적인** 성격을 가지고 있다. 거기에서 지혜의 교사 내지 사제는 사람들에게 삶의 도움을 주려고 시도한다. 이 텍스트들과 욥기의 비교는 한편으로 분명한 유사성과, 다른 한편으로 욥기의 독립성과 높은 질을 보여준다. 비교될 만한 고대 오리엔트의 어느 텍스트에서도 고통당하는 자에게 대한 **신의 대답**은 없다. 그러나 욥기에서는 바로 그것이 절정을 이룬다. 이리하여 종교사적 비교는 귀중한 역추론을 가능케 한다. 이 추론은 성경 텍스트의 특수한 단면을 더 잘 인식하는데에 도움이 된다. 그래서 종교사적 비교는 현대적 성서학의 포기 불가능한 작업 방법에 속한다.

(8) 마지막으로 한 가지 관점이 더 고려되어야 하겠다. 성경의 다른 어느 곳에 "욥"의 이름이 나오는가? 딱 두 군데, 구약에 한 번젤14:14, 20 신약에 한 번약5:11 나온다. 에스겔 14장 14절이다: "비록 노아, 다니엘, 욥, 이 세 사람이 거기 있을찌라도 그들은 자기의 의로 자기의 생명

니면 믿음에는 이런 계산이 없는 것인가? 이 질문은 언제나 그랬듯이 오늘날도 현실에 맞닿아 있다. 이 질문을 깊이 생각하는 것은 유익이 있다. 본서의 범위 안에서 나는 이 주제를 상세히 다룰 수 없다.

만 건지리라. 나 여호와의 말이니라."20절의 유사한 말씀을 참조 이 구절에는 모범적인 의인으로 여겨지는 옛 시대의 세 명의 유명한 남자들이 나온다. 노아는 성경의 태고적 이야기로 우리에게 알려져 있다. 나머지 두 사람에 대해서는 우리가 확실히 아는 것이 없다.223) 에스겔 14장 14절, 20절의 욥이 욥기의 욥을 의미하는가? "욥"은 흔한 이름이었다. 에스겔은 이름 외에는 아무것도 더 언급하지 않는다. 그러나 둘이 같은 인물이라고 여겨도 될 개연성이 있다. 이 경우 욥기는 태고시대의 인물에 대한 기억의 **문학적 형상화**이다. 에스겔의 시대에 이 인물에 대해 세부적으로 **어떻게** 생각되었는지는 알려져 있지 않다. 예를 들어 "니므롯"이 정복자의 전형으로 여겨졌듯이, "욥"은 의인의 전형으로 여겨졌는가? 아니면 욥이라는 인물이 그것을 넘어서서 구체적 역사적 특성을 가지고 있었는가? 우리는 그것을 모른다. "역사적 욥"이 있었다 하더라도, 그것은 방대한 욥기를 쓰게 된 **동기**였을 뿐이다. 왜냐하면 욥기의 인물들이 묘사되는 방식과 그들이 나누는 긴 이야기들은 분명 문학적으로 형상화된 것이다.위를 보라 그러므로 에스겔 14장 14절과 20절의 "욥"에 대한 짧은 언급은 **욥기**의 문학적 성격에 아무런 변화도 주지 않는다.224)

---

223) 에스겔이 "다니엘"을 일컬을 때, 일반적으로 의로움의 모범으로 여겨지는, 성경 외의 자료를 통해 알려진 주전 2000년의 초기 우가리트의 왕을 생각하는 것인가? 우리는 그것을 모른다. "노아"라는 이름으로 미루어 보아, 이 세 남자는 어쨌든 이스라엘 이전 시대의 인물들이다. 그러므로 성경상의 다니엘은 논의할 거리가 못된다. 다니엘서의 사건들은 훨씬 나중 시대의 일이다. 그 밖에도 에스겔 14장 14절과 20절의 세 인물은 이스라엘인이 아닌 사람을 생각하여 언급한 것이다.

224) 내가 말한 것을 예를 통하여 설명하고 싶다: 쿠푸는 아주 오래 전 시대의(기원전 약 3600년) 유명한 파라오였다. 이집트의 가장 큰 피라미드가 그의 이름을 따라 명명되었다. 하지만 우리는 이 파라오에 대하여 거의 아무것도 모른다. 우리가 이 파라오에 대해 쓴 방대한 텍스트를 발견하였다고 한 번 가정해보자. 우리가 이 텍스트에서 쿠푸가 파라오로서는 이상적인 숫자의 아들과 딸을 가졌었다는 것을 읽는다. 그 외에도 이 텍스트는 직접화법으로 쓰인 쿠푸와 그의 친구들의 말을 담고 있다. 그렇다면 쿠푸가 실존 인물이었다는 사실에서, 발견된 텍스트가 역사적인 보도라는 결론이 자동적으로

구약의 **그리스어 번역**70인역 에서 우리는 처음으로 욥의 족보계보도, 系譜圖를 발견한다. 이는 욥을 성경적인 연관관계 속에 편입시키고자 하는 욕구가 표현된 것이다. 욥기의 70인역 판본에 의하면 욥은 에서의 자손이다. 그는 창세기 36장 33절의 "요밥"과 동일시된다. 욥은 아랍여인과 결혼하였고 모세시대보다 오래 전에 살았다. 욥기의 그리스어 번역은 주전 2세기 말 경에 이루어졌다. 그 번역에서 욥기의 첫 부분은 우리가 히브리어 성경에서 알고 있는 것과 현저하게 다르다.225)

신약에도 "욥"의 이름은 단 한 군데에 나온다: "너희가 욥의 인내를 들었고 주께서 주신 결말을 보았거니와."약5:11 히브리어로 욥기가 씌어진 시간과 야고보서 사이에는 수백년의 세월이 흘렀다. 야고보서가 집필될 때에는 이미 욥기에 대한 유대적인 해석사가 있었다. 그러므로 야고보서가 집필된 시대의 시각에 의해 욥기가 문학적인 성격을 가졌느냐 아니냐가 결정될 수 없다. 이 질문은 오직 욥기의 텍스트에 의해 결정될 수 있다. 에스겔 14장 14절, 20절과 야고보서 5장 11절에 있는, 욥기 바깥의 짧은 두 언급을 가지고는 에스겔과 야고보가 욥에 대해 어떻게 생각했는지 정확하게 알 수 없다. 이 두 언급이 욥기의 텍스트를 가능한 한 철저하게 읽고 이 텍스트의 특성을 **진지하게 생각**해야 할 의무로부터 우리를 풀어 놓을 수 없다. 그렇지 않으면 각각의 성경 텍

도출되는가? 물론 그렇지 않다. 이와 마찬가지로 태고적에 역사적인 욥이 있었다는 정황으로부터, 방대한 욥기가 정확한 역사적 보도라는 결론이 도출되지 않는다.
225) 그런 보완 작업에도 불구하고 욥기의 70인역 판본은 우리가 가지고 있는 성경의 바탕이 된 히브리어 텍스트보다 1/6 가량 짧다. 그리고 상당히 자유롭게 번역되었다. 많은 부분이 번역이라기 보다 설명을 위한 고쳐쓰기이다. 헬레니즘의 영향 하에 있는 70인역의 독자들에게 이상하게 느껴질 히브리어 표현이 부드럽게 바뀌었다(욥1:5, 5:8, 22:17, 31:35, 37, 40:8). 하나님의 초월성은 - 70인역 전체가 그렇듯이 - 욥기의 번역에 있어서도 히브리어 텍스트보다 훨씬 강하게 강조된다(욥4:9, 9:14이하, 10:4, 13: 3, 9, 22, 14:3 등). 70인역이 그리스어로 말하던 원시기독교의 성경이었음을 생각해야 할 것이다. 고린도, 빌립보, 데살로니 등에 살았던 첫 그리스도인들은 우리가 알고 있는 것과 사뭇 다른 욥기 텍스트를 읽었다.

스트가 가진 고유성을 없애는 것이며 석의釋義의 세심함을 위한 노고를 파묻어 버리는 것이다. 에스겔 14장 14절, 20절과 야고보서 5장 11절은 욥기의 석의를 "원격조정"할 수 없다. 욥기의 석의는 **욥기의 텍스트**에서 결정난다.

요점 정리: 위에 언급된 관점들그리고 본서의 틀 안에서 다 설명할 수 없는 그 외의 텍스트 관찰들에 근거하여 욥기의 문학적 해석은 19세기 이후 현대적 성서학에서 일반적으로 인정된다. 그 후로 위에서 언급한 바 욥기 텍스트에서 관찰된 것들을 다른 방식으로 설득력있게 설명하기를 성공한 사람은 아무도 없었다. 욥기의 비역사적 성격을 부정하려는 시도들은 현대적 성서학에서 당연히 가망이 없는 것으로 여겨진다. 근본주의적 특징의 그리스도인들에게는 내가 앞에서 소개한 관점들을 대개 알려져 있지 않거나, 적어도 그렇게 분명하게는 알려져 있지 않다. 욥기가 역사적 보도라는 확신 속에서 그것을 읽는 사람은 그 텍스트의 비역사적인 성격을 지시하는 신호들을 지나쳐 가면서 읽고 있는 것이다.

내가 아는 근본주의적인 욥기 주석서들은 여기에서 언급된 관점들을 다루지 않는다. "부퍼탈 성경연구Wuppertaler Studienbibel" 시리즈로 나온 주석서도 이에 해당한다. 그 책초판 1994; 2판 1997의 저자는 한스외르크 브로이머Hansjörg Bräumer이다. 브로이머는 애초부터 욥기의 인물들이 역사적인 인물이라는 생각에서 출발한다. 그는 이 문제에 대하여 그의 주석서의 머리글에서 그저 몇 문장만 쓰고 있다.226) 그는 이 문장들에서 욥기의 역사적 이해를 위한 두 가지 논거를 표명한다. 첫 번째 논거: 브로이머는 에스겔 14장 14절, 20절과 야고보서 5장 11절을 지적한다. 이로써 그에게는 모든 것이 이미 분명하다. 그가 욥기의 단 한 구

---

226) Bräumer, Das Buch Hiob, Erster Teil, 22를 참조.

절도 해석하기 전에 결정은 이미 내려져 있다. 브로이머에게 있어서 욥기의 이해는 **욥기의 텍스트**에서가 아니라욥기는42장으로 되어있다, 욥기 **바깥의 짧은 두 발언에서** 결정난다. 욥기의 텍스트로부터 끌어 낸 성서학의 논거들위를 보라에 대해서 그는 **한 마디도** 거론하지 **않는다. 재차** 있었던 일곱 아들과 세 딸의 출생 조차도 그는 문장 하나 하나를 역사적 사건으로 본다.227) 다른 숫자들도 아무 논의없이 역사적 언급으로 취급된다. 고대의 수의 상징에 대해서는 언급이 없다. 하나님과 사탄 사이의 대화는 단어 하나 하나가 저 세상으로부터 전해지는 현장보도로 해석된다.

욥기의 역사적 해석을 위한 브로이머의 두 번째 논거는 다음과 같다: "욥이라는 인물의 역사성과 그의 운명을 개별적 사건으로 이해하는 해석자만이 시대를 망라하여 고통당하는 자, 괴로워하는 자를 책임성있게 연결지어 생각할 수 있다"228) 브로이머는 이 "논거"를 통해 모든 것을 너무 쉽게 처리한다. 그런 옛날 텍스트는 자기의 척도를 가지고 즉시 접근할 수 있는 것이 아니다. "고통"이라는 주제를 본보기의 형태로, 문학적 "사건"으로 묘사하는 것이 **당시의** 고대 오리엔트 내지 이스라엘의 지혜의 틀 안에서 정당하게 여겨졌는지 우선 검토해 보아야 한다. 그것이 오늘날의 성경해석자의 마음에 드느냐 아니냐는 중요하지 않다. 보아하니 이 묘사형식은 당대에 정당하게 여겨진 것 같다. 우리는 여기서 옛 민족들의 지혜를 과소평가해서는 안될 것이다. 그런 본보기적 묘사 속에서도 인간적 고통의 진짜 체험들이 잘 표현된다. 본보기적 묘사방식이 일회적인 개별적 운명의 경시나 심지어 멸시로 오해될 필요가 결코 없다. 이는 욥기에도 해당되고 고대 오리엔트의 지혜의 텍

---

227) 윗글. Zweiter Teil, 272를 참조.
228) 윗글. Erster Teil, 22.

스트에도 해당된다. 브로이머는 그의 두 번째 "논거"를 가지고 욥기의 비역사적인 이해를 "무책임"하다고 평가한다. 성서학의 논거들에 대해 견해를 표명하는 시늉조차 내지 않고 말이다! 성서학 측에서는 그의 주석의 논의방식을 심히 피상적이고 전혀 설득력 없는 것으로 등급 먹일 수 밖에 없다. 물론 이 평가는, 브로이머가 그의 개별 구절의 해석을 통해 독자들에게 많은 귀한 통찰들을 전해 준다는 사실에 변화를 주지는 않는다. 고통당하는 이들의 편에 서는 저자의 정직함은 의심의 여지가 없다.

9.2 연구결과의 귀결

욥기는 역사적인 성격이 아니라 문학적인 성격을 갖는다. 오늘날의 성경의 독자에게 이 결과는 무엇을 의미하는가? 욥기가 이 결과를 통하여 의미없는 책이 되는가? "욥이 역사적 인물이 아니라면, 모든 것이 그저 지어낸 것이란 말인가?"라는 생각에 따라서 말이다.229) 이 걱정은 불필요하다. 욥기에 그렇게 알팍한 의미에서 "지어낸 것"은 없다. 오직 진짜 하나님체험과 자기의 고통체험을 기초로, 혹은 고통당하는 자와의 개인적 만남을 통해서만 욥기의 텍스트 처럼 그렇게 예민하고 진실한 텍스트가 씌어질 수 있는 것이다.230) 욥의 한탄으로부터, 그리고 친구들에 대한 그의 비판으로부터 우리는 많은 것을 배울 수 있다. 욥에게 하시는 하나님의 대답에 있어서욥 38-41장 우리는 하나님께서

---

229) 욥기 수업이 인생 최초의 성서학 수업이었던, 근본주의적 그룹 출신의 학생이 학기 초에 내게 물었다: "욥기가 역사적인 텍스트가 아니라면, 그것은 선생님께 미키 마우스 책 같은 건가요?" 이 반응은 그런 배경을 가진 신입생에게는 제법 전형적인 것이다. 욥기는 문자 그대로 정확한 역사적 사실보도이거나, 아니면 그저 만화책 정도의 가치 밖에 없는 것이다. 양자 사이에 다른 가능성이라곤 없어 보인다.
230) "성경이 문학이냐 진실이냐?"라는 질문은 잘못된 양자택일을 내포하고 있다. 모든 문학이 자동적으로 오류와 거짓말이란 말인가? 모든 문인이 방황하는 자요 거짓말장이인가? 그리스도인으로서 그런 경악할 만한 선입견을 조장하는 일에 무슨 관심을 가질 수 있겠는가?

저자에게 전권을 위임하셨음을 영감하셨음을 전제해도 된다. 정경 중에 역사적이지 않고 문학적인 성격을 지닌 이야기가 있다면, 우리는 응당 그것이 하나님의 뜻이라고 생각할 수 있는 것이다. 성령께서는 그런 이야기들을 통해서도 똑같이 영향력 있고 믿을 만하게 우리에게 말씀하실 수 있다. 우리는 역사적인 내용의 텍스트에 대해서 기뻐하듯이, 이런 종류의 텍스트에 대해서도 그렇게 기뻐해도 좋다. 욥기의 문학적 성격이 이 책의 질과 권위를 어떤 방식으로도 떨어뜨리지 않는다. 우리는 기도에서 유래하여 성령의 도우심으로 씌어진 성경 테스트를 "지어낸 것"으로 경시해서는 안된다. 현대적 성서학에서 욥기는 높게 평가된다. 욥기는 구약 중 신학적으로 사상적 내용이 가장 풍부한 책에 속한다. 욥기는 무수히 많은 사람들을 위로하였고 기도하도록 이끌었다. 하나님께서는 고통당하는 자에게 말씀하시기 위하여 계속해서 새로이 이 책을 사용하신다. 이 책은 나를 하나님께 가까이 데려다 주기도 하였다. 욥기 강의 시간에 많은 학생들이 내게 말하기를, 이 책이 그들의 마음 깊숙한 곳에 말을 건넸다고 하였다. 그것은 그 책을 문학적으로 씌어진 것으로 여기고 해석하는 틀 속에서 이루어졌다. 욥기는 바로 그 문학적 질과 진실성 때문에 20세기의 문학에서도 큰 주목을 받았다.

근본주의적으로 방향이 설정된 학생들이 욥기 텍스트와 관련하여 위에 열거한 관점들을 처음으로 알게 되면, 그들은 갈등에 빠진다. "내 성경관과 모순되는 해석은 옳을 수 없다"는 원칙에 따라 성경을 해석해서는 안된다는 것이 그 학생들에게 분명해 질 때까지, 이 갈등은 지속된다. 이 원칙을 가지고 있는 사람은 자신을 성경의 주로 만든다. 지금까지 가지고 있었던 우리의 의견을 꺾어서라도 관철되어야 할 성경의 권리를 우리는 인정해야 한다. 우리의 성경에 대한 가치평가가 여기에서 나타난다. 욥기의 텍스트가 드러내는 바 그 책의 비역사적 성격에 대한 분명한 징후들은, 내 성경이해에 변화를 가져 오더라도 진지하게 받아들여져야 한다.

욥기에 대한 역사적인 시각을 무조건 붙잡고자 하는 그리스도인들은 대개 **하나님의 전능**을 끌어들인다. 그 전형적인 질문은 다음과 같다: 하나님이 욥에게 두 번째로 일곱 아들과 세 딸을 주실 수 있음을, 하나님이 욥의 가축을 두 배로 만드실 수 있음을, 하나님이 네 가지 재난을 모두 하루에 일어나게 하시고 그 가운데 각각 종 한 사람을 생존케 하실 수 있음을, 하나님이 모든 한탄과 말들을 문자 그대로 욥기의 저자에게 영감해 주실 수 있음을 당신은 믿지 못하는가? 사람들은, 변호하고자 하는 것이 무엇이든, 하나님의 전능을 지적함으로써, 거의 모든 것을 변호할 수 있다. 누군가 이 "논거"를 제시하면, 그 사람은 곧바로 자동적으로 옳은 것처럼 보인다. 게다가 **타인**이 얼마나 하나님의 전능을 크게 생각하는지는 "검토"가 가능하다. 그런 "장점들" 때문에 근본주의적인 그룹들에서는 전능의 논거가 매우 자주 쓰인다. 그러나 이 대목에서 하나님의 전능은 목적을 위한 수단으로 쓰인다. 하나님의 전능은 자기의 의견을 방어하기 위해 이용당해야 한다. 격식을 차리지 않고 말하자면, 하나님의 전능을 자기의 마차 앞에 말 처럼 매어 놓는 것이다. 나도 근본주의적 특징의 형제 자매들이 믿는 만큼 하나님의 능력을 믿는다. 그러나 나는 다른 방식으로는 더 이상 방어할 수 없는 텍스트이해를 하나님의 전능을 빌어 방어하는 것을 아무것도 아닌 것으로 평가한다. 그런 방식을 통해 하나님의 전능은 미봉책과 핑계와 경건한 술책이 된다. 하나님의 능력은, 그저 많은 그리스도인들이 원한다는 이유로 문학적 텍스트를 역사적 보도로 만들기 위하여 있는 것이 아니다.

관건이 되는 질문은 다음과 같다: 욥기의 텍스트에 이 책의 역사적 성격을 말해주는 더 확실한 징후가 있느냐, 아니면 문학적 성격을 말해주는 더 확실한 징후가 있느냐? 이 질문으로부터 주의를 돌려서는 안된다. 이 질문의 대답은 **욥기의 텍스트**에서 얻어져야 하고, 이 텍스트에서 검증되어야 한다. 그런 검토를 통해 드러날 모든 마음에 들지 않는 관점들을 지속적으로 전능의 논거를 들어 무시함으로써 성경 텍스트를 통한 검토를 불가능하게 만들어서는 안된다. 이에서 나타나는 것은 진지하게 검토하고자 하지 않는다는 것과 "검토"의 결과가 애초부터 결정되어 있다는 것 뿐이다.231) 신입생으로부터 "하나님께서 … 하시리라고 믿지 않으십니까?"라는 식의 질문을 받으면, 가르치는 사람은 질문자로 하여금 자신의 질문을 다시 생각해보도록 권하기를 시도하게 된다. 이는 대개 질문자에게 쉽지 않은 일이다. 누가 자기의 주된 논거를 잃어버리고 싶어 하겠는가? 그런데 바로 이 자기비판에 대해 준비된 자세에 새로운 발전의 기회가 있는 것이다. 우리 가르치는 사람들이 "전능의 논거"를 물리치는 이유는, 우리가 질문자보다 하나님의 능력에 대해 사소하게 생각하기 때문이 아니라, 거기에서 일어나는 하나님의 능력의 도구화를 지지하지 않고, 그것을 의식하도록 만들려고 하기 때문이다. 하나님의 능력을 그런 식으로 대하는 것은 하나님의 능력의 품격에 맞지 않는다. 우리가 이 허구적 논거를 포기하는 것을 배우게 된다면, 이는 우리 모두에게 커다란 **소득**이다. 선입견은, 그 방어를 위해 하나님의 전능을 끌어들이더라도, 더 좋아지지 않는다.

---

231) 욥기 강의 중에, 내가 욥기의 비역사적인 성격을 뒷받침하는 모든 논거들을 다룬 후, 한 근본주의적 특징의 여학생이 내게 말했다: "이 징후들이 증거는 아니지요." 이 학생의 대답은 근본주의적 특징의 학생들이 흔히 보이는 반응의 본보기이다. 자기의 성경이해와 맞지 않는, 그래서 받아들이기 싫은 꺼림직한 인식들에 당면하면, 다음과 같은 식으로 반응한다: 자연과학적인 정확성을 가진 증거가 없는 한, 나는 어떤 논거도 진지하게 받아들이지 않겠습니다.

10. 신약의 예: 요한복음의 특수성

신약의 사복음서 중 요한복음의 특수성은 언제나 눈에 띠었었다. 이제 이 특수성에 대해 다루려고 한다. 나는 요한복음과 다른 세 복음서 마태, 마가, 누가의 차이를 개괄할 것이다. 내가 이것을 하는 것은 복음서들을 서로 충돌시키려고 함이 아니다. 네 복음서는 모두 기독교에 주어진 커다란 선물이요 중요한 도움이다. 요한복음은 다른 복음서와 마찬가지로 하나님의 말씀이다.232) 내가 차이를 언급하는 것은 오히려 복음서들의 특수한 특성과 관심을 분명히 드러내고자 함이다. 성경에 대한 우리의 가치존중은 이런 종류의 차이들을 덮어 버리고 과소평가하는 데에서가 아니라, 그것에 주의하는 데에서 나타난다.

현대적 성서학에서는 앞에 있는 세 복음서를 "**공관적**" 복음서 내지 "**공관복음**"으로 칭하는 것이 통상화되어 있다.233) 이 개념을 통하여 세 복음서의 유사성이 그 개념을 도입하기 이전보다 더 강조되었고, 아울러 그것들과 요한복음의 차이도 그렇게 되었다. 사람들은 새로 생긴 역사적 사고를 기초로234) 19세기가 흐르는 동안 공관복음과 요한복음의 차이가 **얼마나 큰지** 인식하게 되었다. 이 차이에 직면하여 19세기 말 경에는 현대적 성서학에서 한 가지 인식이 자리를 잡았고, 그것은 그 후로 대학에서 보편적으로 인정되고 있다. 그 인식이란 다음과 같

---

232) "하나님의 말씀"이라는 표현에 대해서는 5장을 참조.
233) "Synopsis"(헬)는 함께 봄, 공동의 시각을 의미한다.
234) 역사적 사고의 생성에 대해서는 8장 1절을 참조.

다: 예수의 일하심을 **역사적으로** 연구하려는 사람은 우선 공관복음을 향해야 한다. 요한복음도 예수에 대한 귀중한 역사적 정보들을 가지고 있고, 어떤 부분에 있어서는 공관복음을 능가하기도 한다. 그러나 요한복음은 전체적으로 공관복음과 같은 정도로 예수에 대한 사료史料가 되지 않는다. 요한복음의 의도가 거기에 있는 것도 아니다. 나는 이제 현대적 성서학의 이토록 중요한 일치를 가져다 준 근거들을 소개하려 한다.

공관복음과 요한복음 사이의 차이를 언급하기 전에, 나는 그들의 **공통점**을 지적하고 싶다. 요한복음도 공관복음처럼, 세례요한과 첫 제자들을 부르심으로부터 시작하여, 체포와 사형선고와 죽음, 부활하셔서 나타나심에 이르기까지 예수께서 말과 행위를 통하여 공적으로 하신 일들을 이야기하고 있다. 요한복음이 이야기하는 예수의 일곱가지 기적 중 세 개도 공관복음을 통해 알려져 있다.백부장의 아들을 고치심, 오천명을 먹이심, 물 위를 걸으심, 4:43-53, 6:1-15, 16-21을 참조 이는 베드로의 고백6:66-71, 베다니에서의 향유 붓는 사건12:1-8, 예루살렘 입성12:12-19의 경우도 마찬가지이다. 예수의 세례 받으심, 열두 제자를 부르심, 세례요한의 체포는 요한복음에 언급되지는 않지만, 전제되고 있다.1:29-34, 3:24, 6:66, 71을 참조 요한복음의 열여덟 번의 구약 인용 중 다섯 가지가 공관복음에도 나와 있다.1:23, 12:15, 40, 13:18, 19:24 수난 및 부활 이야기는 공관복음과의 일치가 복음서의 다른 부분들보다 한층 크다. 일치들은 **이야기를 전개하는** 문단들 뿐 아니라, **이야기 소재에도** 있다. 3장 3절, 6절, 20절 이하, 4장 44절, 5장 22절, 24절, 28절 이하, 43절, 6장 63절, 7장 16절, 12장 25절, 27절, 13장 16절, 20절, 21절, 15장 20절의 예수의 말씀은 공관복음에도 나온다. 그러나 이 공통점들과 나란히 눈에 띄게 큰 차이들도 있다.

요한복음의 특수성은 이미 구성에서 나타난다. 요한복음이 시작하자 마자 "서언"1:1-18이 그 이해의 틀을 제공해주는데, 공관복음에는 그런 것이 없다. 서언은 예수를 "태초에" 하나님과 함께 있었던, 창조에 참여하였고 "육신"이 된 "말씀"으로 묘사하고 있다. 예수께서 요한복음에서 말씀하시고 행하시는 모든 것은 이 기본틀 안에서 이해되어야 한다. 이런 종류의 언급은 공관복음에는 없다. 서언을 뒤따르는 예수의 등장의 묘사도 요한복음에서는 공관복음과는 다르게 구성되어 있다. 공관복음에서 예수는 우선, 그리고 무엇보다도 **갈릴리**에서 일하신다. 그는 이 사역이 끝나고 예루살렘으로 가시고, 거기서 며칠 뒤에 십자가에 달린다. 이와 달리 요한복음에서는 예수가 그의 사역의 시작부터 여러 번 갈릴리와 예루살렘을 오간다. 이미 7장 10절부터 예수는 오직 예루살렘과 그 주변에만 등장한다. 요한복음에 따르면 예수는 갈릴리보다 예루살렘에서 더 많이 활동한다. 요한복음의 구성은 공관복음에서처럼 예루살렘을 향한 예수의 마지막 여행을 지향하지 않고, 그의 청중이 바뀌는 것을 지향한다. 요한복음의 전반부에서 예수는 **공중**에게 1:19-12:50, 후반부에서는 제자들 앞에서만, 또는 그의 죽음과 부활 속에서 자기를 계시13:1-21:25하신다.

복음서의 구성상의 차이보다 더 중요한 것은 **내용적인** 차이와 **언어적인** 차이다. 그래서 나는 번호를 매겨 그것을 강조하고자 한다. 나는 모든 억측 내지 추측을 포기하고, 성경을 읽는 사람 누구나 검토하고 이해할 수 있는 요한복음 텍스트의 관찰결과에 집중할 것이다.

(1) **요한복음에 의하면** 예수를 이해할 수 있기 위하여 매우 중요한

많은 텍스트와 언급들이 있는데, 이들이 공관복음에 나오지 않는다:

   a. 요한복음은 **예수의 말**을 많이 담고 있다. 5-8장, 10장, 12장, 14-16장을 참조 그것은 형식에 있어서나 내용에 있어서 공관복음에 나오는 예수의 말과 현격하게 구분된다. 공관복음에서 예수는 특정한 주제가 전개되도록 하는 연관성있는 말을 하지 않는다. 공관복음에서의 말은 짧은 개별 격언들Logion 내지 격언 모음235) 또는 비유 모음236)으로 이루어져 있다. 무엇보다도 예수는 요한복음에서 **자기 자신**을 중심적인 주제로 삼는다. 그는 하나님과 자신의 관계, 자기가 하나님으로부터 위탁받은 것, 자기의 신적인 권한에 대하여 말한다. 이는 예수께서 자기 자신을 계시하시는 **계시의 말씀**이다. 이는 특히 "나는 …이다"하는 일곱 번의 말씀에서 뚜렷하게 드러나는데, 이것은 공관복음에는 하나도 나오지 않는다. 공관복음에 나오는 예수의 말의 중심주제는 예수 자신이 아니라 **하나님의 나라**이다. 그러나 공관복음의 예수의 메시지의 중심은 요한복음에는 거의 나오지 않는다.아래를 보라 예수께서 공관복음에서도 자기 자신에 대해서 말씀하기는 하지만,237) 말 전체의 주제로써 하시지는 않는다. 그 외에도 공관복음에 나오는 예수의 자기 자신에 대한 언급들은 요한복음의 자기언급과 **내용적으로** 눈에 띠게 차이가 난다.아래를 보라

---

235) 예를 들어 산상수훈(마 5-7장)의 구성을 참조: 아홉 개의 복의 선포, 그 다음에 제자됨에 대한 말씀, 그 다음에 율법과 선지자의 완성에 대한 말씀, 그 다음에 계명이해의 여섯 가지 반(反)명제들, 그 다음에 구제와 기도와 금식에 대한 말씀, 그 뒤를 이어 염려와 판단에 대한 말씀 등등
236) 막4장; 마13장 그리고 눅15장을 참조.
237) 이는 무엇보다 그의 오심의 의미에 대해 말씀하시는 것과 관련된다: "내가 의인을 부르러 온 것이 아니요 죄인을 부르러 왔노라"(막2:17). "인자의 온 것은 잃어버린 자를 찾아 구원하려 함이니라"(눅19:10). "인자의 온 것은 섬김을 받으려 함이 아니라 도리어 섬기려 하고 자기 목숨을 많은 사람의 대속물로 주려 함이니라"(막10:45). "내가 다른 동네에서도 하나님의 나라 복음을 전하여야 하리니 나는 이 일로 보내심을 입었노라"(눅4:43).

b. 요한복음 13-17장의 내용은 공관복음에는 **완전히 빠져** 있다. 이는 요한복음의 거의 사분의 일이다. 13장은 예수가 그의 제자들의 **발을 씻는** 것으로 시작된다.13:1-20을 참조 이어서 "예수께서 사랑하시던" 제자에 대해 언급된다.13:23-26을 참조 그의 이름은 언급되지 않는다. 이 제자는 요한복음에서 특별한 역할을 한다. 그는 예수 가장 가까이에, 베드로보다도 가까이에 있다.19:25-27, 20:1-10, 21:1-14, 15-25을 참조 공관복음에는 "예수께서 사랑하시던" 제자에 대한 언급이 어디에도 나타나지 않는다. 어느 제자에게도 이에 비교될 만한 표현이 쓰이지도 않는다. 13장 끝에 예수께서는 **형제사랑의** "**새 계명**"을 선포하신다.13:31-35을 참조 이 계명은 요한복음에서 커다란 의미가 있다.14:15, 21, 26, 15:10-12, 17을 참조 요한복음은 제자의 윤리를 공동체 내적인 형제사랑에 모두 집중시킨다. 요한복음에는 이웃과 원수를 사랑함에 대해서는 어디에도 나와 있지 않다. 공관복음에는 예수의 "새 계명"이 없고, 공동체 내적 영역에 윤리를 제한하지도 않는다.

c. 14-16장에서 예수는 큰 분량의 **고별사**를 하신다. 여기에서 예수는 그의 죽음과 그 후의 시간에 대하여 그의 제자들을 준비시킨다. 공관복음에는 그런 종류의 고별사가 없다. 고별사에서 예수는 다섯 번 "조력자, 위로자"parakletos에 대해 말씀하신다. 이는 성령을 의미한다. 그는 제자들로 하여금 예수가 말했던 모든 것을 생각나게 하고 그들을 모든 진리로 인도하고 예수를 영화롭게 할 것이다.14:16이하, 26, 15:26, 16:7-15을 참조 공관복음에는 보혜사에 대한 예수의 말씀이 없다. 거기에는 요한복음 17장과 같은, 상세하게 씌어진 **고별기도**도 없다.

d. 예수의 수난의 묘사에 있어서도 요한복음은 자기 나름의 방식을 취한다:

• 공관복음은 수난사를 예수의 예루살렘 입성으로부터 시작하는 반면, 요한복음에서는 베다니에서의 기름부음이 그 시작이다.12:1-8 예루살렘 입성12:12-19은 베다니에서의 기름부음 후에 비로소 일어난다.12:9을 참조

• 요한복음에 나오는 예수의 체포의 동기는 공관복음에서 처럼 예수의 성전비판이 아니라,예수께서 성전에서 하신 말씀이 공관복음상에 유대인들의 심문과정에서 무슨 역할을 하는지 참조 나사로를 살리심11:1-53, 12:9-11, 17-19을 참조이다. 우리는 그런 동기를 공관복음에서 읽을 수 없다. 예수의 성전비판은 예수의 체포의 동기가 되지 않는데, 이는 성전비판이 공관복음과는 달리 이미 예수의 사역 **초두에** 이야기되기 때문이다.2:13-22

• 공관복음과는 달리 요한복음에서는 예수 주변인물 중 두 사람이 십자가 밑에 있다. 십자가에 달리신 이는 심지어 그들에게 말을 건넨다. 이들은 "예수께서 사랑하시던" 제자와 예수의 어머니이다.19:25-27을 참조 공관복음에 의하면 예수께서 십자가에 달릴 때 아무 제자도 거기에 없다. 그들은 모두 예수의 체포 시에 도주하였다.막14:50; 마26:56을 참조 "예수께서 사랑하시던" 한 제자는 공관복음에는 어차피 나오지 않는다. 공관복음에서는 예수의 몇몇 여제자들과 지인들이 **멀리서** 쳐다본다.막15:40이하; 마27:55이하; 눅23:49을 참조 그 여인들은 이름이 언급되어 있다. 예수의 어머니는 그들 중에 없다. 공관복음은 전체 수난사를 통해서 예수의 어머니에 대해 단 한 번도 언급하지 않는다. 이는 복음서의 처음 두 장"성탄이야기"에 예수의 어머니 마리아에 대해서 많은 이야기를 하는 누가의 경우도 마찬가지이다.

• 요한복음에서 예수는 일주일 간의 유월절이 시작되기 전에19:14을 참조: "예비일" 죽는다. 그에 반해 공관복음에서 예수는 유월절의 첫 날에 죽

는다. 그래서 공관복음에 따르면 예수께서 죽기 전날 저녁에 제자들과 함께 한 저녁식사는 **유월절 식사**이다. 막14:12-16; 마26:17-19; 눅22:7-15을 참조 238) 요한복음에 따르면 그 저녁식사는 유월절 식사일 수 없었다.239)

(2) **공관복음에 따르면** 예수를 이해하기 위해 매우 중요한 텍스트와 언급들이 있는데, 이들이 요한복음에 나오지 않는다:

a. 요한복음에는 공관복음에서와 같은 종류의 예수의 비유가 없다. 공관복음에 따르면 비유는 예수에게 특히 전형적인 것이다. 요한복음에는 귀신을 내쫓는 행위, 문둥병자의 치유, 회개의 촉구, 제자의 파송, 예수의 시험받으심, 예수의 변화되심, 수난 예고, 성찬의 제정, 겟세마네에서의 고뇌의 기도 등이 없다. 가난한 자와 죄인들을 돌아보심예를 들면 그들과 함께 식사하심도 요한복음에는 언급되지 않는다. 요한복음에는 토라해석에 관련된 질문들식사와 성결의 규례, 안식일, 이혼, 세금, 맹세, 금식, 구제 등에 대한 예수의 태도가 기록되어 있지 않다. 요한복음은 공관복음에서 지속적으로 중요한 역할을 하는 사람들의 그룹들을 언급하지 않는다: 가난한 자, 부자, 농부, 수공업자, 상인, 일꾼, 어린이, 과부, 의인, 죄인, 세리, 창기, 사두개인 등. 그 대신에 요한복음은 "유대인"과 "그들의 지도자들"바리새인과 서기관, 공회의 회원이 거기에 속한다에 대해 말

---

238) 유대교에서 하루는 저녁에 시작된다. 그러므로 유월절의 첫 날은 유월절 양을 먹는 세더저녁(Sederabend)과 함께 시작한다.

239) 많은 그리스도인들이 예수가 죽은 날의 차이를 서로 다른 달력의 사용을 고려하여 조화시키려 한다. 이 시도는 전문적인 학문에서 당연히 동의를 얻지 못했다. 예수 또는 원시기독교의 일부가 당대에 통상적으로 쓰인 유대력이 아닌 에센파의 달력을 썼다는 신빙성있는 자료가 없다. 예수의 태도에 있어서 여러 중요한 특성이 에센파의 가르침이나 행위에 첨예하게 배치된다: 죄인 및 세리("잃어버린 자들")와 식사를 함께 함, 병자들을 돌아보심, 식사 및 성결의 규례에 대한 그의 상대화 등. 그래서 예수 또는 원시기독교의 일부가 에센파의 달력을, 그리고 그것과 함께 행위와 가르침의 중심적 전제들을 넘겨 받았다는 것은 매우 개연성이 희박하다.

한다. 요한복음에는 "복음"이라는 말이 나오지 않는다. 공관복음에 자주 등장하는 바, 이 단어와 밀접하게 연관된 선포의 개념euangelizestai, kerüssein 역시 없다.

b. 요한복음에는 **예수의 하나님 나라 선포**가 없다. 공관복음에 따르면 이 주제는 예수의 메시지의 **중심**이다. 간단한 개괄을 통해 이 주제가 공관복음에서 얼마나 중요한지 살펴보겠다. **마가복음**에서 예수는 자기의 메시지를 다음과 같이 요약한다: "때가 찼고 하나님 나라가 가까왔으니 회개하고 복음을 믿으라."1:15 마가복음 4장 11절에서 예수는 그의 제자들에게 말한다: "하나님 나라의 비밀을 너희에게는 주었으나" **마태복음**에는 예수께서 "천국 복음을 전파"하셨다4:23과 5-9장을 요약한 9:35을 참조고 써 있다. 산상수훈은 "심령이 가난한 자는 복이 있나니 천국이 저희 것임이요"5:3라는 문장으로 시작된다.240) 산상수훈의 핵심문장은 다음과 같다: "너희는 먼저 그의 나라와 그의 의를 구하라. 그리하면 이 모든 것을 너희에게 더하시리라"6:33 예수는 그의 제자들이 "나라가 임하옵시며"6:10라고 기도하도록 가르친다. 그는 다음과 같은 명령을 하면서 제자들을 파송한다: "전파하여 말하되 천국이 가까왔다 하고."10:7 말세와 관련하여 이렇게 되어 있다: "이 천국 복음이 모든 민족에게 증거되기 위하여 온 세상에 전파되리니 그제야 끝이 오리라."24:14 **누가복음**에는 다음과 같이 써 있다: "내가 다른 동네에서도 하나님의 나라 복음을 전하여야 하리니 나는 이 일로 보내심을 입었노라"4:43 "이 후에 예수께서 각 성과 촌에 두루 다니시며 하나님의 나라를 반포하시며 그 복음을 전하실쌔"8:1 누가복음에서도 예수는 "하나님의 나라를 전파하며 앓는 자를 고치게 하려고"9:2 제자들을 파송한다. "죽은 자들로 자기의 죽은 자들을 장사하게 하고 너는 가서 하나님의

---

240) "천국"이라는 표현은 "하나님 나라"라는 표현과 같은 의미이다.

나라를 전파하라."9:60 "율법과 선지자는 요한의 때까지요 그 후부터는 하나님 나라의 복음이 전파되어."16:16 예수의 모든 비유와 기적, 특히 귀신을 쫓아내는 행위는 하나님의 나라와 관련되어 있다.241) 예수는 성찬 때에도 하나님의 나라에 대해 말한다: "진실로 너희에게 이르노니 내가 포도나무에서 난 것을 하나님 나라에서 새것으로 마시는 날까지 다시 마시지 아니하리라."막14:25; 마26:29; 눅22:16을 참조 공관복음에서는 **백 번이 넘게** "나라", "하나님의 나라", "천국"이 언급된다. 그에 반해 요한복음에서 예수는 단 한 번 "하나님의 나라"에 대하여 말할 계기가 있었고, "그의 나라"에 대하여 말할 또 한 번의 계기가 있었을 뿐이다. 이 두 경우도 **공적인** 선포는 아니다. 첫 번째의 경우는 밤에 이루어진 두 사람만의 대화와 관련되고,3:1-7을 참조 두 번째의 경우는 재판을 받는 과정에서 예수가 한 말이다.18:36을 참조 첫 번째의 경우 예수는 공관복음에는 나오지 않는 이야기방식으로 하나님 나라에 대해 언급한다: "너희가 위로부터 나지 아니하면" 공관복음에서 예수는 단 한 군데에서도 그의 나라에 대해서 말하지 않고, 언제나 "**하나님의 나라**"에 대해서 말한다.

많은 그리스도인들이 요한복음과 공관복음의 이 눈에 띠는 차이를 다음과 같이 말함으로써 약화시키려 한다: "공관복음에서 예수는 하나님 나라에 대해 말한다. 요한복음에서 예수는 그 대신에 영생에 대해 말한다. 사안에 있어서 결국은 같은 것을 의미한다" 이 설명은 지나치게 단순하다. 여기에 놓여 있는 차이를, 두 개념을 같은 의미라고 설명함으로써 없애 버릴 수는 없다. 요한복음에는, 공관복음에 따르면 예수의

---

241) "내가 만일 하나님의 손을 힘입어 귀신을 쫓아내는 것이면, 하나님의 나라가 이미 너희에게 임하였느니라"(눅11:20).

중심적인 주제였던 하나님 나라의 공식적 선포가 없다. 게다가 공관복음에 따르면 예수의 하나님의 나라의 선포와 긴밀하게 연관된 모든 사건, 언급, 개념도 빠져 있다: 비유, 귀신을 쫓아내는 행위, 가난한 자와 죄인을 돌아보심그들과 함께 식사하심, 이웃 및 원수 사랑에 대한 지적, 회개의 촉구, 제자 파송, 주기도문, 토라해석과 관련된 질문들에 대한 예수의 견해표명, 성찬의 제정, "복음"개념, 그리고 이 개념과 밀접하게 연관된 선포의 동사들. "나라의 복음"마4:23, 9:35; 눅4:43, 8:1을 참조이라는 표현의 두 **부분** 모두가 요한복음에 빠져 있다. 즉, "복음"개념도 그렇고, 나라의 메시지도 그렇다. 단순히 두 개념을 교체함으로써 이 크나 큰 차이 앞에 눈을 가려 버릴 수는 없다! "하나님 나라"와 "영생"이 깊게 관련되어 있기는 하지만, 결코 같은 것을 의미하지는 않는다. "하나님 나라"라는 표현은 "영생"이라는 표현이 담고 있지 않은 정치적 사회적 관점들과 연관되어 있다. "영생"이라는 표현은 개인적인 구원의 측면에 시선을 집중시킨다. "하나님 나라"라는 표현은 그와 비교하여 폭이 넓은 개념이다. 그 외에도 예수는 공관복음에서 **자기 자신보다 하나님 나라에 대해서 더 많이** 말한다. 그에 반해 요한복음에서 예수는 일차적으로 자기 자신에 대해 말한다. 이 점에서도 기본적인 무게중심이 많이 옮겨져 있음이 나타난다. 이와 같은 정황에는 분명히 이유가 있고, 그것을 우리는 이해하여야 한다. "하나님 나라"와 "영생"의 단순한 동일시는 이 전체적 정황을 제대로 보지 못하게 만들고 보다 깊은 이해를 방해한다.

(3) 요한복음에서 예수는 공관복음과는 근본적으로 다른 언어양식으로 말한다:

요한복음은 어휘, 개념형성, 양식, 사고체계가 공관복음과 매우 다르다. 요한복음 뿐만 아니라 세 편의 **편지**도 포함하는 요한의 문서들은 특별한 언어적 특징을 가지고 있다. 이는 당시의 유대교의 문서들과 비교해서 뿐 아니라, 신약 내에서도 눈에 띤다. 이 고유의 언어적 특징이 요한적 공동체들 내에서 생겼는지, 아니면 다른 뿌리가 있는 것인지는 오늘날 더 이상 분명히 말할 수 없다.242) 요한복음에서 말을 하는 사람들(예수, 세례요한, 몇몇 제자들, 유대인들, 사마리아 여인, 빌라도 등)은 **모두** 똑같은 전형적인 요한적 언어로 말한다. 공관복음에서는 예수의 표현방식을 각각의 복음서 기자의 표현방식과 쉽게 구분할 수 있는 곳이 많이 있는 반면, 요한복음에서는 그것이 가능하지 않다. 그러므로 내가 이제 공관복음에 나오는 예수의 이야기방식과 비교하기 위해 요한복음에 나오는 예수의 이야기방식을 묘사하면, 나는 동시에 요한적 언어의 특징을 소개하는 것이다.

가장 눈에 띠는 것은 요한적 언어의 **이원론적 특징**이다. 이 특징은 성경의 다른 어느 책에도 없다. 이원론적 특징의 언어에서는 상반된 개념쌍(선-악, 빛-어둠 등)이 커다란 역할을 한다.243) 요한적 문서들에서는 무엇보다 영생과 죽음의 대치가 중요하다. 빛, 진리, 영, 자유, 믿음은 영생에 속한다. 어둠, 세상, 거짓, 육, 종노릇, 불신은 죽음 내지 악에 속한다. 어둠"으로부터" 온 자는 어둠을 "사랑"하고 빛을 "미워한다" 아래에 예로 드는 텍스트는 요한적 언어의 이원론적 특성을 드러내 줄 것이다: "그 정죄는 이것이니 곧 빛이 세상에 왔으되 사람들이 자기 행

---

242) 만다야(Mandäer, 메소포타미아의 유대인 세례 공동체)의 언어, 그리고 쿰란(Qumran) 공동체와 모종의 유사성이 있다. 그러나 다른 한편으로 분명한 언어적 차이들도 있기 때문에, 확실한 추론이 가능하지 않다.
243) 종교학적으로 "일원론적" 종교와 "이원론적" 종교가 구분된다. 후자의 전형적인 특징은 선한 세력이 (이에 대하여 독립적인) 악한 세력과 싸우는 것이다. 성경은 일원론적 사상을 가지고 있다. 성경의 시각에 의하면 하나님께 대하여 독립적인, 즉 하나님의 세력 바깥에 있는 악한 세력은 없다. 이 일원론은 요한적 문서들에도 적용된다. 그것들은 종교적 이원론을 대변하는 것이 아니라, 오로지 -기적 이야기와 수난사는 제외하고- 이원론적인 특징의 언어를 사용하는 것이다.

위가 악하므로 빛보다 어두움을 더 사랑한 것이니라. 악을 행하는 자마다 빛을 미워하여 빛으로 오지 아니하나니 이는 그 행위가 드러날까 함이요 진리를 좇는 자는 빛으로 오나니 이는 그 행위가 하나님 안에서 행한 것임을 나타내려 함이라."3:19-21 예수 자신도 요한복음에서 이 이원론적 특징의 언어로 말한다: "아직 잠시 동안 빛이 너희 중에 있으니 빛이 있을 동안에 다녀 어두움에 붙잡히지 않게 하라. 어두움에 다니는 자는 그 가는 바를 알지 못하느니라. 너희에게 아직 빛이 있을 동안에 빛을 믿으라. 그리하면 빛의 아들이 되리라… 나는 빛으로 세상에 왔나니 무릇 나를 믿는 자로 어두움에 거하지 않게 하려 함이로라." 12:35이하, 46, 8:12, 9:4-5을 참조 "세상이 너희를 미워하면 너희보다 먼저 나를 미워한 줄을 알라. 너희가 세상에 속하였으면 세상이 자기의 것을 사랑할 터이나 너희는 세상에 속한 자가 아니요 도리어 세상에서 나의 택함을 입은 자인고로 세상이 너희를 미워하느니라."15:18-19 요한적 언어의 특징처럼 예수도 빛과 어둠의 대치 외에도 진리와 거짓,8:44이하, 16:17, 17:17, 18:37 영과 육,3:6, 8, 6:63 자유와 종노릇,8:33-36 사랑함과 미워함,7:7, 12:25, 13:34, 15:12, 17, 23-25, 17:24 제자됨과 세상15:18-20, 17:9, 14-18의 대치를 강조한다. 공관복음에서 예수는 이와 같은 혹은 이와 비슷한 이원론적 특징의 언어를 사용하지 않는다.

첫 번째로 눈에 띠는 것은 **오직** 요한복음에서만 나타나는 바, 예수의 말씀 중에 있는 **공간적 이원성**이다: "사람이 위에서 나지 아니하면 하나님 나라를 볼 수 없느니라."3:3 "하늘에서 내려온 자 곧 인자 외에는 하늘에 올라간 자가 없느니라."3:13 나는 "하늘로서 내려온 떡"이다.6:41, 6:38을 참조 "너희가 인자의 이전 있던 곳으로 올라가는 것을 볼 것 같으면."6:62 "너희는 아래서 났고 나는 위에서 났으며."8:23 "위로부터 오시는 이는 만물 위에 계시고."3:31 내려옴과 올라감, 위와 아래의 개념적 연관은 공관복음에는 나타나지 않는다. 이 공간적 이원성의 틀 안에서 요한복음의 "으로부터"헬, ek라는 말은 매우 특수한 의미를 지닌다. 이 단어는 요한복음에서 인간의 본질을 결정하는 영적인 출신을 표현한다: 사람이 "육정으로" 났느냐, "하나님께로서" 났느냐?1:11-13을 참조 예수 자신도 요한복음에서 자주 이 독특한 표현방식을 사용한다. 3:5, 4:22, 7:17, 22, 8:23, 44, 47, 10:16, 20, 15:19, 17:14, 16, 18:36, 37 "으로부터"라는 단어의 그런 식의 사용은 공관복음에서는 낯선 것이다.

두 번째로 요한적 문서들의 언어적 특성에 속하는 것은 **내재의 언어**이다. 이는 매우 강한 형식의 교제를 표현한다. 여기서는 한 인격이 다른 인격 "안에" 있음이 촛점이다. 이제 나는 **예수의 발언**에 집중하겠다: 244) "아버지는 내 안에 계시다."14:10 "너희가 내 안에 거하고"15:7, 15:4, 5, 6을 참조 "내가 … 그 아버지의 사랑 안에 거하는 것 같이"15:10 요한복음에서는 예수 자신과 그가 제자들에게 선물로 주시는 것이 동일하기 때문에, 제자들이 예수의 선물 "안에", 또는 선물이 그들 안에 있을 수도 있다: "너희도 … 내 사랑 안에 거하리라."15:7, 5:38을 참조 "내 기쁨이 너희 안에 있어."15:11, 17:13을 참조 약속된 보혜사parakletos는 "너희 속에 계시겠음이라."14:17 **상호간의 내재**에 대한 예수의 말씀은 특히 함축적이다: "내 살을 먹고 내 피를 마시는 자는 내 안에 거하고 나도 그 안에 거하리니."6:56 "그러면 너희가 아버지께서 내 안에 계시고 내가 아버지 안에 있음을 깨달아 알리라."10:38 예수는 빌립에게 묻

---

244) "안"이라는 단어는 요한복음에서, 그리고 특히 예수의 말씀에서 특별한 역할을 한다: 예수께서 하신 말씀으로 예를 들어 1:47, 3:21, 6:53, 7:18, 8:21, 24, 44, 11:10, 12:35, 46, 14:17, 17:11을 참조. 예수의 말씀이 아닌 것으로는 예를 들어 1:4, 10, 2:25을 참조. 공관복음에는 이와 비교될 만한 것이 없다. 혹 다음의 문장을 지적할 수 있을지 모른다: "너희 안에 있는 빛이 어두우면"(마6:23; 눅11:35). 그러나 이 표현은 당대에 통상적이었던 언어습관의 테두리 안에 머문다. 눅17:20이하는 다음과 같이 번역될 수 있다: 하나님의 나라가 "너희들 사이의 한 가운데에" 있다. 루터의 번역 "너희들 내면에"는 맞지 않다.

는다: "나는 아버지 안에 있고 아버지는 내 안에 계신 것을 네가 믿지 아니하느냐?" 14:10 그는 제자들에게 말한다: "내가 아버지 안에 있고 아버지께서 내 안에 계심을 믿으라."14:11) "그 날에는 내가 아버지 안에, 너희가 내 안에, 내가 너희 안에 있는 것을 너희가 알리라."14:20 "내 안에 거하라. 나도 너희 안에 거하리라."15:4 "아버지께서 내 안에, 내가 아버지 안에 있는 것 같이."17:21 "내가 저희 안에, 아버지께서 내 안에 계셔."17:23 "이는 나를 사랑하신 사랑이 저희 안에 있고 나도 저희 안에 있게 하려 함이니이다."17:26 245) 예수는, 요한복음에서 큰 의미를 가지는 바 사방으로 뻗어 있는 내재의 언어를 공관복음에서는 사용하지 않는다. 그리고 그 언어는 공관복음에 나오지도 않는다.

요한적 언어에 있어서 전형적인 것은 세 번째로 요한적 신앙공동체가 그 신앙의 경험을 요약하면서 쓰는 "우리"의 표현이다: "우리가 그 영광을 보니 아버지의 독생자의 영광이요 은혜와 진리가 충만하더라… 우리가 다 그의 충만한데서 받으니 은혜 위에 은혜러라."1:14, 16 "태초부터 있는 생명의 말씀에 관하여는 우리가 들은 바요 눈으로 본 바요 주목하고 우리 손으로 만진 바라… 이 영원한 생명을 우리가 보았고 증거하여"요일1:1-4 "우리가 그와 같을 줄을 아는 것은 그의 계신 그대로 볼 것을 인함이니."요일3:2 "우리가 형제를 사랑함으로 사망에서 옮겨 생명으로 들어간 줄을 알거니와."요일3:14 이와 같은 종류의 '우리' 표현양식은 공관복음에는 없다. 요한적인 언어의 특징은 그 범위가 넓어서, 심지어 예수도 니고데모유대교 공회의 회원와 대화 중에 이 '우리' 표

---

245) 그 외에도 예수는 요한복음에서 종종 상호관계를 나타내는 표현을 사용한다: "내가 내 양을 알고 양도 나를 아는 것이 아버지께서 나를 아시고 내가 아버지를 아는 것 같으니"(10:14이하). "지금 인자가 영광을 얻었고 하나님도 인자를 인하여 영광을 얻으셨도다"(13:27). "나를 사랑하는 자는 내 아버지께 사랑을 받을 것이요 나도 그를 사랑하여"(14:21; 23도 참조). "아버지께서 나를 사랑하신 것 같이 나도 너희를 사랑하였으니"(15:9). "내가 너희를 사랑한 것 같이 너희도 서로 사랑하라"(15:12). 공관복음에서는 이런 식의 상호관계의 표현이 여기에서 처럼 큰 역할을 하지 않는다.

현양식을 사용하는데, 주목할 것은 이 대화가 두 사람 사이에 진행됨에도 불구하고, 그리고 예수가 계속 나표현양식을 쓰던 중이었음에도 불구하고 우리 표현양식이 사용된다는 점이다: "진실로 진실로 네게 이르노니 우리 아는 것을 말하고 본 것을 증거하노라. 그러나 너희가 우리 증거를 받지 아니하는도다."요3: 11 예수는 여기서 마치 그가 요한적 신앙공동체의 일원인 양 말한다. 공관복음에서 그는 어느 곳에서도 그런 식으로 말하지 않는다.

공관복음에는 나타나지 않는 요한적 언어이와 더불어 요한복음에 있는 예수의 언어의 특수성들이 더 많이 있다. 가장 중요한 것들만 짧게 나열하겠다: 예수는 요한복음에서만 제자들에게 **비유**로 말하고 또 그것에 대해 분명히 언급한다: "이것을 비유로 너희에게 일렀거니와."16:25 10:6을 참조 예수는 공관복음에서는 그런 비유를 쓰지 않고, 비유로 말한다.비유가 쉽게 설명하기 위해 사용된다면, 비유는 오히려 수수께끼와 같은 성격이 짙다.-역주 요한복음에는 예수께서 "아버지로부터 **왔고**" 사역이 끝나면 "아버지께로 **돌아간다**"는 말이 자주 나온다. 예를 들면: "내가 아버지께로 나와서 세상에 왔고 다시 세상을 떠나 아버지께로 가노라"16:28 공관복음의 어느 곳에서도 예수는 그런 시각에서 말하지 않는다. 요한복음에서 예수는 종종 "나의 시간" 내지 "나의 때"가 아직 오지 않았다고 말한다. 수난의 시간과 함께 이 시간 내지 때가 온다.2:4, 5:25, 28, 7:6, 12:23, 27, 16:4, 25, 32, 17:1을 참조 이와 관련하여 예수는 종종 아직 오지 않았거나 아니면 더 이상 오지 않는 "잠시"에 대해 말한다.12:35, 13:33, 14:19, 16:16, 17, 18, 19을 참조 이런 식의 이야기방식도 공관복음에서는 예수의 입에서 나오지 않는다. 또 눈에 띠는 것은 예수께서 요한복음에서 여러 차례 문장의 서두에 말하는 **두 번의** "진실로amen"이다. "진실로 진실로 너희에게 이르노니…" 예수는 공관복음에서는 그저 **한 번의**

"진실로"를 써서 중요한 문장을 강조한다. 예수는 공관복음에서 자기 자신과 연관시켜 쓰지 않는 은유들을 요한복음에서는 자기에게 사용한다: "떡", "빛", "목자", "포도나무", "생명", "길", "진리", "부활" 요한복음에 나타나는 예수의 언어의 특성들을 더 언급할 수도 있을 것이다. 그러나 요한복음의 예수는 공관복음에 나타나는 그의 언어와는 **광범하게 다른** 언어양식으로 말한다는 것이 이제 분명해졌으리라고 생각한다. 두 언어양식이 모두 예수 자신의 것이라는 것은 불가능하다. 그러기에는 차이가 너무 크고 눈에 띤다. "예수의 말"의 특성 중 많은 것들이 요한의 **서신들**에도, 그리고 요한복음에서 말을 하는 **다른** 인물들에게서도 발견된다. 결론은 피할 수 없다: 요한복음에 나오는 "예수의 말"은 원래의 예수의 말이 아니라 **오직** 요한적 문서에만 흔히 쓰이는 표현방식이다.

(4) 모든 복음서는 예수의 부활 이후에 씌어졌다. 그런데 요한복음에서는 이 부활 이후적 시각이 공관복음에서보다 훨씬 중요한 역할을 한다. 공관복음은 지상의 예수가 부활한 이에게 주어지는 품격을 가지지 않은 채 등장함을 분명히 드러낸다.246) 요한복음의 저자는 바로 이 점에서 다른 길을 택한다. 그는 이미 지상의 예수 속에서 부활하신 이를 소개한다. 지상의 예수와 부활하신 예수는 요한복음에서 완전한 일치를 이룬다. 요한복음에서 예수가 하는 말 속에서 이미 부활하신 이가 말하고 있다. 아래를 보라 요한복음의 저자는 그의 독자가 지상의 예수에게서 동시에 부활하신 현재의 예수를 만나기를 기대한다. 그래서 그는 부활 이전의 시간과 부활 이후의 시간을 서로 교차시킨다. 이 시간의

---

246) 신약의 이해에 의하면 예수의 부활은 그의 이제까지의 부활 이전의 삶의 지속에 그치지 않는다. 즉 부활은 단순한 환생이 아니다. 부활과 함께 예수는 하나님에 의해 높혀 졌고 영화롭게 되었다. 사도신경은 이를 다음과 같이 요약한다: "하늘에 오르사 전능하신 하나님 우편에 앉아 계시다". 예수의 부활 이후에 비로소 그의 제자들은 예수께 기도하는 관계에 있게 되었다.

교차에 요한복음의 특별함이 있다. 이는 이해되어야 하고 존중되어야 한다.

위에서 언급된 요한복음의 특수성은 여러 견지에서 나타난다. 첫 번째의 중요한 특징은 요한복음에는 "예수에 대한 믿음"이 자주 이야기 된다는 것이다. 공관복음에서 "믿음" 내지 "믿다"라는 단어가 나오면,247) 그것은 요한복음과 정확하게 같은 것을 의미하지는 않는다. 공관복음에서는 하나님에 대한 믿음이 주제화될 뿐, "예수에 대한" 믿음이 관건이 되지 않는다. 공관복음에서는 "믿다" '신앙하다' 의 의미. 3:4 참조-역주라는 표현이 예수와 연관되어서는 단 한 번의 예외를 제외하면 나오지 않는다. 그 이유는 금방 분명해진다. 예수의 부활 이전에는 아직 "예수에 대한 신앙"을 이야기할 수 없다. 왜냐하면 "예수에 대한 신앙"이란 광범한 믿음, 즉 우리를 하나님과 화목하게 하신, 죄와 사망에서 우리를 구원하신, 우리 삶에 주가 되신, 영원한 생명을 주시는 예수에 대한 믿음을 의미하기 때문이다. 예수에 대한 그런 믿음은, 그를 "주kyrios"와 "그리스도"로 입증하는 바 그의 죽음과 부활을 전제하는 것이다. 그의 죽음 및 부활과 상관없는 예수에 대한 기독교적 신앙은 없다. 그래서 예수의 부활 이후에 비로소 우리에게 그렇게도 익숙한 명칭 "예수 그리스도"가 생긴 것이다. 유대인들에게 있어서 예수의 부활 이전에는 오직 하나님께 대한 신앙만이 생각 가능하다. 이 의미에서 예수 자신도 공관복음에서 믿음에 대해 말한다: "하나님을 믿으라. 내가 진실로 너희에게 이르노니 누구든지 이 산더러 들리어 바다에 던지우라 하며 그 말하는 것이 이룰 줄 믿고 마음에 의심치 아니하면 그대로 되리라. 그러므로 내가 너희에게 말하노니 무엇이든지 기도하고 구

---

247) 명사 "믿음"은 마태복음 8회, 마가복음 5회, 누가복음 11회, 사도행전 15회; 동사 "믿다"는 마태복음 10회, 마가복음 10회, 누가복음 9회, 사도행전 37회; 형용사 "믿는"은 마태복음 5회, 마가복음 0회, 누가복음 6회, 사도행전 4회가 나온다.

하는 것은 받은 줄로 믿으라. 그리하면 너희에게 그대로 되리라."막 11:22-24 믿음과 기도의 연결은 이 대목이 예수에 대한 믿음이 아니라 **하나님께 대한** 믿음을 다루고 있다는 것을 보여준다. 기도가 그렇듯 믿음도 하나님을 향한다 마가복음 9장 23절의 예수의 약속도 그렇게 이해되어야 한다: "믿는 자에게는 능치 못할 일이 없느니라." 예수는 공관복음에서 자기 본인에 대한 믿음에 대해 말하지 않는다. 그는 어디에서도 그런 믿음을 요구하지도 않는다. 예수의 **치유**와 관련하여 예수를 지향한 믿음에 대해 종종 언급되기는 하지만, 그것은 광범한 의미에서의 "예수에 대한" 신앙을 뜻하지 않는다. 그 경우들은 예수가 하나님의 능력으로 환자를 어려움에서 구해낼 수 있다는 선에서 예수에 대한 신뢰를 관건으로 하고 있다: "예수께서 저희의 믿음을 보시고."막2:5 "두려워 말고 믿기만 하라."막5:36 "네 믿음이 너를 구원하였으니."막5:34, 10:52; 눅17:19, 18:42 "네 믿은대로 될찌어다."마8:13 "여자야 네 믿음이 크도다." 마15:28 부활 이전의 시간과 부활 이후의 시간의 차이는 누가의 두 문서에서 특히 분명하게 인식될 수 있다. **누가복음**에는 "예수를 믿다"라는 표현이 나타나지 않는데, 그 반면에 누가는 예수의 부활 이후의 시간에 대해 이야기하는 **사도행전**에서 그 표현을 많은 곳에서 사용한다. 10:43, 14:23, 19:4, 22:19, 24:24, 26:18을 참조 마가복음도 어느 곳에서도 "예수에 대한 믿음"에 대해 말하지 않는다. 마태복음은 단 하나의 예외를 포함하고 있다: "누구든지 나를 믿는 소자 중 하나를 실족케 하면…."마18:6 마가복음의 병행구절에는 단지 다음과 같이 되어 있다: "누구든지 믿는 소자 중 하나를 실족케 하면…."막9:42; 이것이 더 나은 판본이다!

그에 반해 **요한복음**에서는 그 정황이 완전히 다르다. 여기서는 "예

---

248) 51쪽(각주 57)에 이 표현이 나오는 곳을 모두 언급해 놓았다.

수에 대한 **신앙**'이 35회나 나온다!248) 이들 중 많은 곳에서 예수 자신이 본인에 대한 신앙에 대해 말하고 있다. 6:29, 35, 40, 9:35, 11:25이하, 12:36, 44, 46, 14:1, 12, 16:9, 17:20을 참조 그는 그런 신앙을 요구하기도 한다. 12: 6; 14:1 당대의 유일한 유일신교인 **유대교** 내에서 한 유대인이 다른 유대인들에게 **자기 자신을** 신앙하도록 요구하는 것이 상상 가능한가? 게다가 예수는 많은 경우에 자기에 대한 신앙을 구원에 있어서 중요한 약속들과 연결시킨다: "나를 믿는 자는 영원히 목마르지 아니하리라." 6:35 "내 아버지의 뜻은 아들을 보고 믿는 자마다 영생을 얻는 이것이니 마지막 날에 내가 이를 다시 살리리라." 6:40 "나를 믿는 자는 성경에 이름과 같이 그 배에서 생수의 강이 흘러나리라." 7:38 "나를 믿는 자는 죽어도 살겠고 무릇 살아서 나를 믿는 자는 영원히 죽지 아니하리니." 11:25이하 "무릇 나를 믿는 자로 어두움에 거하지 않게 하려 함이로라." 12:46 "나를 믿는 자는 나의 하는 일을 저도 할 것이요 또한 이보다 더 큰 것도 하리니 이는 내가 아버지께로 감이니라." 14:12 만약 이 말들과 약속들이 **지상의** 예수에게서 나왔다면, 우리는 어려운, 해결불가능한 수수께끼 앞에 서게 될 것이다: 예수는 공관복음에서 이런 종류의 말은 단 한 문장도 하지 않았다! 공관복음의 세 저자는 이렇게 근본적으로 중요한 발언과 약속들 중 단 한 가지도 몰랐단 말인가? 아니면 그들이 이 약속들을 전해 줄 필요가 없을 만큼 하찮게 여겼던 것인가? 이는 전혀 이해할 수 없는 일일 것이다. 여기에 다시금 다른 질문이 대두된다: 유대교 내에서 한 유대인이 다른 유대인들에게 자기 자신과 연관되어 있는 구원에 있어서 중요한 약속들을 말할 수 있다는 것, 그리고 말해도 된다는 것이 상상 가능한가? 우리는 이 질문을 할 필요가 없다. 위의 인용문과 약속들은 지상의 예수가 아니라, 부활한 예수가 말하는 것이다. 이런 말들을 **이 방식으로** 이해하면, 그 말들이 서로 잘 맞고 공관복음의 예수에 대한 증거와 더 이상 첨예하게 대립되지 않는다.

아래의 세 개의 공관복음 텍스트는 공관복음이 요한복음의 저자보다 부활 이전 시간의 의미에 더 많은 무게를 싣고 있음을 보여준다. 그래서 요한복음과는 달리 공관복음에서는 지상의 예수의 낮아지심이 주제가 된다. 예수를 "선한 선생님"으로 부르는 동시대 유대인에게 예수는 대답한다: "네가 어찌하여 나를 선하다 일컫느냐 하나님 한 분 외에는 선한 이가 없느니라."막10:17 지상의 예수는 여기에서 매우 근본적인 방식으로 자기와 하나님 사이의 차이 내지 거리를 강조한다. 비슷한 차이가 죽음 직전의 예수가 하나님의 뜻을 받아들이려고 애쓰는 겟세마네의 기도에서도 분명하게 나타난다: "아바 아버지여 아버지께는 모든 것이 가능하오니 이 잔을 내게서 옮기시옵소서. 그러나 나의 원대로 마옵시고 아버지의 원대로 하옵소서."14:36 이 기도에서 지상의 예수의 의지가 하나님의 의지와 일치되지 않음이 드러난다. 예수가 "메시야"라는 주제를 매우 소극적으로 대한다는 점 역시 공관복음의 예수묘사의 특징이다. 그는 스스로의 동기에 의해 공적인 자리에서 이 주제에 관해 언급하지 않는다. 민족주의적 내지 정치적·군사적 오해의 위험이 너무 컸음에 틀림없었다. 베드로가 제자들 사이에서 예수를 "메시야"로 칭했을 때 조차도 그는 제자들에게 "자기의 일을 아무에게도 말하지 말라"고 명하셨다. 재판 때에야 비로소 – 잡힌 자로서! – 자기가 메시야임을 밝힌다.14:62

그에 반해 요한복음에서는 그 정황이 완전히 다르다. 예수는 아주 공적으로 아무 거리낌없이 유대인 청자들을 대상으로 자기가 메시야라는 것을 놓고 논쟁한다. 19:22-29을 참조: 7-8장의 토론도 참조 공관복음에서와는 달리 **예수 자신이** "나는 하나님 아들이라"고10:36 아주 공적으로 말한다. 그는 그 외에도 자기 자신의 신적 권위에 대한 발언을 많이

한다. 이는 유대적 신앙이 메시야에게서 기대했던 것을 **현저히 넘어서**는 것이다. 예수는 수전절에 성전에서 행사에 참여한 유대인들에게 말한다: "내 양은 내 음성을 들으며 나는 저희를 알며 저희는 나를 따르느니라. 내가 저희에게 영생을 주노니 영원히 멸망치 아니할 터이요 또 저희를 내 손에서 빼앗을 자가 없느니라."10:27-28 "나와 아버지는 하나이니라."10:30 지상의 유대인 한 사람이 유대인들에게 이렇게 말할 수 있는가? 예수는 제자들에게 자기 자신에 대하여 심지어 다음과 같이 말한다: "나를 본 자는 아버지를 보았거늘."14:9 공관복음에서는 어디에서도 예수께서 이런 말을 하지 않는다.

요한적 예수묘사의 그 밖의 두 측면이, 지상의 예수 속에서 이미 부활하신 이가 말씀하고 있다는 것을 분명하게 해 줄 것이다. 6장 53-56절에서 예수는 유대인 청자들에게 말한다: "내가 진실로 진실로 너희에게 이르노니 인자의 살을 먹지 아니하고 인자의 피를 마시지 아니하면 너희 속에 생명이 없느니라. 내 살을 먹고 내 피를 마시는 자는 영생을 가졌고 마지막 날에 내가 그를 다시 살리리니 내 살은 참된 양식이요 내 피는 참된 음료로다. 내 살을 먹고 내 피를 마시는 자는 내 안에 거하고 나도 그 안에 거하나니." 이 문장들을 **지상의 예수**의 발언으로 여긴다면, 묘한 상황이 생긴다. 유대인 청자들이 분명 **성찬**과 관련된 이 말을 어떻게 이해할 수 있었겠는가? 예수께서 공적으로 사역하는 기간에는 아직 성찬과 비교될 수 있을 만한 것이 없었다. 성찬은 예수께서 보낸 **마지막 저녁**의 사건들에서 생성되었다. 예수의 말이, 그의 공적인 사역 기간에는 아직 존재하지도 않았던 교회에서 **훗날에야** 제정된 성례로서의 먹고 마심을 가리키는 것임을 유대인 청자들이 어찌 짐작이나 할 수 있었겠는가? 이 문장들도 **부활 이후의 상황**을 염두에 두면, 훨씬 이해하기가 쉽다. 그 때 유대인과 유대인 출신 그리스도인들 사이에 심각한 갈등이 있었는데, 성찬도 그 원인 중 하나였다. 부활하신 이는 위에 인용된 문장들을 통해 성찬의 포기 불가능한 의미를 지적함으로써 그의 교회를 강하게 만드신다. 다른 측면은 예수의 **선존재先存在**에 대한 그의 발언들이다. 요한복음에서는 그 저자만 미리 존재한 하나님의 아들에 대한 신앙을 표현하는 것이 아니다. 예를 들어 1:1-18을 참조 예수 자신도 아주 공적으로 자기의 선존재에 대해 말한다! 유대인 청자들과의 논쟁 중 그는 아브라함에 대하여 다음과 같이 말한다: "진실로 진실로 너희에게 이르노니 아브라함이 나기 전부터 내가 있느니라."8:58 지상의 예수가 그런 문장을 말했다면 청자들에게 어떤 영향을 끼쳤을까? 대제사장적 기도에서 예수는 다음과 같이 말한다: "아버지여 창세 전에 내가 아버지와 함께 가졌던 영화로써 지금도 아버지와 함께 나를 영화롭게 하옵소서."17:5 "아버지께서 창세 전부터 나를 사랑하시므로."17:24 예수는 자기 자신에 대한 이다지도 근본적으로 중요한 말을 공관복음에서는 어디에서도 하지 않는다. 공관복음의 예수는 자기의 선존재에 대해서 아무것도 모르는가? 아니면 그가 그것을 하찮게 여겨서 언급을 하지 않는 것인가? 공관복음에서는 **지상의 예수**가, 요한복음에서는 **부활하신 이**가 말한다면, 이 수수께끼도 풀린다.

이제까지의 언급들을 기초로, 요한복음에만 나오는 유명한 "**나는…이다**"하는 **말씀** 일곱 개도 지상의 예수의 말씀이 아니라 부활하신 이의 말씀이라는 것이 분명해졌을 것이다. 지상의 한 유대인이 다른 유대인들에게 다음과 같이 말할 수 없다: "내가 곧 생명의 떡"6:35, "세상의 빛"8:12, "양의 문"10:7, "선한 목자"10:11, "부활이요 생명"11:25 "길이요 진리요 생명"14:6, "참 포도나무"15:1 이다. 이런 말들은 가장 호의적인 유대인 청자들에게 조차도 기괴하고 이상한 인상을 줄 것이다. 그러나 부활하신 이의 말씀으로서 "나는 …이다"하는 이 말씀들은 귀중한 계시들이다. 이것들은 진리가 충만한, 최고의 권위를 가진 하나님의 말씀이다. **부활하신 이의** 이 말씀들이 삶과 죽음 속에서 우리를 지탱한다. 우리는 결코 "나는 …이다 하는 말씀이 지상의 예수가 하신 것이 아니라면, 그것은 단지 지어낸 것일 뿐이다"라고 말해서는 안된다. 그런 발언은 성령의 일하심을 심각하게 과소평가하는 데에서 기인하는 것이다. 성령께서 부활하신 이에 대해 교회에게 계시하시는 것을 우리는 "지어낸 것"으로 격하시켜서는 안된다.

요한복음의 이해를 위하여 예수의 고별사요14-16장와 그 안에 있는 "보혜사"의 오심에 대한 다섯 가지 약속들14:16이하, 26, 15:26, 16:7-11, 12-15을 참조이 특히 중요하다. 보혜사(조력자)는 "진리의 영"이다. 제자들은 "그를 아는데", 왜냐하면 "저는 너희와 함께 거하심이요 또 너희 속에 계시겠음이라."14:16이하 그가 제자들에게 "모든 것을 가르치시고"14:26 예수를 "증거하실 것이다"15:26 그가 제자들을 "모든 진리 가운데로 인도"하시고 예수의 "영광을 나타낼 것이다."16:13이하 왜냐하면 "내 것을 가지고 너희에게 알리겠음이니라." 윗 글 요한복음을 위해 매우 중요한 이 약속들에 기초하여, 우리는 요한복음에 나오는 신적 권위에 대한 예수의 모든 발언을 이 약속들의 **성취로** 이해해도 된다. 자기 자신의 신적 권위에 대한 예수의 발언 속에서 성령은 부활하신 이를 "알리고" "영광을 나타낸다." 그리하여 독자는 예수에 대한 "모든 진리를" 경험한다. 바로 요한복음이 예수에 대한 결정적인 앎은 그의 죽음과 부활 후에 가능하게 됨을 강조하고 있다: "너희는 인자를 든 후에 내가 그인 줄을 알고."8:28 "그 날에는 내가 아버지 안에, 너희가 내 안에, 내가 너희 안에 있는 것을 너희가 알리라."14:20 "내가 아직도 너희에게 이를 것이 많으나 지금은 너희가 감당치 못하리라."16:12 이 구절들은 보혜사의 과제가 요한복음의 견지에서 **얼마나 중요한지** 보여준다. 요한복음에 나오는 자기 자신의 신적 권위에 대한 예수의 모든 발언을 **지상의 예수**의 말씀으로 이해하면, 보혜사에게는 부활 이후에 예수에 대하여 계시할 것이 사실상 남아있지 않다.

예수의 고별사도 부활하신 이의 말씀이다. "내가 살았고 너희도 살겠음이라"14:19는 문장은 죽음을 극복하고 부활한 이의 말이어야만 의미가 있다. 다음 문장도 마찬가지이다: "세상에서는 너희가 환난을 당하나 담대하라 내가 세상을 이기었노라."16:33 지상의 예수는 그의 죽음과 부활 이전에는 아직 세상을 "이기지" 않았다. 예수의 대제사장적 기도에 있는 17장 3절도 명백하게 부활 이후적 성격을 가지고 있다: "영생은 곧 유일하신 하나님과 그의 보내신 자 예수 그리스도를 아는 것이니이다." "예수 그리스도"라는 표현은 부활 이전의 시간에는 아직 없었다. 지상의 예수가 기도 중에 제 삼자로서 자기 자신에 대해서 말한다면, 그것도 이상할 것이다.

요점 정리: 나는 이번 장에서 현대적 성서학에서 오래 전부터 다음과 같은 일치를 보게 만든 근거들을 소개하였다: 우리는 **역사적인** 지상의 예수에 대한 질문에 있어서는 우선적으로 공관복음을 보아야 한다. 요한복음에서는 무엇보다도 **부활하신** 이가 우리에게 말씀하신다. 이 인식은 공관복음 뿐 아니라 요한복음에도 각각의 특징과 각각의 특수한 신학적인 품격을 부여한다. 본서에서는 이 지적으로 이 주제를 마무리지어야 하겠다.

부설: 성경에 써 있는 모든 것이 똑같이 중요한가?

축자영감설의 염려스런 결과는 다음과 같은 양상을 띨 수 있다. 이 생각에 따르면 성경의 모든 텍스트가 축자적으로 영감되었기 때문에 성경에 써 있는 모든 것을 똑같이 중요하게 여길 의무 같은 것을 느끼게 되는 것이다. 나는 이 책의 1장에서 성경에서 중요한 것과 덜 중요한 것을 구분할 수 있고 또 구분하여야 한다는 것을 출발점으로 삼았다. 나는 하나님이 성경을 통해 우리의 구원에 있어서 **"중요한"** 모든 것을 가르치시며, 성경이 **"구원을 위해 중요한"** 질문에 있어서 믿을 만한 방향제시를 한다는 것을 말했다. 성경 내에서의 중요한 것과 덜 중요한 것의 이 구분은 정당하며 또 필수적이다. 이런 구분은 성경 자체에서 많이 발견된다. 예수와 신약 문서들의 기록자들도 그런 식의 구분을 하였다. 나는 **마태복음**의 예를 들어, 그 다음에 성경의 다른 예들을 들어 이를 설명하겠다:

마태복음에는 예수께서 위에서 언급한 구분을 거부하시는 것처럼 들리는 말씀이 쓰어 있다: "내가 율법이나 선지자나 폐하러 온 줄로 생각지 말라. 폐하러 온 것이 아니요 완전케 하려 함이로라. 진실로 너희에게 이르노니 천지가 없어지기 전에는 율법의 일점 일획이라도 반드시 없어지지 아니하고 다 이루리라. 그러므로 누구든지 이 계명 중에 지극히 작은 것 하나라도 버리고 또 그같이 사람을 가르치는 자는 천국에서 지극히 작다 일컬음을 받을 것이요 누구든지 이를 행하며 가르치는 자는 천국에서 크다 일컬음을 받으리라." 5:17-19 마태는 이 중요한 문장들에서 예수께서 유대교의 모든 거룩한 책을 유효한 하나님의 의지의 계시로 인정하심을 분명히 하고 있다. "폐함", 즉 거룩한 책의 무효화는 가장 작은 부분적 영역에서도 거론할 바가 되지 못한다. 그러나 이 문장들은 예수께서 성경에 써 있는 모든 것을 똑같이 중요하게 여기신다는 것을 의미하지 **않는다**. 마태는 그것을 예수의 다른 말씀을 통해 보여준다. 조금 후에 이렇게 써 있다: "무엇이든지 남에게 대접을 받고자 하는대로 너희도 남을 대접하라. 이것이 율법이요 선지자니라." 7:12 예수의 이 말씀은 성경이 주제로 삼는 바를 단 하나의 계명으로 요약한다. 서기관이 다음과 같이 물었을 때에도 예수는 비슷하게 반응한다: "선생님이여 율법 중에 어느 계명이 크니이까?"22:36 예수는 토라의 모든 계명은 똑같이 중요하다고 지적함으로써 이 질문을 물리치지 않는다. 그는 이 질문이 정당하다고 여기고 대답한다: "네 마음을 다하고 목숨을 다하고 뜻을 다하여 주 너의 하나님을 사랑하라 하셨으니 이것이 크고 첫째 되는 계명이요 둘째는 그와 같으니 네 이웃을 네 몸과 같이 사랑하라 하셨으니 이 두 계명이 온 율법과 선지자의 강령이니라." 22:37-40 즉 예수의 이해에 따르면 토라의 많은 계명 중 두 가지가신6:5과 레19:18 가장 중요하다. 이들이 모든 토라 뿐만 아니라 선지자들도 요약하고 있다. 문이 돌쩌귀에 달려 있듯이 거룩한 책은 이 두 계명에 "달려 있다"우리말 성경에 '강령이니라'로 번역된 말-역주. 마태복음에 의하면 이 두 가지 사랑의 계명이 거룩한 책의 요약이요 해석의 척도이다. 이것은 마태가 약간의 간격을 두고 두 번 인용한 성경의 다른 부분에서도 호6:6 드러난다: "내가 긍휼을 원하고 제사를 원치 아니하노라"9:13, 12:7 인용문의 "내가"라는 것은 **하나님 자신이** 거룩한 책의 중요한 것과 덜 중요한 것을 구분한다는 것을 말해 준다. 왜냐하면 많은 제사의 규례가 거룩한 책에 있기 때문이다. 마태는 호세아서의 말씀으로부터 제사의 규례 뿐 아니라 거룩한 책의 성결, 음식, 십일조의 명령들도 덜 중요한 것에 속한다는 결론을 끌어낸다. 마태는 그것을 예수의 다른 두 말씀을 통해 보여준다: "입에 들어가는 것이 사람을 더럽게 하는 것이 아니라 입에서 나오는 그것이 사람을 더럽게 하는 것이니라"15:11 그리고: "화 있을찐저 외식하는 서기관들과 바리새인들이여 너희가 박하와 회향과 근채의 십일조는 드리되 율법의 더 중한 바 의와 인과 신은 버렸도다. 그러나 이것도 행하고 저것도 버리지 말아야 할찌니라. 소경된 인도자여 하루살이는 걸러 내고 약대는 삼키는도다."23:23이하 이 날카로운 말씀은 덜 중요한 것은 지나치게 강조하고 "하루살이는 걸러 내고" 토라의 "더 중한 바" 본질적인 것을 향한 시야는 잃어버리는 사람들에게 적용된다. 마태복음에 있는 이 예수의 말씀들은 내가 먼저 인용했던 예수의 말씀마5:17-19을 따로 떼어놓고 보아서는 안된다는 것을 보여준다. 마태복음의 **전체메시지**가 고려되어야 한다. 그러면 예수께서 성경에서 중요한 것과 덜 중요한 것을 구분한다는 것, 그래서 마태도 그렇게 한다는 것이 분명해진다.

다른 성경의 예들도 이같은 사실을 뒷받침한다. 바울의 글이다: "피차 사랑의 빚 외에는 아무에게든지 아무 빚도 지지 말라. 남을 사랑하는 자는 율법을 다 이루었느니라. 간음하지 말라, 살인하지 말라, 도적질하지 말라, 탐내지 말라 한 것과 그 외에 다른 계명이 있을찌라도 네 이웃을 네 자신과 같이 사랑하라 하신 그 말씀 가운데 다 들었느니라. 사랑은 이웃에게 악을 행치 아니하나니 그러므로 사랑은 율법의 완성이니라"롬13:8이하 마태에게서와 같이 바울에게서도 사랑의 계명은 우리가 성경의 본질적인 것을 인식할 수 있게 해주는 척도이다.249) "사랑이 없으면 소리나는 구리와 울리는 꽹과리가 되고."고전13:1

구약에서 창조, 족장들, 시내 및 광야 시대의 언약체결을 포함한 출애굽의 이야기는 근본적으로 중요하다. 이것들은 중요한 것에 속한다. 선지자들은 반복하여 이 주제로 돌아간다. 계명 중에서 **십계명**은 특히 중요한 역할을 하며, 십계명 중에서는 첫 번째 계명이 그러하다.250) **신약**에서는 예수 그리스도의 이야기그의 삶과 죽음과 부활가 중심에 있다.

---

249) 그런 의미에서 바울도 다음과 같이 말한다: "온 율법은 네 이웃 사랑하기를 네 몸과 같이 하라 하신 한 말씀에 이루었나니"(갈5:14).
250) 구약에는 본질적인 것을 드러내는 요약적 텍스트들이 많이 있다: "사람아 주께서 선한 것이 무엇임을 네게 보이셨나니 여호와께서 네게 구하시는 것이 오직 공의를 행하며 인자를 사랑하며 겸손히 네 하나님과 함께 행하는 것이 아니냐"(미6:8). 신6:20-25, 26:5-9와 수24:17에 요약되어 있는 신앙고백도 참조.

역대기가 우리 그리스도인들에게 요한복음이나 로마서 만큼 그렇게 중요하다거나, 혹은 족보가 주기도문이나 산상수훈 만큼 그렇게 중요하다고 누가 진지하게 주장하려 하겠는가? 우리 그리스도인들은 성경 내에서 중요한 것과 덜 중요한 것을 구분할 수 있다는 것과, 또 구분해야만 한다는 점에서 일치된 의견을 가질 수 있다. 그렇지 않다고 여긴다면, 이는 성경적 메시지에 어울리지 않는 강박관념적 율법성의 표출이다. 왜냐하면 이 율법성에는 본질적인 것에 대한 존중이 결여되어 있기 때문이다.

11. 성서학과의 대결과 성장배경

성서학과 대결함에 있어서 성장배경의 요소들은 큰 역할을 한다. 그것들은 그냥 지나칠 문제가 아니다. 나는 바덴-뷔르템베르크 주州의 교육대학에서 이루어지는 종교교사 양성교육의 예를 통해 이 요소들을 설명하겠다. 이 교육의 틀 속에서 학생들은 현대적 성서학도 공부해야 한다. 여기에서, 이 공부가 아니었더라면 일어나지 않았을 양 기독교 "진영"머리말을 참조의 만남이 많이 이루어진다. 이 만남에서 한 몫을 하는 성장배경의 측면은 바덴-뷔르템베르크 주의 교육대학의 특수한 상황을 넘어서서 **일반적인** 의미를 가지고 있다.

11.1 신학공부와 갈등

매년 독일에서는 많은 젊은이들이 신교 및 구교 신학과에서 대학공부를 시작한다. 이는 신학자 양성교육이든, 교사 양성교육이든, 아니면 사회사업가 양성교육이든 상관없다. 신입생들은 대학에서 처음으로 오늘날의 성서학의 인식들 및 방법들과 제대로 부딪히게 된다. 이는 그들 모두에게 새로운 것으로서, 몇 학기가 지나는 동안 그들에게 커다란 전환을 요구한다. 소년 시절에는 학문적으로 성경 대하기와 신앙에 대한 학문적 성찰이 아직 대학교에서처럼 큰 역할을 하지 않는다. 다수의 대학생들이 이 전환에 성공한다. 그들 중 많은 이들이 현대적 성서학과의 만남을 신앙의 해명으로, 긴장감있는 지평의 확대로, 인격의 전체적 발전의 소득으로 경험한다. 해가 지나면서 많은 학생들종종 "세속적으로" 성장한 사람도 있다이 내게 와서, 바로 **학문적인** 성경 대하기가 자기에게 큰 도움이 되며 짐작했던 것보다 재미있다고 말했다. 거의 매 학기 마다 신학을 부전공으로 공부하는 학생이 그것을 주전공으로 공부할 수 있기 위해서 무엇을 해야 하는지 묻는다. 신학이 제일 좋아하는 학과가 되었다는 것이다.

그러나 적지 않은 학생들의 경우, 특히 **신교** 신학과에서 현대적 성서학과의 만남이 혼란과 때로는 강한 저항을 일으킨다. 이는 특히 대학시절의 전반부에서 나타난다. 그 후에 이것은 서로 다르게 발전한다. 이 학생들의 다수가 시간의 흐름에 따라 더러는 매우 결단력있게, 다른 이들은 천천히 조심스럽게 새로운 시야에 자신을 개방한다. 그 후에는 그들도 현대적 성서학의 공부가 적어도 **부분적으로** 유익임을 승인한다. 나머지 학생들은 포괄적인, 혹은 완전한 거부의 상태에 머무른다. 이 학생들은 되도록 "눈에 띠지 않게" 시험을 치고 학업을 끝내려고 시도한다. 그들은 시험을 보기 위해, 마음 속으로는 거부하는 것이 많은 내용을 눈 딱 감고 배운다. 아니면 그들은 신학공부를 중단한다. 이 학생들에게는 현대적 성서학이 신앙에 위험하며 그렇기 때문에 파괴적이라는 인상이 깊이 박혀 있다.

어려서부터 가지고 있던 성경이해에 확고히 고정되어 있지 않은 학생들이 현대적 성서학에 더 쉽게 자신을 개방하는 것이 반복적으로 관찰된다. 그들은 성경에 대한 새로운 시각을 받아들이면 신앙을 잃지 않을까 하는 걱정 때문에 불안해 하지 않는다. 그래서 그들은 수업 시간에 듣고 전문서적에서 읽는 논술 및 질문제기의 실제적인 무게를 더 쉽게 인정한다. 이 학생들은 처음의 당혹스러움에도 불구하고, 현대적 성서학 공부를 소득으로 느끼지, 위협으로 느끼지 않는다. 그들은 그들이

어렸을 때 배웠던 것을 모두 바꾸거나 포기할 필요가 없다는 것을 곧 알게 된 것이다. 많은 것들이 **확증**되거나 **심화**되기도 한다. 많은 것들이 **의식화**된다. 아직까지 생각해보지 않았던 많은 것들이 **처음으로** 시야에 들어 온다. 이 긍정적인 경험들이 그들에게 그 후의 학습과정에 대한 동기를 부여한다.

어려서부터 가지고 컸던, 혹은 소년기에 고향처럼 되어 버린 성경이해에 양심 깊숙이 고정되어 있는 학생들의 경우에는 상황이 다르다. 그들은 대개 신학공부에 대해 부정적이고 그것을 위험하게 여기는 그룹의 사람들 사이에서 컸다. 이 성장배경은 현대적 성서학에 자신을 개방하는 것을 엄청나게 어렵게 한다.

위에서 말한 기독교 그룹 출신의 학생들은 유년기 내지 소년기 이래로 그들이 속한 그룹의 성경이해만이 유일하게 옳다는 것을 계속 들어왔다. 이 성경이해를 가져야만 하나님이 기뻐하시고 하나님께 참된 영광을 돌릴 수 있다는 내용이다. 다른 모든 성경이해는 이 성장기에 있는 사람들에게 커다란 위험과 배교의 시작으로 묘사되었다. 그런 경고는 어린이와 소년의 마음을 감동시키고 강한 영향력을 가진다. 학생들의 양심이 수년동안 그런 식으로 고정되어 있었기 때문에, 성경에 대한 다른 시각으로 옮겨 가는 것이 정말로 어렵다. 이 그룹의 사람들은 대학에서 그들과 다른 성경이해를 가르친다는 것을 알기 때문에, 젊은이들에게 걱정스러운 마음으로 주의를 준다: "믿음을 잃지 않도록 주의하거라!"

질문이 생길 수 있다: 그런 그룹 출신의 학생이 도대체 왜 신학과를 선택하는가? 왜 "그런 일을 자초하는가"? 그들이 교사양성의 틀 속에서 신학과를 선택할 경우, 그것은 대부분 나중에 종교과목을 가르칠 수 있다는 희망 때문이다. 그들은 이 길을 통해 하나님을 위해, 기독교적 신앙을 위해 무엇인가 하고 싶어한다. 지지를 받아 마땅한 이 동기는 신학공부를 위험하게 여기는 사람들도 높이 평가한다. 이들은 종교수업을 "자유주의적"이거나 "불신앙적인" 교사들에게 넘겨 주고 싶어하지 않는다. 그래서 그들은 자타가 신앙이 든든하다고 여기는 자기 그룹의 대입 수험생들을 고무시킨다: "하나님이 도우시면 너는 해를 입지 않고 신학공부과정을 넘길 수 있을 것이다. 그런 다음 너는 종교수업을 통해 하나님의 나라를 위해 일할 수 있다." 이 그룹에게는 유감스러운 일이지만 종교과목을 가르칠 수 있는 권리가 대개 신학공부와 연결되어 있는 것이다. 즉 "울며 겨자먹기"를 해야하는 것이다.251) 다른 기독교 그룹들은 그런 위험을 감수하지 않는다. 그들은 신학공부가 너무 위험하다고 여긴다. 그래서 그들은 젊은이들에게 신학공부를 하지 말도록 권유한다. 그런 그룹 출신으로 교사가 되기를 원하는 사람은 대개 종교과목을 가르칠 수 있는 가능성을 포기한다.

    신학공부에 대한 신입생들의 염려는 결정적으로 그 사람이 속한 교회의 성경이해에 달려 있다. 이 성경이해는 그 공동체의 **정체성**과 관련이 있다. 바로 그것 때문에 그들은 다른 그리스도인들로부터 자신들을 경계짓는다. 이 그룹 안에서 성장했거나 소년기의 고향이 거기에 있는 사람은 "성경에 대한 충실함"에서 자기 공동체의 **강점**을 보는 데에 익숙해져 있다. 바로 그렇기 때문에 소년 시절에 학교 친구들을 상대로 선교적 태도를 가지기도 하였다. 자기가 영적으로 바른 자리에 있다는

---

251) 2008년에 독일에서 처음으로 세 복음주의적 교육기관이 대학으로서 국가적인 인정을 받았다: Gießen에 있는 die Freie Theologische Akademie(현재의 명칭: Freie Hochschule Gießen), Marburg에 있는 das Theologische Seminar Tabor(현재의 명칭: Theologische Hochschule Tabor), Kassel에 있는 **Ausbildungsstätte des CVJM**. 이 세 개의 신학교가, 특히 신학적으로 "시카고 선언"에 근접해 있는 Freie Hochschule Gießen이 미래에 어떻게 발전할 지는 호기심있게 지켜 보아도 좋을 것이다. 그러나 이 신학교를 졸업하더라도 목사직을 수행하거나 교사가 될 수 없는 것은 예전과 마찬가지이다.

것을 알고 있었다. 이제 성인이 된 그들은 대학에서, 그들이 지금까지 자기의 신앙적 장점으로 알고 있었던 바로 그 성경이해가 "근본주의적"이라고 불리면서 거부되는 것을 경험해야만 한다. 여러 해에 걸쳐 자기의 기독교적 정체성의 구성요소, 아니 근간이었던 것, 자기에게 안전과 기쁨을 가져다 주었던 것이 이제는 결정적인 문제거리가 된다. 그런 상황에서 매우 위태로운 갈등과 격한 방어반응이 생기는 것은 사실 당연한 일이다. 그 일은 신학공부를 하면서 나에게도 일어났다.

위에서 언급한 그룹 출신의 학생들은 대학에 가면 문제들이 생길 것을 알고 있다. 그러나 그럼에도 불구하고 그것은 대개 생각했던 것과 다르다. 이제까지 알지 못했던 많은 새로운 문제제기와 관점들이 추측했던 것보다 무겁기만 하다. 지금까지 주위에서 통상적이었던 논거들이 대학에서는 통하지 않는다. 친숙한 언어사용이 대학에서는 낯설게 들리고 긍정적인 반응을 얻지 못한다. 자기 주위에 현대적 성서학을 잘 꿰뚫고 있는 사람이 많지 않기 때문에, 그것과의 만남을 제대로 준비할 수도 없다. 그런 준비가 조금이나마 가능했던 지점에서 조차도, 현대적 성서학을 **긍정적**이고 **열정적**으로 대변하는 교수들을 개인적으로 경험해보면, 무엇인가 다른 것이 여전히 있다.

자기 자신에게 솔직하면 공부를 하는 동안 종종 스스로에게 자백할 수 밖에 없다: "나는 실제로 이제까지 많은 것들에 대해 아무런 생각을 하지 않았어. 나는 기독교적 환경에 있으면서 아직 많은 것을 듣지 못했어. 성경의 놀랄 만큼 많은 것들이 지금까지 눈에 띠지 않았어." 자신을 완전히 "차단"하고 아무 것도 들어갈 틈이 없게 만드는 사람이란 학생들이 있다이 아니라면, 서 있는 땅이 꺼져 버리는 듯한 느낌이 생길 수 있다. 그리고 이렇게 자문한다: "내가 지금까지 믿었던 것이 모두 잘못되었단 말인가? 그럴 수는 없지!" 자기 교회와 가정에서 변절자가 되고 싶지는 않다. 지금까지 각인된 것이 얼마나 깊이 자리잡고 있느냐, 그리고 그의 인성이 어떠하냐에 따라 어려움의 크기는 차이가 있다. 거기에 지금까지의 영적인 고향을 잃어버릴 것 같은 근심이 부가된다. 자기의 부모형제도 모든 친구들과 지인들도 이제까지 가지고 있던 성경관의 변화에 대하여 거부반응을 보이고, 대학에서의 새로운 상황에 대해 이해해 주지 않을 때, 문제는 특히 심각하다. 그러면 홀로 버려져 버거운 짐을 진 것처럼 느끼는 엄청난 부담 속에 떨어진다. 이런 종류의 예들은 현대적 성서학에 대한 개방이 종종 신학적인 측면보다는 **성장배경적**이고 **심리적인** 측면 때문에 실패한다는 것을 보여준다.

"성경에 충실한"이라는 표현은 이 표현을 끼고 성장한 사람에게는 깊은 감정적 영향을 가지고 있다. "충실한"의 반대는 "불성실한" 내지 "신의없는"이다. 이 단어들은 인간의 깊은 내면에 호소한다. "성경에 충실한"이라는 표현의 직간접적인 메시지는 다음과 같다: "네가 우리의 성경이해를 가지고 있어야만 성경에, 그리고 결국은 하나님께도 충실한 것이다. 네가 우리의 성경이해를 포기하면 성경과 하나님께 불성실하게 되는 것이다. 네가 그것을 원할 수는 없어." 현대적 성서학에 대한 개방과 관련하여 이 단어의 깊은 영향은 봉쇄를 유발하고 두려움의 원인이 된다: "이제 내가 성경과 하나님께 불성실하게 되는 것인가? 절대로 그렇게 되고 싶지 않아." 이 상황에서는 다음의 사실이 분명해지는 것이 중요하다: 내가 현대적 성서학에 나를 개방하더라도, 나는 결코 성경과, 심지어는 하나님께 불성실하게 되지 않는다. 나는 성경에 대한 **특정한 시각**에 대해서 "불성실"하게 되는 것 뿐이고, 그것도 단지 성경에 대한 **적절한** 시각을 알게 되었기 때문이다. 이는 영적인 견지에서도 **긍정적인 것**이다. 이 인식과 더불어 두려움은 사라지고 거리낌없고 기쁜 양심이 그 자리를 차지한다.

다음의 세 가지 사항을 분명히 알지 못하는 학생들만이 신학공부를 신앙의 위협으로 경험한다: 1. 우리는 자신의 성경이해와 자기 식의 경건을 그리스도인 됨의 유일한 가능성으로 정의할 수 없다. 2. 성경에 오류 및 모순이 없지 않다고 여길 정당한 근거들이 있다. 3. 성경에 오류 및 모순이 없지 않다고 여기는 사람이 결코 이를 통하여 기독교적 신앙을 거부하지 않는다.

신학공부를 하고 있는 학생의 부모형제와 친구들도 그 공부의 기간 동안 쉽지 않은 시간을 보낸다. 학생들이 현대적 성서학에 대해 자신을 개방하기 시작하면, 그들은 당연히 주위 사람들도 새로운 질문들 및 통찰들과 대면하게 만든다. 그러나 가족과 친구들은 대학 강의실에서 몇 달, 몇 년이 걸리는 학습과정을 쉽사리 따라 올 수가 없다. 그래서 이 주제들에 대한 대화는 많은 암초들이 기다리고 있다. 지금까지의 성경관을 가지고 행복한 상태에 있는 그리스도인들을 너무 불안 속으로 밀어 넣는 것은 종종 좋지 못하다. 모든 것이 제 시간과 적당한 테두리와 친절하고 사안에 집중하는 분위기가 필요하다. 이러한 대화를 위한 묘책이란 없다. 매 경우가 조금씩 다르다. 각각의 학생은 가족과 친구와 지인들 사이에서 자기 양심과 나이와 기질에 맞는 길을 찾아야 한다. 우리는 그 가운데 실수를 해도 괜찮으며, 실상 실수를 하게 될 것이다. 우리는 종종 실수로부터 가장 많이 배운다.

11.2 갈등극복의 가능성

위에 열거한 문제에 직면하여 나는 위에서 언급한 기독교 공동체 출신으로 대학에 진학하는 학생들에게 다음의 사항들을 말하고 싶다:

- 나는 당신이 주위의 의구심과 걱정에도 **불구하고** 국립대학의 신학과에서 공부를 하기로 한 용기를 좋게 생각하고 또 마음에 들어합니다. 대학에 오신 것을 환영합니다. 이는 **당신의** 대학이기도 합니다. 교수들과, 또는 개방의 측면에서 한 걸음 앞서 있는 선배들과의 열려 있고 신뢰감 가득한 대화를 가지도록 해 보십시오. 많은 것들이 강의실에서보다는 개인적인 대화나 작은 그룹의 대화 속에서 더 잘 해명될 수 있습니다. 아주 홀로 길을 찾는 것은 어렵습니다. 우리 교수진은 당신의 적이 아닙니다. 우리가 당신의 특정 의견에 단순히 동의하지 못한다 하더라도 말입니다. 이것은 믿으셔도 됩니다.

- 어떤 사람도 유소년기에 귀중하였고 도움이 되었던 것에 대해 부끄러워 할 필요는 없습니다. 우리 모두는 우리의 유소년 시절의 편에 서서 그 때 경험한 것을 소중히 여길 권리가 있습니다. 우리 모두는 하나님께서 우리의 발전과정을 아시고 이해하신다는 점에 의존되어 있고, 또 그것을 출발점으로 삼아도 됩니다. 분명 우리의 부모는 우리에게 가장 좋은 것을 해 주려고 하였고 지금도 그러합니다. 이는 존중되어야 합니다. 그러나 이것이 우리가 다른 의견을 가질 수 있는 지점에서도 부모를 좇도록 평생토록 의무가 주어져 있다는 뜻은 아닙니다. 부모도 그것을 요구해서는 안됩니다. 그들의 성장한 자녀를 독립하도록 풀어 주는 것이 부모의 의무에 속합니다. 영적인 견지에서도 그러합니다.

- 그렇게 어려운 학습과정에는 시간이 필요하니, 여유를 가져도 좋습니다. "좋은 것은 금방 성취되지 않는다." 당신은 서두를 필요가 없습니다. 당신은 당신이 확신하지 않는 것은 아무것도 넘겨 받을 필요가 없습니다. 조심스러운 것은 당신의 권리입니다. 영국인들은 말합니다:

"천천히 하세요. Take your time"

- 현대적 성서학에 대해서도 비판적이어도 됩니다, 아니 비판적이어야 합니다. 이 성서학은 변이의 폭이 크고, 방향들도 많이 있습니다. 당신에게 확신을 주는 그 성서학의 형식을 찾으십시오. 당신은 성서학에 대하여 특별히 회의적인 편에 설 필요가 없습니다. 나도 그렇게 하지 않습니다 우선 중요한 것은 당신이 적대자상과 흑백논리의 사고에 멈추어 서 있지 않는 것입니다.

신교 뿐 아니라 카톨릭 교회도 오늘날의 성서학을 공동으로 수용하였다는 것을 생각하라. 두 교회의 지도부는 충분히 검토한 근거를 가지고 대학교 신학과에서 현대적 성서학의 인식들과 방법들을 공부해야 한다는 의견을 가지게 되었다. 그리고 그것에 따라 학과과정과 시험규칙이 정해져 있다. 이 일을 맡고 있는 교회 지도부와 학과 전문 위원회의 구성원들이 "극렬분자"는 아니다. 그들은 경험이 풍부한 책임감있는 그리스도인들이다. 학생들 대부분도 이 점과 관련하여 큰 문제를 가지고 있지 않다. 오히려 반대로 많은 학생들이 현대적 성서학을 큰 소득으로 평가한다. 당신은 이 모습이 이 모든 학생들이 "제대로 믿지 않기" 때문이라고 진지하게 주장하려 하는가?

그 외에도 당신은 우리 교수진이 현대적 성서학에 대한 어떤 반대의 논구들이 있는지 알고 있다고 생각해도 무방하다. 그 논구들은 언제나 똑같다. 우리는 그것을 매 학기마다 새로 듣는다. 지금의 교수들 중 많은 사람들도 신학공부를 처음 시작할 때 그 논구들을 제시했었다. 나도 그 중 한 사람이다 거꾸로 당신은 오늘날의 성서학이 가지고 있는 관점들과 논거들을 다 알고 있지 못하다. 학생들은 일반적으로 학기가 지나면서 마구 나서는 일이 점점 줄어든다. 자신이 얼마나 모르고 있는지 차즘 알아가는 것이다. 그러므로 조심스러운 것은 정당하지만, 그럼에도 불구하고 개방적이 되고 마음에 배울 준비를 하라. 총체적 불신으로부터는 아무것도 좋은 것이 생기지 않는다. 당신 자신의 입장과 당신 안에 각인되어 있는 것도 자기비판적으로 관찰하도록 좀 더 준비되어야 한다. 자기비판에 대한 준비가 없고서는 대학공부가 불가능하다. 타자의 오류를 찾는 것만으로는 충분하지 않다. 교수진은 신입생들을 사려 깊게 대해야 할 것이다. 그렇지 않으면 그들은 자기에게 좋지 않은 점수를 주는 것이다. "먹어라, 안 먹으면 죽는다" 식의 방법은 대학에 어울리지 않는다. 반어와 악의는 그렇게 아슬아슬한 학습과정에 직면한 사람들에게 적절하지 않다. 그것들은 모든 것을 더욱 어렵게 만들고 깊은 상처를 줄 수 있다. 유감스럽게도 많은 대학에 **특별히** 신입생을 위해 개설된 강의가 너무 적다. 신입생을 위한 충격완화장치가 너무 적다. 그들은 "차가운 물 속에" 내 던져진 느낌을 갖는다. 그러나 교수진의 수적인 부족은 종종 다른 절차를 시행할 틈을 내 주지 않는다.

하지만, 신입생은 대학에 적응할 준비가 되어 있어야 한다. 대학은 청소년 동아리도, 집안 모임도, 성경학교도 아니다. 당신은 뭔가 억센 모습으로 와야 한다. 결정적으로 중요한 것은, 당신이 얼마나 오랫동안 신학공부를 위협으로 느끼느냐, 이 공부가 당신이 감사할 수 있는 소득임을, 영적인 소득이기도 함을 당신이 언제 인식할 수 있느냐는 것이다. 당신 자신의 발전 뿐 아니라, 훗날 당신이 하게 될 종교수업의 질을 위해서, 그리고 훗날 당신이 어린이와 청소년을 대할 일들의 질을 위해서, 우리 교수진은 협소한 성경이해에서 벗어나도록 당신을 돕고자 한다.

12. 성경과 관련된 그리스도인들의 일치점이 얼마나 중요한가?

나는 본서의 마지막 장에서 처음의 출발점으로 돌아가고 싶다. 나는 성경과 관련된 그리스도인들의 일치점에서 시작하였다. 성경을 통한 하나님의 일하심에 대한 공동의 신뢰가 그들을 하나로 만든다. 그리스도인들은 하나님과 성경의 작용적 통일을 신뢰한다: 하나님께서 성경을 통해 이루시려 하는 것을 그는 이루신다. 성경과 관련하여 이보다 더 깊고 더 광범한 신뢰는 없다. 이 공동의 신뢰가 **성령께서 이루신** 일치의 표현이다. 이 일치가 소속감을 불러 일으킨다. 그리고 성경이해의 특정한 질문들에 있어서는 상이한 의견을 가진다 하더라도, 여러가지 모양새의 공동작업을 가능하게 한다. 성령께서 우리 가운데 행하시는 것이 그런 차이들보다 더 근본적이고 더 중요하다.

성경을 통한 하나님의 일하심에 대하여 성령께서 이루신 공동의 신뢰에 **근본적인** 의미를 부여하지 **않는** 그리스도인들은 이 정황에 대해 다른 판단을 내린다. 이 경우 가르침의 차이는 갈라 놓는 힘을 가진다. 이 그리스도인들이 하나님께서 이루신 우리의 공통성에 대해 얼마나 하찮게 여기는지도 여기서 드러난다. 성경이해의 차이 중 어느 것이 성령께서 이루신 공동의 신뢰만큼, 혹은 그 신뢰보다 더 중요하다는 말인가? 근본주의적 성경이해와 비근본주의적 성경이해의 차이 조차도 성령께서 이루신 하나님의 일에 대한 신뢰만큼 근본적이지 않다. 우리는 하나님께서 우리 가운데 이루신 일치를 기뻐할 이유를 가지고 있지 않은가? 우리는 서로 공격하고 경계를 긋기 이전에, 먼저 우리가 공동으로 가진 것의 가치를 귀히 여기고 그 진가를 인정하여야 할 것이다. 신앙적인 위험에 대해 기독교의 주의를 환기시키는 것을 과제로 가진 "파수꾼 직책"이 실제로 있기는 하다. 그러나 이 파수꾼 직책이 우리 그리스도인들 사이에 혐의와 부정적 규정을 불러 일으키거나 불신이 승리하도록 만들어서는 안된다.

다른 그리스도인들과 자기 사이에 경계를 긋는 것이 그들에게 다가가는 것보다 훨씬 쉽다. 그러나 후자가 훨씬 더 많은 것을 가지고 있다: 더 많은 겸손, 다른이에 대한 더 많은 관심, 더 큰 용기, 더 큰 사랑. 일차적으로 경계를 긋는 것을 통해 자기 자신의 견해를 정의하는 것은 좋지 않다. 그렇게 하면 다른 그리스도인들은 얼핏 생각되는 것보다 더 빨리 그 위협으로부터 자기를 보호해야 하는 적대자의 역할을 떠 맡게 된다. 그리스도인들이 다음과 같이 말하면, 참 부담스럽다: "우리는 오직 우리와 같은 성경이해를 가진 그리스도인들과**만** 함께 일할 수 있습니다." 왜냐하면 우리는 같은 성경이해를 가진 그리스도인들과**만** 결속되어 있는 것이 아니기 때문이다. 우리는 예수의 교회 **전체**와 결속되어 있다. 그러므로 "우리는 다른 그리스도인들이 신앙이 없다고 말하지 않습니다"라고 말하는 것으로는 충분하지 않다. 종종 이런 지적은 그리스도인들의 결속을 촉진시키기보다는 자기의 양심을 편하게 만든다. "새 계명을 너희에게 주노니 서로 사랑하라. 내가 너희를 사랑한 것 같이 너희도 서로 사랑하라. 너희가 서로 사랑하면 이로써 모든 사람이 너희가 내 제자인 줄 알리라." 요13:34이하

현대적 성서학의 찬성자와 반대자로 나뉘는 기독교의 분열의 원인에는 그 **찬성자**가 분열에 기여한 것, 그리고 여전히 기여하고 있는 것

도 포함되어 있다. 소속의식이 자라게 하고 오해를 피하도록 하기 위해, 모든 그리스도인들의 공동의 신뢰의 기초를 **분명히** 드러내야 할 과제를 그들은 가지고 있다. 현대적 성서학의 찬성자들은 종종 이 과제를 아주 등한시 한다. 근본주의적 특징의 그리스도인들을 향한 화해의 제스츄어와 말 표현들이 대학의 신학자로서의 "품위를 밑돈다"는 인상을 풍기는 경우가 적지 않다. 교회의 미래 및 기독교 공동의 갱신과 관련하여 되도록 많은 그리스도인들이 다음의 사실을 선명하게 인식하는 것이 커다란 의미가 있다: 성경을 통한 하나님의 일하심에 대한 신뢰, 그리고 이에 따른 성경의 근본적인 방향제시능력에 대한 신뢰는 모든 그리스도인들을 결속시킨다. 이 선명성은 그리스도인들의 소속감을 촉진하고, 앞으로 있게 될 그리고 있어야만 하는, 기독교 내의 논쟁들이 생산적인 분위기 속에서 이루어지도록 기여할 것이다. 현대적 성서학의 대변자들 측에서도 경계를 긋는 정신이 지배적이어서는 안된다. 이는 그리스도인들이 서로를 연결하는 다리를 인식하는 것을 불가능하게 만든다. 많은 경우 현대적 성서학의 찬성자들은 근본주의적 성경이해를 비판하는 것에서 그치지 않는다. 그들은 종종 그런 성경이해의 테두리 속에서 사는 **사람들**을 가치절하하고 부정적으로 규정한다. 이 그리스도인들은 "좀 더 예의바른" 표현을 고르자면 "분별이 없고" "편협한" 사람들로 비웃음 당하고 무시된다. 현대적 성서학의 대변자들은 무시당한 그 사람들이 하나님이 사랑하는 피조물이요 자기의 형제자매라는 것을 의식하고 있는가? 대학의 많은 신학자들이 근본주의적 특징의 그리스도인들을 대하는 방식이 상처를 입히고 분노를 유발한다. 유년기 또는 소년기 이래로 고향처럼 되어 있는 성경이해를 시험대에 올리는 것이 얼마나 어려울 수 있는지에 대한 이해가 부족하다. 다른 환경에서 자라나 특정한 문제나 두려움을 전혀 가져보지 못한 사람은 종종 그것을 헤아리거나 공감할 수 없다. 현대적 성서학의 찬성자 측의 이러한 **몰이해**도 기독교의 분열을 극복 불가능하게 만드는 요소 중의 하나이다. 이제까지 현대적 성서학의 관심에 대해 긍정적으로 접근하지 않았던 그리스도인들을 이해와 존중과 희망을 가지고 대하는 일에 있어서 얼마나 마음의 준비가 되어 있느냐, 그리고 그렇게 할 수 있느냐 하는 것이 현대적 성서학의 모든 대변자들에게 과제로 주어져 있다.

각각의 그리스도인은 자기의 견해와 태도를 통해서 기독교의 분열을 고착화시키는 데에 기여할 수도 있고, 그것을 감소시키는 데에 기여할 수도 있다. 다행히 우리는, 겨우 한 발자국 한 발자국이기는 하지만, 그리고 부분적이기는 하지만, 우리의 견해와 태도를 변화시킬 수 있다. 지금까지처럼 계속될 필요는 없다. 더 나아질 수 있다. "보라 내가 만물을 새롭게 하노라." 계21:5

참고문헌

Baum, A.D., Der mündliche Faktor und seine Bedeutung für die synoptische Frage, Tübingen 2008.
Barclay, W., Johannesevangelium, 2 Bd., Wuppertal 1969.
Boor, W. de, Das Evangelium des Johannes, Wuppertal, Neudruck 2008. Bräumer, H., Das Buch Hiob, 2 Bd., Wuppertal 21997.
Burgsmüller, A. u.a. (Hg.), Die Barmer Theologische Erklärung. Einführung und Dokumentation, Neukirchen-Vluyn 61998.
Cancik, H., Art. Geschichtsschreibung, in: B. Lang/M. Görg(Hg.), Neues Bibellexikon, Bd. 1, Zürich 1991, Sp. 223-235.
Die Interpretation der Bibel in der Kirche. Das Dokument der Päpstlichen Bibelkommission vom 23.4.1993. Stuttgarter Bibelstudien 161, Stuttgart 1995.
Eckstein. H.-J., Kyrios Jesus. Perspektiven einer christologischen Theologie, Neukirchen-Vluyn 2010.
Faix, T.; Weissenhorn, T.(Hg.), Zeitgeist. Kultur und Evangelium in der Postmoderne. Marburg 22008.
Gloy, K., Grundlagen der Gegenwartsphilosophie, Paderborn 2006.
Hahn, F., Theologie des Neuen Testaments, 2 Bd., Tübingen 22005.
Härle, W., Dogmatik. Berlin 32007.
Hempelmann, H., Grundfragen der Schriftauslegung, Wuppertal 21998.
Ders., Nicht auf der Schrift, sondern unter ihr. Grundsätze einer Hermeneutik der Demut, Lahr 2000.
Holthaus, S., Fundamentalismus in Deutschland. Der Kampf um die Bibel im Protestantismus des 19. und 20. Jahrhunderts, Holzgerlingen 22003.
Holthaus, S.; Vanheiden, K.-H.(Hg.), Die Unfehlbarkeit und Irrtumslosigkeit der Bibel, Nürnberg 32004.
Joest. W., Dogmatik. 2 Bd., Göttingen 1984 und 1986.
Küng, H. u.a., Unfehlbar?, Zürich 41974.
Lüdke. F., Evangelikales Christentum, in: Markus Mühling(Hg.), Kirchen und Konfessionen. Göttingen 2009, 152-169.
Maier. G., Biblische Hermeneutik. Wuppe11al 42003.
Mauerhofer, E., Einleitung in die Schriften des Neuen Testaments, Nürnberg 2007.
Meyer, T. ; Vanheiden, K.-H., Jesus, die Evangelien und der christliche Glaube. Eine durch ein Spiegel-Gespräch ausgelöste Debatte, Nürnberg 2008.
Schirrmacher, T., Bibeltreue in der Offensive. Die Chicagoer Erklärungen zur biblischen Irrtumslosigkeit, Holzgerlingen 22004.
Söding, T., Einheit der Heiligen Schrift? Zur Theologie des biblischen Kanons, Freiburg i.Br. 2005.
Stadelmann, H., Evangelikales Schriftverständnis. Die Bibel verstehen - Der Bibel vertrauen, Hammerbrücke 2005.
Wilckens. U., Theologie des Neuen Testaments, 2 Bd., Neukirchen-Vluyn 2005-2008

Siegfried Zimmer

Schadet die Bibelwissenschaft dem Glauben?

Klärung eines Konflikts

3. Auflage